绿竹猗猗

安守廉教授与中国法学界交流纪念文集

郭 锐 缪因知 主编

中国人民大学出版社
·北京·

20 世纪 70 年代末，青年安守廉于北京故宫

1987 年夏，和北京大学时任副校长罗豪才教授于北京大学校园

1992年夏,在哈佛大学法学院东亚法研究中心与来访的中国学者合影,后排左二为安守廉教授,左四为北京大学吴志攀教授

2005年,访问中国政法大学本部与各位教授合影,左起为张守东、方流芳、李曙光、安守廉、徐显明、舒国滢、杨勤活

2006年5月，和中国人民大学林嘉教授在哈佛大学法学院东亚法研究中心

2008年，在哈佛大学法学院东亚法研究中心，左起为北京师范大学关成华教授、中国政法大学张保生教授、安守廉教授和郭锐（时为哈佛大学在读法学博士生）

2007年1月，安守廉教授参与策划的、中国人民大学举办的残疾人权益保障法律机制国际研讨会合影

2007年1月，和王利明教授在中国人民大学法学院合影

2011年1月,邀请北京大学张骐教授在哈佛大学体育馆欣赏哈佛大学男子冰球队的比赛

2011年6月,在华盛顿参加第二轮中美法治对话合影

2013年在哈佛大学法学院，郭锐博士论文答辩会后导师组合影，左起为肯尼迪（Kennedy）教授、郭锐、安守廉教授、克拉克曼(Kraakman)教授

2017年5月，与赵小砚等法学硕士（LL.M）毕业生在哈佛大学法学院图书馆前合影

2017年7月,与中国人民大学法学院王轶院长及其他访美代表团成员程雷、余履雪、陈磊、郭锐会见哈佛大学法学院曼宁院长

2017年9月在哈佛大学法学院向韩大元教授颁发"促进人类进步特别贡献奖"(2017 Harvard Law School Project on Disability Award for Creative Contributions to Human Betterment)

前　言

时值美国著名法学家、中国法律权威安守廉（William Alfrod）教授七十寿辰，自三十多年前，华夏法律学人再次踏上美利坚的土地时起，安教授就参与其中，特别是到访哈佛大学法学院的中国学者、学生，无分专业，均受过安教授及其夫人沈远远教授的热情款待、悉心照拂。作为很多中国法学学者的老朋友、可亲长者，安教授留在访问过坎布里奇的数代中国法律人的美好回忆之中。中美法学教育、研究交流的联系也因他的支持而日渐紧密。

在哈佛大学法学院攻读法学博士（S.J.D）期间，我得到安守廉教授诸多帮助，至今感怀。有幸为安教授和国内各位法学家服务，编撰这本文集以庆贺安教授七十华诞，实感荣幸。

本文集分为上下两卷。上卷为学者对安教授和哈佛大学访学经历的回忆，其间我们可见中美法学互动的珍贵史料和大洋两岸学人的真挚交往；下卷为学术论文，这些智慧成果均为作者的精心之作，亦非随机排出，其主体、其构思、其取材多源于他们在庞德楼（Pound Hall）的初撰，在兰戴尔图书馆

(Langdell Hall)之覃思。一管窥豹,可见哈佛大学访学经历对学林贤达们的助益。

中国人民大学慨然为本文集的编纂提供了财务和出版方面的大力支持,在此感谢王利明教授、韩大元教授、王轶教授等历任法学院院长。

中央财经大学副教授缪因知是我在哈佛大学的学弟,有较丰富的编辑出版经验,我邀请他参与了本文集的编写。感谢他为定稿做的很多重要工作。

中国人民大学和哈佛大学法学院毕业生赵小砚亦对我们的编撰贡献不少。

由于时间、地域种种因素的限制及本人能力所限,本文集未能邀请和收录所有与安教授有学术交往的学者的文字,在此表示歉意。

郭 锐
2019 年 5 月

目 录

上卷 我有嘉宾，鼓瑟吹笙——回忆与随笔

安守廉教授：中美法律交流的大使 .... 王利明 003
哈佛大学经验对中国法学教育改革的启示
　　——献给安守廉教授 .... 王振民 008
谦谦君子，温润如玉
　　——恭贺哈佛大学法学院安守廉教授
　　七秩华诞 .... 刘仁文 018
与安守廉教授交往的点点滴滴 .... 朱景文 025
2000年，安守廉教授与我的哈佛大学访学 ...... 李曙光 031
哈佛大学访学时与安守廉教授交往点滴 .... 张保生 045
架起美中法律教育交流的桥梁
　　——记美国哈佛大学法学院教授安守廉先生 ... 张骐 048
安守廉教授印象 .... 林嘉 056
恩师安守廉 .... 於兴中 060

我眼中的安守廉教授	周欣如	073
君子不器		
——在哈佛大学求学期间与安守廉教授的交往	郭锐	078
安守廉教授的人文世界	韩大元	083

下卷　千锤百炼出深山——学术论文

论商品房预售许可证明对合同效力的影响	王　轶	091
大学何为		
——对中国高等教育改革的一些思考	王振民	109
美国法学院的中国法律书	何海波	129
司法能动主义视野下的同性婚姻和平等保护		
——基于欧伯格费案的讨论	汪庆华	146
浅谈人工智能伦理与治理	郭　锐	179
中美一流法律专业学位研究生培养模式比较		
——以北京大学和哈佛大学为例	郭　雳	186
吴经熊法学思想的中西之辨	聂　鑫	204
刑事司法中的公民个人信息保护	程　雷	210
秋菊的错误与送法（律知识）下乡	缪因知	247
弱势群体保障法的教学与研究模式变迁		
——一种"融合性"的模式可能吗？	熊丙万	265

附　录

中国法律之基石：比较法和历史	罗斯科·庞德	279
融合与包容——从"医疗模式"到"社会模式"的残障		
视角转变	赵小砚	293

上 卷

我有嘉宾,鼓瑟吹笙
——回忆与随笔

安守廉教授：中美法律交流的大使

王利明（中国人民大学法学院教授）

我最开始认识安守廉教授是在 1986 年。当时，中国人民大学举办的培训课程里有一个关于中美法律学术交流合作的项目，安守廉教授是那一次培训课程的主讲老师。第一课就是由安守廉教授讲授的，我至今对那一堂课程仍然有非常深刻的印象。由于当时没有翻译，安守廉教授自己边讲边翻译，先讲几句英文，然后再把它翻译成中文。安守廉教授一开讲，就让很多在场的学员感到惊讶。尽管大家也能辨别出来这是一位外国朋友在讲汉语，但没想到一位美国教授能够把汉语说得那么清晰明了。

那次课上，安守廉教授对当时的中美关系及其发展前景做了非常有前瞻性的评论。他在讲座中还时不时评论中国历史问题和已经开启的改革开放政策，同时对于中国和美国在未来若干年当中在法律领域的交流与合作机遇做了非常详细的介绍。那一次培训之后，很多年轻同事萌发了出国留学和交流的念头，他们中大多数也的确获得了赴美学习和交流的机会，并在后来

◆ 绿竹猗猗

几十年的中美法学教育、法律研究和法制改革事业当中发挥了重要作用。

熟悉安守廉教授的朋友都知道，他不仅会讲中文，而且对中国历史——特别是中国近现代法律史——有非常独到的研究。例如，他于1984年发表在《加州大学法律评论》上的长篇学术评论文章《砒霜与旧律：清季刑事审判之省思》①，就反映了他对中国社会深刻的洞察力，而在他关于中国法的这一系列研究的背后，显现出安守廉教授十分严谨的治学态度。

在我的印象当中，在20世纪80年代，安守廉教授经常来中国人民大学查阅相关的历史文献资料，也经常到全国各地的历史博物馆收集和整理文献。他也经常与中国的法律同行交流其关于中国法律史的研究成果和对中国法制改革的一些看法和建议。印象尤其深刻的是，他在发表关于中国法制改革的一些看法时，并不是简单地以西方国家的法治观念和制度安排为蓝本，认为中国应该照搬照抄。相反，他常常能够结合中国自身的历史、哲学观念和风土人情，来评论哪一些西方的做法是中国法治改革应当借鉴的经验，哪一些问题上的改革需要充分考虑中国的传统。② 或许是出于对中国古老文明，特别是对儒家

---

① William P. Alford, *Of Arsenic And Old Laws: Looking Anew At Criminal Justice in Late Imperial China*, 72 California Law Review 1180 (1984), available at https://wcfia.harvard.edu/files/wcfia/files/678_ofarsenicandoldlaws.pdf.

② 实际上，庞德教授在70多年前也表达了这样的看法。他曾于1916年至1936年担任哈佛大学法学院院长，并于1946年应当时国民政府邀请前往中国担任国民政府司法行政部顾问，为当时中国的法律改革和法学教育提供咨询和建议。相关学术文章于1948年在《哈佛大学法律评论》上发表（see Roscoe Pound, *Comparative Law and History as Bases for Chinese Law*, 61 Harv. L. Rev. 749 (1948); 中译本可见［美］罗斯科·庞德. 中国法律之基石：比较法和历史. 熊丙万，等译. 该文于2019年刊发于《财经法学》）。安守廉教授对庞德教授的观点也给予了高度评价，如"庞德教授的该作品富有思想性和建设性，反映了美国法学家在促进中国法制发展方面的努力"（*Unfinished business: Roscoe Pound in China*, Harvard Law Bulletin Summer 2006）。

文化的学习和理解，安守廉教授在与中国同行交流时，总是保持着谦谦君子的态度，并得到了中国法律同行的真诚欢迎和普遍尊重。

在后来几十年中，安守廉教授除了继续从事关于中国法律的研究之外，还付出了大量心血推动中美在法学教育、法学研究和法治对话领域的交流，可以说是中美法律文化交流的大使。之所以这样说，是因为安教授对中国法学教育和法治改革事业的关心和帮助，不仅是友好的、建设性的，而且是发自肺腑的。在 20 世纪 90 年代，安守廉教授和北京大学法学院罗豪才教授等人共同发起中美法学教育交流机制，双方组织两国的各界法律精英频繁互访和交流，取得了大量丰硕的成果。这不仅增进了中美法律同行之间的相互了解，而且为中国法学教育和法治事业的发展提供了重要的帮助。我有机会参与其中，深感荣幸。

安教授是一位心地善良、充满对弱者关爱的学者。在我担任中国人民大学法学院院长期间，安守廉教授正在领导一项面向全球残障人士权益保障的学术研究和法治改革推进事业。《残疾人权利公约》于 2006 年 12 月 13 日由联合国大会通过，中国是第一批签署该公约的国家。安教授当时向我提议，在中国人民大学建立一个专门的残障人士权益保护法律研究机构，一起推动中国和其他国家在这一领域的弱势群体保护工作。我觉得这是一个很好的倡议，充满了人文关怀精神。后来，经中国人民大学法学院和哈佛大学法学院双方同意，我们于 2007 年 1 月 11 日在北京召开了第一次残疾人权益保障法律机制国际研讨会，就这一议题展开了深入研讨，取得了丰富的成果，出版了一部论文集。同时，在安守廉教授和他领导的哈佛大学法学院的残障人士工作组（Harvard Project on Disabilities，HOPD）的各位同事（特别是 Michael Stein 教授和崔凤鸣博士）的帮助下，中国人民大学法学院成立了"中国人民大学残疾人权益保障法律研究与服务中心",第一次在中国人民大学法学院展开了残障人士权益保障的法律研究和实践推进工作。在与安教授合作期间,我切实感受到安教授对残障人士极富有爱心、同情心,每年要拿出大量时间,从学习、工作、生活等诸多方面帮助许多残障人士。多年之后,"中国人民大学残疾人权益保障法律研究与服务中心"在黎建飞、郭锐等一些同事的努力下,取得了丰硕的成果,正在不断地引领和推动这一领域的国内改革和国际合作工作。

我本人在学术成长上也深得安教授的大力支持和帮助,对此我始终心存感激。1988年,我前往密歇根大学法学院从事为期一年的博士生交换学习。安教授当时是美中法学交流委员会的成员,在多次交流中对我的学习和研究给予了很大的鼓励。差不多十年之后,在1998—1999学年,我当时获得了富布莱特奖学金的资助,有机会赴美从事一年的访问研究。我当时给安教授去信,希望申请前往哈佛大学法学院从事访问研究,他很快就同意了我的申请,并在办理赴美手续的各种事宜上提供了十分周到的帮助。我记得,在抵达波士顿的第二天,安守廉教授在哈佛大学法学院与我和其他访问研究人员见面,向我们介绍了哈佛大学法学院和东亚法研究中心的情况,就我们未来一年的访问研究做了细致的指导。我经常向安教授请教许多法律问题。当时,我还根据安教授的建议去旁听了哈佛大学法学院雷可夫(Todd D. Rakoff)教授的合同法课程,并向他们请教司法改革和民法的问题。后来,安守廉教授还邀请我到哈佛大学法学院东亚法研究中心的访问学者学术工作坊去做了一次报告,就当时正在从事的"司法改革研究"做了一次交流,也得到了大量很有启发性的评论意见。

那是一段十分美好的人生经历,不仅有大量时间静心阅读、思考、讨论和写作,而且还有妻女陪伴,免于孤单。这也对我后来的学术研究和工作提供了非常重要的帮助。在回国之后的二十年中，我也经常向安守廉教授推荐优秀的中国年轻学者和学生去美国学习和研究。他们同样得到了安教授无微不至的关照和悉心指导，并在后来的学术成长和事业发展中取得了不错的成绩。跟我一样，他们对安教授和哈佛大学法学院充满了感激。

在古稀之年，安教授仍然体力充沛，不仅笔耕不辍，继续在哈佛大学法学院从事中国法的研究与教学，而且还坚持活跃在中美法律交流的诸多领域，这是那些关心并积极致力于中美法律交流的朋友的福音！

安教授是中美法律交流的大使，是中美法律人友好交流的一座桥梁，是中国法律人的好朋友。

在此，谨祝安教授身体健康、家庭幸福、学术事业长青！

哈佛大学经验对中国法学教育改革的启示
——献给安守廉教授

王振民（清华大学法学院教授）

中国的本意是"中央之国"，古代中国人认为中国是世界的中央，这在唐宗汉武时期也许是正确的。不管你承认不承认，一个客观的现实是，世界的中心在近代发生了根本性变化。美国凭借其适宜的政经体制和发达的教育科技，在短短的两百多年时间里，不仅不断开疆辟土，人丁兴旺，而且迅速超过欧亚众多拥有几千年文明史的国家，成为世界上无可匹敌的强国。为此，那些曾经辉煌过的强国在这个新兴的"巨无霸"面前黯然失色。

为此，世界各地的英语培训机构都火爆异常，世界各地的美国大使馆、领事馆几乎每一天都是门庭若市，人们发愤学习英语，经过漫长的"考托""考G"和申请学校的煎熬，最后再忍受美国签证官种种苛刻的发问，运气不好的，签证被拒，而且拒你没商量，几年工夫也就前功尽弃；少数顺利的，才得如愿以偿，赴美深造。在世界各地赴美的航班上你总可以看到来自各国的莘莘学子以及赴美探望他们的家人和朋友，他们无不怀抱美好愿望，对未来充满了期待。以前我们说中国的高考是"千军万马过独木桥"，谁能过了这个桥，就意味着自己的人生发生了质的飞跃。如果用同样的文字来描述今天留学美国的情形也十分贴切。美国对人才的强大吸引力令许多文明古国汗颜。

对于普通中国人来说，能够到美国随便一所大学学习就已经很好了，如果有机会进入最好的几所大学就读，更是学人们梦寐以求、求之不得的事情。我们能够得到安守廉教授的鼎力帮助，来到著名的哈佛大学学习研究，哪怕只感受一下美国最好大学的气氛，就很满足了。

我本人于2000—2001年参加中美富布莱特交流项目在哈佛大学法学院"东亚法研究项目"（也可叫作"中心"）度过了难忘的一年。这是我第一次在美国较长时间停留。2000年适逢美国四年一度的总统和议会大选，还有中美撞机事件，悉尼奥运会中国大获全胜，中国申请举办2008年夏季奥运会成功，如此等等。此间得到安守廉教授帮助良多，并多次与他交换看法，一年下来，可写、想写的内容很多。思前想后，我觉得安教授对中国法治建设的最大贡献可能还不在于一般知识的传播上，而是在于中国法律人才的培养方面。

每年位于哈佛大学法学院庞德楼四层哈佛大学法学院的"东亚法研究项目"会邀请来自中国的访问学人若干，这些学人在短短的几个月、半年或者一年时间里，也许无法在学术上产生突飞猛进的效果，但是置身彼岸，亲临其间，耳濡目染，无形的影响远远大于写几篇文章。而这些影响又会直接影响到他们回国后的教学科研，我不止一次从"东亚法研究项目"的校友那里听他们说，他们是如何受益，而哈佛大学那段生活又是如何影响到他们现在的工作和生活，周围的人和事又是如何受他（她）的影响而发生一些细小但可喜的变化的。

◆ 绿竹猗猗

　　我本人一年下来最大的受益有几个方面：第一，弄清了普通法的真谛，我认为普通法绝不仅仅是一套硬件法律制度，更为重要的，它是一套完整的治理国家和社会的哲学，在这方面我有一篇短文《普通法的治理哲学》发表在 2002 年 4 月 14 日的《法制日报》上。第二，了解了案例法教学的真谛，我发现开展案例法对法治建设至关重要，如果每一个法官在做判决的时候都意识到自己的判决要公开，可能会被一代又一代学者、学生反复地在课堂上研究咀嚼，你可以想见他会如何判案。我现在正在尝试案例法教学，效果令我深受鼓舞。第三，了解了美国能够成为今日美国的根本原因，那就是美国高度发达的教育和法治解决了国内种种复杂的矛盾，消除了制度上的不平等，最大地解放了生产力，为每一个人的充分发展最大限度地提供了平等的机会，人民与政府之间建立了一种和谐的健康关系，实现了既有统一意志又有个人精神舒畅，既有民主又有集中，该民主的时候坚决民主，该集中的时候坚决集中那样一种良好的局面。而遍地的优秀大学又为经济和社会的发展提供了源源不断的优秀人力和技术支持，并磁石般吸引全世界的优秀人才到美国效力。美国的宪法和大学是美国最宝贵的财富，是美国富强的两大法宝。

　　我们可以不同意美国的政策，但是不得不承认美国在许多方面比我们强。美国何以成为世界强国，中国如何富强"复兴"，促使美国富强的因素能否在华夏大地形成，我想，这是大部分赴美留学的中华儿女念兹在兹、无法忘怀、立志破解的"哥德巴赫猜想"。

　　这里把我之前写就的一篇关于哈佛大学法学院的文章附上，向安守廉教授表达祝贺与感谢，并与同仁共勉。

　　2000—2001 年我参加中美富布莱特项目在哈佛大学法学院从事研修工作，虽然在那里生活了一年，但是要写一些关于哈佛大学法学院的全面性的东西似乎很难，只能写一些初步的印象。哈佛大学创办于 1636 年，是美国历史最悠久的高等教育机构。先有哈佛，再有美国，这一点不假。我国的高等院校比哈佛大学要年轻多了，尽管我们国家的历史比美国国家的历史要长得多。哈佛大学最初只有 9 个学生、一个牧师（Master），发展到今天已经有 18 000 名学生，包括本科生和在 10 个研究院和专业学院学习的各种研究生；另外有 13 000 名学生在哈佛扩展学校（Harvard Extension School）学习。2000 年哈佛大学有 3 000 多名海外留学生，2 000 多名来自世界各地的访问学者。哈佛大学有超过 14 000 名雇员，其中 2 000 人是教师，还有 7 000 名工作人员在哈佛大学的附属教学医院工作。美国有 6 位总统是哈佛大学的毕业生，2000 年美国民主党的总统候选人戈尔先生毕业于哈佛本科学院（Harvard College），共和党总统当选人布什先生毕业于哈佛大学商学院，是第一个拥有 MBA 学位的美国总统。有超过 30 位哈佛教授曾经获得诺贝尔奖。

哈佛大学法学院成立于 1817 年，是美国最大、历史最悠久的法学院。哈佛大学法学院是如此出名，以至于其正式名称可以不叫 Harvard University School of Law，而径直叫作 Harvard Law School，甚至有些时候只说"The Law School"（法学院）而不用特指"哈佛大学的"就知道是指哈佛大学法学院了。

哈佛大学法学院之大简直不可思议，全法学院共有 23 栋大楼，对比我国大部分法学院只有几间房子，这个数字实在吓人。法学院有一个相对独立的很大的校园。在主校区的楼与楼之间都有地下通道连接，这在冬天特别有用。这些楼的主要用途包括法律图书馆、教室、模拟法庭、教师办公室等，法学院还有自己独立的餐厅和相当数量的自己管理的学生宿舍。其中，法律诊所（legal clinic）和哈佛法律援助局（Harvard Legal Aid

Bureau）在波士顿穷人区有自己独立的大楼，建在这里是为了方便向穷人提供免费的法律服务。

说了大楼，再说大师，哈佛大学法学院共有荣誉教授（Professor Emeritus）14 位（荣誉教授指已经退休的名教授，有些仍然授课），67 位教授，10 位副教授，36 位讲师，30 位访问教授（visiting professor，这里的访问教授是要干活并拿工资的，这些人一般是外校的教授或者律师事务所的律师，他们一个学期或者一个学年在这里上课，通常被用来作为聘用前的考察），另外还有 3 个兼职教授（adjunct professor）。似乎那里没有我们习惯的那种荣誉性的兼职教授和客座教授。法学院正式教师共计 146 人，其中教授、访问教授都有单独的秘书。法律专业秘书或者助理在这里是一个很庞大的职业。法律图书馆工作人员达 100 多位。全院全时教职员工合计达 360 多人，实际上是一个相当规模的独立大学了。哈佛大学法学教授中有许多是法学名家、大师，像出生在我国上海的著名的宪法学家劳伦斯·却伯教授，2000 年总统大选时他担任民主党总统候选人戈尔的特别法律顾问，代表戈尔和民主党进行有关总统选举的诉讼，他曾经在联邦最高法院多次代表当事人进行诉讼，并大部分成功。还有几位刑法教授代表 O.J. 辛普森成功打赢官司。他们都是美国著名的法学大师。

再说学生，哈佛大学法学院的招生规模也是全美最大的。其中"美式"本科生（J.D）每年招生约 550 名，三年本科生共计 1 658 名，来自美国 50 个州和 29 个国家，据说这些学生毕业于 260 多所大学，年龄从 20 岁到 48 岁，其中 3‰～4‰是外国人。美国法学院本科生的招生对象是获得其他专业本科以上学位的人士，不招高中生。有些读法律本科的人甚至是已经获得其他专业博士学位、工作很多年的人士，哈佛大学法学院本科生中有 15％已经有其他专业的硕士博士学位，他们读法律本科的目的绝对不是获得高学位，而是为了转行做律师（我国有人把 J.D 翻译成"法律博士"，但是在美国尽管所有法学院的本科毕业生都获得 J.D 学位，但是他们绝对不可以称为"博士"）。哈佛大学法学院硕士研究生（LL.M，一年制）每年招生 150 名，来自 50 多个国家和地区，博士研究生（S.J.D）每年面向全世界招生约几十名。因此哈佛大学法学院有 1 800 多名学生。另外每年法学院还有几十名来自世界各地的访问学者（visiting scholar）或者研究者（visiting researcher）。据说，目前哈佛大学法学院有 30 000 名毕业生活跃在各行各业，主要在法律和政治、经济领域，这是哈佛大学法学院最重要的资源，也是主要的筹款对象。

在财政资源方面，哈佛大学无疑是世界上最富有的大学，整个大学 1998—1999 年度财政总收入约 180 亿美元，相当于 1 488 亿元人民币。1999 年利用捐赠基金在股票市场上获利 48 亿美元，这使哈佛捐赠基金总额达到 192 亿美元，相当于 1 588 亿元人民币，比许多小国家的国内生产总值还要多。哈佛专门有一个管理公司来经营管理这些资产。除了投资收入、捐款收入外，学费也是一笔很大的收入。每人每年学费高达 25 000 美元，住宿费约 8 000 美元，仅学费和住宿费一项每年可收入 47 亿美元，占全年收入的两成六。据说哈佛 1994 年发起一个筹款运动，迄今已经筹到 26 亿美元。难怪有人说，哈佛已经很富了，不知还筹款干什么，当然他们总能找出一些名堂来的。

法学院有自己独立的财政。法学院一年的财政预算就超过 1 亿美元，举两个例子可见其财力之雄厚。几年前法学院翻建图书馆，自己投资达 3 500 万美元，约相当于 2.8 亿人民币（按照国内标准，这应该是一个大型工程了）。仅哈佛大学法学院法律援助项目每年学院的投入就达 300 万美元。法学院的全职专业筹款人员多达 40 多位，他们对 30 000 名法学院校友的情况可

◆ 绿竹猗猗

以说了如指掌，重点校友的家庭情况、喜欢什么车、家有什么宠物、个人喜好、与配偶的关系如何等这些事情，他们都非常熟悉。只要法学院决定就某一个项目筹款，他们马上可以在校友库中找到最合适的对象，然后制作项目书和筹款计划去接近目标人物，十有八九可以马到成功。法学院学费每人每年也是25 000美元，加上食宿费一个学生一年需要花费4万多美元。交这么多学费当然也有很多好处，例如每学期免费发放大量的讲义资料，免费打印等。尽管学费如此昂贵，仍然有很多优秀的学子远道而来，孜孜以求。他们都说就是借钱读哈佛大学法学院也值得，因为毕业后的起点就是不一样。

为了交这么昂贵的学费，许多学生需要向银行贷款，对银行来说，这也是很大的生意，因此也都很乐意贷款给学生。我发现，这里学校对贫困生减免学费的情况几乎没有，如果一个学生真的很优秀但很穷，交不起学费，学校会去找名目筹款给他（她），而绝不会免学费，学费一定是照交不误的，因此学校不会因减免学费而减少收入，桥归桥，路归路，分得很清，社会好像也是尽量不让学校亏了。我想起在清华大学，近年有些有眼光的银行也开始开展学生贷款业务，但是有些贫困生却放着银行贷款不贷，只是一味地要求学校用自己的钱去减免学费，提供财政帮助，学校有些时候不得不用自己的收入来资助贫困生。这种情况不大可能在这里发生。

关于这里的法律学位，我的感触很深。美国本国人除了立志将来搞学问，几乎没有读法律硕士或者博士的，而真正有用的本科课程外国人又很少念。似乎法律本科是为本国人开的，法律研究生是专为外国人开的。我觉得这里的课程十分"美国本位""本科本位"，例如法律研究生没有专门的课程，所有研究生课程全是选修的，研究生只需选修本科的课程，和本科生一起听课、考试，完成一定的学分即可毕业。法学院更关注本科生和本科教育,很少关心这些来自外国的研究生。而且,研究生根本没有我们那样的民法、刑法等专业设置,更没有评"博士学位点""硕士学位点"之说,也没有博士生导师、硕士生导师之说。

这使我考虑一个问题,到底什么是"世界一流"的法学院,什么是"世界一流"的大学?是否硕士点、博士点多,硕导、博导多就是一流的?按照这个标准,哈佛大学法学院根本不是一流的,和我国许多法学院相比,在这个方面它要差很多。国内许多法学院都说要培养"高级法律人才",许多大学说要以培养研究生为主,著名教授不屑于教本科生。到底何谓"高级法律人才",是否高学位人才就是"高级人才"?哈佛大学法学院培养的"高级人才"是够多的了,但是如果看看这些"高级"律师、"高级"法官、"高级"检察官的学历,也无非法律本科罢了(当然是"美式"的法律本科),几乎没有读过法律硕士或博士的。美国是一个教育高度发达的国家,仍然这么节省教育资源,联想到我国现在的考研热、考博热,一方面很多高中生仍然没有机会进大学,另一方面那么多教育资源又用(我不想用"浪费"这个字眼)在培养理论型的硕士或博士上,而这些硕士或博士生毕业后做的又大都是本科生能够胜任的工作。我国高等教育结构以培养搞学问为目的的研究生为中心,加之用人单位盲目追求高学位,导致人才市场上不合理的"高消费",如此种种,让人感觉到我国高等教育存在一些严重的结构问题,这是否属于"泡沫教育"?

美国人对学位很淡化,不像我们那么神化、"理论化"硕士或博士,尤其在法律、医学、工商管理、行政管理等专业教育方面。当然法学院、医学院、商学院等专业教育学院的招生对象就是本科毕业生,所授的学位甚至也叫硕士(如 MBA、MPA)、博士(如 J.D、M.D),但是这些"硕士""博士"和

◆ 绿竹猗猗

我们理解的、我们在国内培养的硕士和博士绝对不是一回事，这些"硕士""博士"是成量生产的，是搞实务的，不是导师"带"出来的，不是用来搞学问的。至于学位，虽然叫什么"Master"和"Doctor"，但是和搞学问的 Master 和 Doctor 是两回事。美国法学院在 60 年代以前甚至一直授予这些学生法律本科学位（Bachelor of Laws，即 LL. B），加拿大虽然也是美式研究生法律教育（法学的第一学位为完成本科学习后的研究生教育），但是至今仍然把这种专业学位叫作本科（LL. B），而没有改为"博士"（J. D）。名称仅仅是名称罢了，不要在这些事情上太认真。据我个人的观察，美国高等教育有两个主要目标，一是培养大量高质量的本科生，一是培养大量各种实务型的专业人才（律师、医生、经理等）。至于培养真正搞研究、搞学问的 PhD 也很重要，但是数量不多，因为对国家和社会发展来说，首先是最大限度地提高全民的科学文化素质，因此不怎么分专业的本科教育要尽可能扩大，其次培养大量的能解决实际问题的各种专业人才。在任何国家、任何社会，搞学问的都是少数人，国家不需要那么多人去搞学问。

正是在这个意义上说，我觉得我们目前培养大量以搞学问为目标的理论型研究生的教育制度必须改革，尽管这些研究生毕业后大部分不搞学问（这是必然的），但是这种研究生教育占用了许多宝贵的教育资源（一个硕士生需占两个本科生的资源，一个博士生需占四个本科生的资源）。"科教兴国"绝对不是说培养大量搞学问的博士和硕士就行，这好像也不是发达国家发达的经验。

正是在这个意义上说，我国目前的学位制度必须改革，要把高校的注意力从争博士点、硕士点、争博导和硕导上，转移到切实提高教育质量上来。任何高校都应该有权自主决定自己要授予什么样的学位。要淡化高学位，高等教育的大众化首先要求硕士和博士的大众化、"世俗化"。在美国，雇主绝对不会仅仅根据你的学位来决定是否聘用，来决定薪金。我国不少地方、不少单位规定有博士学位或硕士学位者优先考虑，还有各种优惠，有博士学位的工资就比有硕士学位的工资高，有硕士学位的工资比有本科学位的工资高，这在美国人看来是很滑稽的。这固然表示我们重视教育、尊重人才，但是千万不要变成只重视高学位，这是一个错误的导向，尤其对专业教育学科。我们国家实际上也不需要那么多人将来都搞学问。

当然我们不一定要全盘学习美国的高等教育制度，它本身也有很多问题。我国高等教育体制如何改革、学位制度如何改革，这是一个很复杂的问题，需要仔细研究。

谦谦君子，温润如玉
——恭贺哈佛大学法学院安守廉教授七秩华诞

刘仁文（中国社会科学院法学所研究员）

哈佛大学东亚法研究中心主任安守廉教授迎来七秩华诞，部分留学哈佛大学的中国学人将为其出版祝寿文集。作为祝寿活动的重要组成部分，中国人民大学法学院还将举行"改革开放以来中美法律研究及法学教育交流"的学术会议。2018年的"李步云法学奖"也将授予安守廉教授。这是很有意义的事情，说明中国人民没有忘记为中美两国法学交流作出杰出贡献的安守廉教授。

我最早认识安守廉教授是在1997年1月，当时经中国社会科学院（以下简称"社科院"）法学所推荐，我参加了美国新闻总署的一个叫"国际访问者计划"的项目，邀请方专门安排我访问了美国的两大中国法研究重镇——位于纽约的哥伦比亚大学中国法研究中心和位于波士顿的哈佛大学东亚法研究中心，由此结识了时任哥伦比亚大学中国法研究中心主任爱德华教授和哈佛大学东亚法研究中心主任安守廉教授。在哈佛大学的那次会面虽然短暂，但安守廉教授温文尔雅的形象已经留在了我的脑海中。

1998年至1999年，我到哥伦比亚大学的中国法研究中心做访问学者，其间先后两次到哈佛大学参加学术活动，每次都拜访了安守廉教授，留下温馨回忆。

2004年秋季，我到新成立的耶鲁大学中国法律中心做访问学者。安守廉教授得知后，即邀请我在方便时去哈佛大学给他的学生讲几次课，并客气地说：你哥伦比亚大学、耶鲁大学都去做过访问学者了，什么时候到我们哈佛大学来做访问学者呀。那次我与内子同行，从纽黑文坐火车到波士顿，一路上秋天的景色美极了，特别是沿途的红叶和森林，至今回想起来，历历在目。

短短几天的哈佛大学之旅，得到安守廉教授的细心关照。我们抵达的当天晚上，他派中国留学生来接我们，并给我备好了图书馆的证件和哈佛大学的地图，地图上还特别给我们标明了附近的中餐馆。第二天早上，他专门开车到旅馆来接我们去用早餐。早餐安排在哈佛大学的一个教工俱乐部里，气氛典雅。餐后他又开车带我们参观校园，并特别向内子介绍了一些她可能感兴趣的艺术馆和博物馆。经过法学院时，他还对内子说：你丈夫的课就在这里面上。

回到耶鲁大学没多久，我又接到安守廉教授的一封电邮，问我是否有兴趣再回趟哈佛大学（还特意注明他那边可以报销往返差旅费），说对于一个刑法学者来说，他认为这里有一个很值得我认识的人。原来是国际刑事法院首任检察长奥坎波先生访问哈佛大学，并将在哈佛大学做演讲。说实话，由于当时刚从哈佛大学返回，手上又有些工作，所以刚开始是犹豫的。但后来一想，人家一片热心，我又怎好说不，于是又从耶鲁大学去了趟哈佛大学，并赶上第二天奥坎波先生的演讲。安守廉教授把我安排在前排,并告诉我坐在旁边的那位教授曾担任过司法部副部长,我暗自吃惊,因为他一点架子都没有。听完讲座后他背着一个背包,与我们随性步行去午餐,完全颠覆了我当时对高官的印象。

中午午餐时,安守廉教授向奥坎波先生介绍了我以及我的工作单位。奥坎波先生听说后,就问我可否以检察长办公室法律顾问的身份去国际刑事法院工作几个月,因为他急需了解中国的刑事司法制度。我说需要向单位请示后再回复他。后来经过单位的批准,我到位于海牙的国际刑事法院工作了三个月,这对我了解国际刑法的最新动态当然是大有益处。在国际刑事法院工作期间,我还有幸与时任中国驻荷兰大使的薛捍勤女士(现任联合国国际法院副院长)有过工作上的接触,并承蒙她邀请,参加了当年大使馆举办的国庆招待会。草蛇灰线,想来这一切还得感谢安守廉教授的无私引见。据我所知,安教授还做过很多这样的好事,例如,我的同事、现任社科院法学所宪法行政法室主任的李洪雷研究员就曾告诉我,他在哥伦比亚大学做访问学者时,也有过类似经历,安守廉教授给他报销往返差旅费,为的是让他去哈佛大学结识一位对他的学术成长有帮助的人。

2011年,我再次返美,这次以访问学者的身份在哈佛大学东亚法研究中心待了一个月,其间与安守廉教授有了更多的接触。他先后为我组织了好几次活动,包括在东亚法研究中心的讲座和给他班上学生的几次授课。记得我在东亚法研究中心的讲座结束后,安守廉教授还给我发了个证书,大意是感谢我莅临哈佛大学法学院演讲。当天中午,他的夫人沈远远教授也来与我们一起午餐,说早就听她丈夫多次提到我,今天终于见面了。我也早就知道沈远远教授毕业于中国人民大学法学院,特别是2010年看过江平先生的《沉浮与枯荣》,记得他在书中提到沈远远教授的父亲曾任浙江省省长，后来与江先生还一起在全国人大常委会共过事。

在这一个月里，我除了自己在安守廉教授的中国法课堂上给学生讲了几次课，还去旁听过他本人的几次课。相比起2004年那次，这次教室更大了，听众也更多了，可见中国的国际影响力在增大，越来越多的美国年轻人开始对中国感兴趣。安教授每次授课前，都会让他的秘书帮他打印出来一大堆的读物，包括当天报纸的一些相关报道，分发给学生。我觉得那是一种很好的办法，所以曾经在回国后自己的教学中也想尝试这一办法，但终因我们没有教学秘书这一制度而不好过多地去麻烦别的师生，试过几次后就停止了。

以我的观察，安守廉教授对学生极为友好，学生也与他有着深厚的感情。我好几次去他的办公室，发现外面都有坐在过道椅子上等他的人，有次见到一个华裔女孩，以为是来找他办事的，一问才知，她已毕业，现在加拿大学习，这次回来，正好看看老师。还有一次在安守廉教授的课堂上，我问坐在我旁边的一位白人女士一个问题，她很不好意思地说，她不是学生，是学生的家长，来看孩子，听孩子说这位老师特别好，所以她也来听听。

过去几次来哈佛大学法学院，都限于庞德楼及其附近，这次才发现，庞德楼之外还有好几栋大楼，而且彼此之间好像都能通过地下走廊互通。我在安守廉教授的热心引见下，也得以与别的一些教授有接触，并到不同的教学楼里去旁听过几位教授的课，感觉哈佛大学法学院的课程非常丰富，教学的方式方法也很多元，记得有一门课就是放电影加讨论。还有几次，安守廉教授分别帮我约了不同的刑法教授在教工食堂餐叙。记得有一次参加餐叙的刑法教授不是来自法学院，而是来自肯尼迪政府学院，交流过后我感到他主要是把犯罪和刑法作为一项公

◆ 绿竹猗猗

共政策来研究，偏重于社会治理的角度，这也给我一些研究视角上的启发。另有一次，让我略感惊讶的是，一位哈佛大学法学院的女刑法教授竟然从没有去过中国，尽管她本人也很想去，但苦于没有机会。事后我与安守廉教授说，美国政府不应当只资助中国人来美国，而应当把哈佛大学这样高等学府的教授也资助到中国去看一看，这样有利于他们了解中国。当然，这次哈佛大学之行也留下了一个遗憾，就是我曾经想让安教授帮我联系一下《最好的辩护》的作者、辛普森案等许多著名案件的辩护律师德肖维茨教授，不巧他那个学期正在外地休假。

哈佛大学是一个巨大的社区，这巨大不只是空间，更指这空间里蕴藏着的丰富的哈佛元素。漫步校园，不经意间遇到的一栋建筑、一块草地，或者一座雕塑，都会带出或熟悉或陌生的名字和故事。在哈佛大学燕京学社的古朴大楼里，我看到了林语堂的对联"两脚踏中西文化，一心评宇宙文章"，倍感亲切。在哈佛大学纪念教堂里，我驻足在刻着众多在第二次世界大战等战场上牺牲的哈佛大学校友名单的墙壁前，想起过去在牛津大学也看到过类似的场景，思绪良多。另一次偶然踏进一个图书馆，天啊，还真与泰坦尼克号有关！早在1997年我访问哈佛大学时，当时我的陪同翻译（一位毕业于哈佛大学的华裔女生）就跟我讲过这个故事。没错，就是这个威德纳图书馆，它是以在泰坦尼克沉船事件中遇难的哈佛大学校友威德纳的名字来命名的。虽然关于威德纳和这个图书馆的许多美丽而悲伤的故事还有待考证，但从我眼下在图书馆里所看到的展出可以确认，此图书馆确实是为了纪念在泰坦尼克沉船事件中遇难的哈佛大学校友威德纳而由其家族捐赠建立的。

我与安守廉教授相识相交二十余年，尽管不是常联系，但总有心心相印之感。2006年前后，安教授陪同时任哈佛大学法学院院长卡根女士（后任最高法院大法官）访问北京，在王府井的一个饭店组织"哈佛之友"聚会,安守廉教授特意通知我参加。这次我带给他一件礼物,那就是法律出版社刚出版的一套《哈佛法律评论》,其中包括我自己领衔翻译的《哈佛法律评论·刑法学精粹》。他很高兴,专门向卡根院长介绍了我和这套书以及我自己组织翻译的那本刑法学精粹。后来还有一次,一位哈佛刑法教授从浙江大学来北京大学演讲,对方特意跟我说,他是安守廉教授介绍来的,希望我到时能去担任他的演讲的评论人。此事虽然后来没有成行,但也说明安守廉教授对我的信任。当然,我对他亦是如此,这些年,有不少想去哈佛希望我向安守廉教授推荐的,我都常常让对方直接给安教授写信并抄送给我,或者有人在哈佛大学想去拜访他,我就让对方直接去找他并代我问好。此刻想来,这里面饱含着多少的彼此信任啊。记得有一年,我的朋友张星水律师出了本文集——《星水文存》,里面收有一篇他写我的文章。他想多送几个朋友,我于是提到,可以给安守廉教授寄一本。在联系此事的邮件中,安教授让我称他为 Bill 就好(他的名字是 William Alford,Bill 是 William 的昵称),可见他的平易和亲近。

美国教授虽然没有退休年龄的强制规定,但据我所知,一般是 70 岁退休。安守廉教授今年 70 岁了,我以为他会退休颐养天年了,但我从最近收到的一封哈佛大学法学院给"哈佛之友"的邮件中得知,他今年又被命名为"柯恩东亚法讲席教授"。如果我没有猜错,这里的柯恩就是那位我们熟悉的美国"中国法之父"、现在虽已 80 多岁高龄还担任着纽约大学亚洲法中心主任的柯恩教授了,正是他当年创办了哈佛大学法学院的东亚法研究中心。如此一来,这既是安守廉教授新的事业起点,也是对柯恩教授当年创办哈佛大学东亚法研究中心的一个最好的纪念了。

安守廉教授是一个温润低调的人,是一个受到学生热爱和朋友敬重的人，也是一个为人真诚、感情丰富、说话幽默的人。他曾长期担任哈佛大学法学院的副院长、东亚法研究中心的主任，后来又兼任残障人法研究中心的主任，学术之余承担了大量的行政工作。在朋友面前，他也有喜怒哀乐，甚至有一次他还在我面前罕见地表露出工作上的苦恼和无奈，让人感慨即使在神圣如哈佛大学这样的地方，也有人事的难处。正是他的这种坦诚和"弱势"，增添了我对他的尊敬与好感。作为一个中美法学交流的受益者，作为一个多年来得到安守廉教授关照和鼓励的中国学人，我由衷地祝愿安守廉教授健康长寿，在新的事业起点上再创辉煌。

（本文原载《方圆》2018年第33期）

与安守廉教授交往的点点滴滴

朱景文（中国人民大学法学院教授）

一

第一次与安教授接触大约是在1986年，当时他是中美法学教育交流委员会（CLEEC）的委员，这个委员会是20世纪80年代建立的，最初包括中美双方各8个学校，中方的包括北京大学、中国人民大学、武汉大学、复旦大学、吉林大学、中国政法大学、华东政法学院、西南政法学院8所大学的法律院系。另外，中国社会科学院法学研究所作为福特基金会的资助单位，实际上也参加了该项目。而美方参加该项目的则包括哈佛大学、哥伦比亚大学、纽约大学、斯坦福大学、杜克大学、密歇根大学、明尼苏达大学、加州大学洛杉矶分校、夏威夷大学的法学院。参加这个项目的中国学者都要经过美方专家的面试,安教授是我的面试小组的考官,我最终被选中,安排到夏威夷大学东西方中心做访问学者,在当时的东西方中心主任李浩教授和夏威夷大学法学院的劳伦斯教授指导下从事比较法研究。那是中美法学教育交流的黄金时代,据中美法学教育交流委员会中方秘书处的统计,从 1983 年至 1997 年中方委员会派出到美国学习进修的人员约 210 人左右。CLEEC 项目对中美双方都有好处。对中方来说,打破了封闭局面,了解了发达国家法学的进展,培养了一批学科的带头人;对美方来说,传播了美国的法律文化,进入了中国法学教育市场。后来因为一些原因,到 20 世纪 90 年代末期,项目无法进行下去了。

1989 年,中美法学教育交流委员会派代表团来中国,与参加项目的中国学员见面,团长是大名鼎鼎的盖尔洪教授,我记得安教授也去了。他们问我们回国后是否还和美国教授有联系,需要什么研究资料。我们像聊家常一样谈自己回到中国后的经历,以及与美国教授的联系,谈到兴奋时大家不时哈哈大笑。后来我要的几篇文章,中美法学教育交流委员会都寄来了。

二

1996 年我申请美国富布莱特项目,到美国法社会学研究的中心威斯康星大学做访问学者,这中间安守廉教授又给了我很多帮助。一是富布赖特项目需要两名美国同行的推荐,我找了安教授和哥伦比亚大学的爱德华教授,他们都给我写了热情洋溢的推荐信,我记得安教授在信中说,我是一位多产的学者。

相比美国学者,我的作品可能不少,但是在中国法学界,实在愧不敢当,著作等身的大有人在,像赵秉志、王利明。还有一件趣事,我希望他给我写推荐信,阴差阳错,不知什么缘故,我竟然忘了贴邮票,寄到美国后还是安教授到付的,后来他在给我的信中告诉我没有付邮费,让我无地自容,真不好意思。在威斯康星大学做访问学者时,我受益匪浅,与楚贝克、马考利、格兰特这些美国法律与社会运动的大师有深度交往,奠定了自己学业的基础,但这些的缘由都与安教授有关。我在威斯康星大学时,沈远远还在读马考利的博士生,马考利听说我要到哈佛大学访学,还特意给我讲了他与哈佛大学的往事。

富布莱特项目有个优惠,我作为受资助学者除了去威斯康星大学外,还可以选择两个大学做短期访问一个月,我选择了去哈佛大学东亚法研究中心的安守廉教授和哥伦比亚大学的中国法研究中心的爱德华教授那里访问。在哈佛大学期间,安教授特别给我安排了一次讲座,题目是"法律发展的正规化和非正规化——中国法制发展战略的选择",主要讲中国法制发展不要仅仅着眼于正规化的法制建设,而要注重本土资源,注重调解的作用。安教授亲自主持,来了很多人,不仅有中国的留学生和访问学者,还有许多研究中国法和中国问题的外国人,我用事实、数据说话,大家共同探讨中国法制发展面临的问题,结束时还有很多人围着我讨论,印象深刻。讲座的海报至今我还留着。在哈佛大学期间,我和学生、访问学者住在一起,精力旺盛,好像有看不完的书,听不完的讲座,安排不完的面谈,午间经常买便餐,生活十分充实。我四月到的波士顿,遇到倒春寒,一场大雪把停放在街头的车都埋了。安教授特意把自家的一件中国的军大衣拿给我穿,每想到这些,都感到安守廉教授和沈远远教授的温暖。

三

　　谈到安教授，自然会想到沈远远，远远是我的校友，比我晚几届毕业，她是学国际法的，我学的是法理。但她老是叫我朱老师，也许是因为研究生期间我曾给他们班代过课，CLEEC项目我出去的也比她早。但每次到哈佛大学或其他地方遇到她，总有着校友特有的情感。我和安教授同岁，比他大几个月，见面时我总说他是我的考官，他叫我朱大哥。我和安教授、远远的关系还有一层，我的硕士生臧东升毕业后到哈佛大学读安教授的SJD，见到沈远远，他总称她"师母"。记得一次在人大聚会，东升来晚了，大家说要给点什么惩罚，远远挺身而出，说不要欺负老实人，为他解围。20世纪90年代末，她做一个亚洲开发银行的关于中国公职律师培训的项目，特意拉到我。我们一起跑了许多培训机构，包括司法部、中央党校、国家行政学院、法官学院、检察官学院、国家发改委等，已经是冬天，天气很冷，后来还专门给亚洲开发银行写了份报告。远远几乎每年都要到国内来讲学，在北京大学、清华大学、中国人民大学、浙江大学都开过不少课，被聘为客座教授。有一件事我记忆犹新。20世纪90年代的时候，远远被聘为中国人民大学的客座副教授，开学典礼的时候，除了常规内容和外教受聘仪式，我们还特意把70岁以上的老教授请到主席台上，曾宪义院长亲自为他们祝福、献礼，分了大蛋糕，还举行了外教受聘仪式。远远的夫君安守廉教授也应邀出席，我那时是主管外事的副院长，坐在他的身边，仪式结束后，安教授动情地对我说，你们给老教师这样的尊重，令人感动。你知道在美国，人们都不愿谈年老，那将意味着孤独、没人理。听了他的一席话，本习以为常的事，美国教授却这样看，我也确实感动了，谁说我们什么事都不如西方！

四

最近几年我又到哈佛大学去了几次，都是参加国际会议，与我们最近几年一直做的中国法律发展报告有关。一次是在2014年，韩大元院长率队，我们在美国宾州大学开发布会，我讲的是中国法律工作者的正规化和诉讼分流问题，美方还特别请到我在威斯康星的合作老师楚贝克教授参加，他人已年过八十，依然健康硬朗，头脑清晰，见到老朋友十分高兴。在此之前我们先到了哈佛大学，和安教授谈了我们报告的主要内容，并把报告的英文译文送给了他。第二次是2017年在哈佛大学召开哈佛大学、中国人民大学、日内瓦大学、墨尔本大学四个法学院的联席会议，哈佛大学是安教授带队，中国人民大学是韩大元院长带队，还包括现在已是法学院院长的王轶教授，我在会上做了中国的控权指标的报告，控制滥用权力一般指控制政府权力滥用。安教授也访问过中国人民大学几次，记得上次安教授来时和他座谈，还谈起特朗普上台是否会对中美法学教育交流产生影响，以及美国学界对特朗普的看法，大家无所不谈。

五

安教授是美国研究中国法的专家，给我印象比较深的有两个作品，一个是他的《不可思议的西方？——昂格尔运用和误用中国历史的含义》，他批判昂格尔教授《现代社会中的法律》中关于中国法律发展的论述，提出秦统一中国之前很长时间，中国就出现了具有公共性和实证性的法律，因此昂格尔关于中国那时只有不成文的"礼"的论断是站不住脚的，是用西方的法律发展范式、思维模式剪裁中国历史事实。另一个是对中国学界影响很大的著作《窃书为雅罪——中华文化中的知识产权法》。在该书中他提出一个很有意思的问题，为什么中国古代文明创造了造纸术、印刷术，却没有知识产权法？而西方式的知识产权法是19世纪末20世纪初引进中国的，而这一引进后来却遭到全面失败。正像他所说的，提出这些观点，并不是为了强调中国知识产权制度如何落后于西方，而是为了讨论一些令人困惑而又长期受到忽视的疑难现象。比如，为什么作为一个曾在科技和文化上领先于世界的文明古国，中国却没有形成一套保护发明创造的法律制度？另一个更大的问题是，如何才能将西方有用的法律制度移植到中国的土地上，移植过来后又如何才能够使其在新的泥土中扎根成长？看了这本书以后，我很感慨，没有对中国法多年的潜心研究、深入思考，是不可能提出和回答这些问题的。

2000年，安守廉教授与我的哈佛大学访学

李曙光（中国政法大学教授）

2000年2月至2001年2月，我有幸在哈佛大学法学院做访问学者，从此与安守廉教授结下不解之缘。

安教授是一位非常睿智、非常温雅，至今对我仍有点像谜一样感觉的教授。我在国内知道他，是因为他当时就是公认的美国的中国法制史学者。1994年，中国政法大学出版社出版了哈佛大学的高道蕴和中国政法大学比较法所的高鸿钧与贺卫方共同主编的《美国学者论中国法律传统》，第一编讨论早期中国法律的性质，其中就收录了安教授撰写、高鸿钧翻译的一篇学术严谨的论文《不可思议的西方？——昂格尔运用与误用中国历史的含义》。该文从学术角度，对同为哈佛大学法学院教授的昂格尔漠视中国经验，在并没有对中国文化与政治传统做深入体察了解的情况下，就对中国"文化大革命"中的反权威性大加赞赏的观点提出了批评。我以前也是研究法制史的，但安教授完全不同的治史方法与思维给了我巨大启发。到哈佛大

学后我了解到，安教授不仅开比较法与法制史课，还开了国际贸易法与残疾人保护法课，这种完全不搭界的专业与课程安排也出乎我的意料。

安教授还邀请我到他的比较法课堂上讲课，我至今还记得当年的场景。在阶梯教室，五十几位学生松散自由地坐着，按照事先商定的方案，安教授先放了一部电影片段，就是张艺谋执导的故事片《秋菊打官司》，里面塑造了一位执着、倔强地运用法律手段维护自身尊严的中年农村女性——秋菊。放完电影片段后，问问美国学生关于电影有什么问题，然后由我主讲，讨论电影中提到的中国普通民众权利意识的觉醒，以及传统中国的农村关系社会是如何解决秋菊式问题的，农民进城打官司遇到的复杂的政府接访与司法诉讼程序，城里人与乡下人不同的法律意识，当今中国普通人，特别是城里人权利意识的变化等问题。接下来讨论中国法律制度，特别是市场化法律制度的最新发展，最后谈谈未来可能的走向等。

安教授对我们访问学者极尽照顾之责，平时经常请我们吃饭。据我了解，哈佛大学一些其他学院，特别是费正清研究中心与杜维明的燕京书社，一些访问学者是没有单独办公室的，但是安教授给每位东亚法研究中心的访问学者提供了单独的办公室，我办公室隔壁就是罗斯福总统孙女苏珊研究员的办公室。2000年下半年，王振民来哈佛大学法学院一段时间，我们俩共用了一间办公室。

哈佛大学法学院大概有十几个研究中心，有欧洲法中心、伊斯兰教法律中心、WTO中心、法律经济研究中心等，有不少各国的访问学者，每周法学院的外国访问学者都有一次聚会，时间是不确定的，到我去的时候，大概是每个星期二下午的五点半到七点半，共两个小时。大家一边谈话，一边吃饭，气氛很好，但我只参加过一次。

安教授在东亚法研究中心建立了一个重要的访问学者研讨制度，就是一周一次的圆桌讨论会，要求东亚法研究中心的每位学者必须参加，像来自中国的学者有三四位，来自日本与韩国的访问学者多些，有五六位，还有东亚法中心的 S.J.D 博士生，也就十来位学者，每次轮换一位学者就自己的研究主题做主讲，然后大家讨论。这个制度不仅可以实战练习大家的英文水平，还可以加强我们这些平时不怎么往来的东亚学者之间的交流，更重要的是促使各访问学者身在哈佛魅力四射的校园，不要忘了完成自己的研究计划这个访问主题。

我在哈佛大学时，安守廉教授曾夸我是哈佛大学法学院一学年听课最多的访问学者。确实，当时我对哈佛大学法学院的课程充满兴趣，白天黑夜地赶课，一年之间，主修与旁听了几十门课程。在 2001 年至 2002 年年初，我对哈佛大学法学院听课及访学情况，做了一个较长的回溯记述，其中包括哈佛大学法学院课程开设情况及听课记录，后来自己一忙就把写的东西压在抽屉底下了，未及发表出来。时隔多年，当年的课程安排、授课教授情况，甚至上课笔记很多都是中文记述的，特别是未及核对许多教授的英文原名。18 年过去了，现在看来，错漏谬误之处定有不少。现把当年的记述及笔记经简单整理后发表于此，敬请哈佛大学校友指正。

（1）首先谈谈哈佛大学法学院的课程设置的概况。

哈佛大学法学院的课程非常多，就哈佛大学法学院 2000 年至 2001 年的课程安排来看，攻读 J.D 学位一年级学生基础课包括民事诉讼法、合同法、刑法、法律推理、财产法、侵权行为法 6 门课。

在一年级春季学期也就是一年级第二学期，还开设了法律分析方法、宪法、公司法、证据法、家庭法、国际法、谈判实践、联邦有限政府（罗森伯格开设）等，这些都是一年级的选修课。

第二年的基础课是财务会计、高级宪法、公司法、税法，选修课是行政法、争端解决机制法、破产法、反托拉斯法、民权组织法、法律诊所等。

有很多著名的教授在给一年级学生授课，像艾琳娜·卡根（Elena Kagan，现在是美国最高法院大法官）、罗伯特·克拉克（时任哈佛大学法学院院长、公司法名家）、劳伦斯·却伯、昂格尔，这些都是非常有名的教授。一门课往往同时有几位教授授课，像合同法就有7个班同时上课，由菲格、佛卢尔、米勒等几位教授讲授。

（2）法学院的学生们是如何选课的？

上面我已经提到过一门课往往同时有几位老师授课，学生是通过教授的姓名来选课的，如果有太多学生选了某位教授，而课堂又有限制，就按照两个原则来确定听课学生名单，一是先来先到，二是考试。教授会在第一个星期上课时来作调整。大多数情况是，刚上课时教室里学生会爆满，学生们都是先来听一听。有的教授的课程报选的时间是有限的，是不容学生们改选的，像宪法学名教授却伯（Laurence H. Tribe）的课。这种情况下，选课就由负责教务的机构安排，把学生的选课名单张贴出来。另外，每门课还会有些替补的学生，如果学生觉得自己不喜欢这门课或这个教授，他可以退课，替补的学生就可以插补进来。

法学院的课程表都是用字母缩写，标注了课程名称、时间、教师姓名、上课地点。

（3）法律诊所是一门怎样的课程？

实际上，这门课就是法律实践课。学生由一位教授或两位教授带领，或者一位教授和一位教授助手带领，代表政府或当事人去接受法院指定的案子，这有些法律援助的性质。让学生在司法实务中做代理律师，或进行法律诉状、法律公文的写作。

诊所教学制度是美国法学院非常突出的制度。哈佛大学法学院、耶鲁大学法学院从二年级就要有这门课程。法律诊所课程的分数对学生很重要。这些课大多数都是在法庭真刀实枪地上，有些则是模拟法庭形式，而这些模拟课也是由真正的法官来主持的。2000年5月我陪同由李树勤、王宝树教授带领的清华大学法学院院长访问团旁听过模拟课，其课上的法官就是由马萨诸塞州地区上诉法院法官承担的，律师由当地律师事务所的现职律师担任，模拟课的公诉人也是当地的检察官。参与这些课程教学，对这些法律从业人员来说都是义务的，美国的律师事务所规定律师必须每年为公众提供一定时间的服务。模拟课上学生们都以非常严肃、认真的态度来参与。原告、被告、证人都由学生扮演，陪审团由外请的专家担任。

值得一提的是，美国中学也有这样的法律课。我曾访问过密西西比州菲拉得菲尔中学，那里的庭审模拟课就是请破产法院的法官模拟民事案件的受理过程。我在佛罗里达州立大学访问期间还现场观摩了李黛惠教授指导课堂模拟法庭，她在民事诉讼法课上把学生分成几组，扮演法官、原告、被告、陪审团等。案情是一个修理工与雇主争吵，还把雇主的腿打断了。雇主作为原告提起民事赔偿诉讼，要求赔偿500万美元，被告的律师辩称只愿赔60万美元，整个模拟课的过程生动逼真。

（4）大致介绍一下我曾经选修过的课程。

我选修的课程比较多，同时也有意识地去选择不同专业教授讲授的课程。首先是伊丽莎白·沃伦教授的破产法。沃伦教授原在哥伦比亚大学任教（现为马萨诸塞州参议员，传说可能去竞选下任美国总统）。她的课我上了整个学期，每次上课都要求每位学生花12美元去买当天课程单元的讲义，这门课程听下来，我花了大约150美元，这是一笔不菲的开支。在卡根教授开设的现代行政法课上,这位极有个性的女教授上课就没怎么站在讲台上,而是沿着大阶梯教室满教室边走边讲。我坐在最后一排,她经常站在我身后讲。2000年春季,卡根刚从美国联邦政府退出,来到法学院当访问教授。关于她,哈佛大学学生中流传许多故事。说她非常有魄力,嗜雪茄。她是克林顿政府的白宫国内政策顾问,被克林顿总统推荐当哥伦比亚上诉法院法官,结果被共和党人控制的参议院否决,而后就来哈佛大学教书了(后来当上哈佛大学法学院院长及最高法院大法官)。公司法有3位教师授课。其中最受学生欢迎的一位是科茨(Coates),他原来是华尔街一个著名律师事务所的公司合伙人,他是副教授,但选他的课的人极多,因为学生们中有许多人要效仿他去华尔街觅职。另一位教授克拉克曼讲公司法也讲得不错。税法有5位教师授课,说明税法在美国有多么重要性。还有卡夫曼教授主讲的英美法系,讲的是法制史和法律文化,大陆法、英美法的对比,普通法的哲学是什么、理念是什么。这门课有些类似于我们中国的法理课,但不完全相似。另外就是比较法课程,由安守廉教授讲授,讨论中国法律在社会中的作用。却伯教授为二三年级学生开一门课叫高级宪法,专门讲最高法院的宪法案例。据说,如果一位教授在美国最高法院打过一次官司就很了不起,可却伯教授在美国最高法院代理过30次诉讼,包括2000年代理美国民主党总统候选人戈尔诉共和党候选人小布什的佛罗里达州选票争议官司,可见其大牌。我旁听了他一年级的选修课宪法,以及二年级的必修课高级宪法。

哈佛大学法学院二年级的课程还有知识产权和公司法政策。公司法政策的主讲人是弗里曼教授,这门课讨论为什么制定公司法,以及比较美国各州公司法的区别。我听过他的两次课,很有趣。美国的大公司都很认同特拉华州的公司法,都到这个州注册,因为这个州的公司法最合理、最专业,对公司纳税最有利。其他像纽约州、新泽西州、加利福尼亚州的公司法也不错。另外就是公司财务课程，主讲的布瑞教授很有名，他上课用很多经济学模型，来分析公司的各种财务情况及上市公司的数据，因为涉及高等数学方面的知识，我就听不太明白了。

法学院已为二三年级的学生开设刑事诉讼法（高级）课程。我旁听了辛格教授的财产法课程。

我选修的其他课程还有夏伯若的法经济分析，他是哈佛大学法学院刘易斯法律商业研究中心的著名教授。

二三年级的课程还有经济法规（反托拉斯方面）、就业歧视法、环保法、欧盟法、证据法、家庭法、联邦法院、政府律师、因特网和社会、国际合资企业（跨国公司）、劳动法、土地利用法。听因特网和社会这门课时，我就想以后中国政法大学也要开这门课，主要讲网络信息对人类社会所产生的影响，从表面上看这门课似乎是和法律无关。这门课还讲到因特网会发展成什么样子，未来会改变那些观念，有什么样的方法途径做这件事，形成了哪些技术，未来还会在哪些技术上有所突破，涉及家庭、法律、政治、经济等。

（5）在哈佛大学学习期间，给我印象最深的课程及教授有哪些？

这实在比较多，像却伯的宪法、卡根的行政法、伊丽莎白·沃伦教授的破产法、科茨的公司法等。印象深刻的还有著名女教授朱妮尔主讲的法律和政治过程。朱妮尔是哈佛大学法学院第一位黑肤色女性教授，她是位公众人物，她本人在美国就是一位被研究的对象，关于朱妮尔的书，市面上出了不少。她自己也写了许多著作。朱妮尔是一位为了黑人、为了少数族裔争取权益的著名民权运动分子。

在哈佛大学法学院有两位最厉害的法哲学教授：邓肯·肯尼迪与巴西裔教授罗伯托·昂格尔，他们是美国 20 世纪 70 年代法律批判运动的领袖,当时哈佛大学的中坚力量,但现在,法学院的学生对他们不怎么感冒。组织关系法课程的主讲人是肯尼迪教授,选他课的学生不多,后来开不成了,但我时常在校园里遇上他,他给我留下了深刻印象。昂格尔的法哲学课也是如此。昂格尔的《现代社会中的法律》曾被译成中文,所以他在中国很有名。昂格尔主张法治是现代国家的灵魂,法治是建立在君主制官僚政治、贵族特权及中产阶级利益这三者之间的妥协之上的。20世纪70年代末期,正是因为这两位教授的存在,美国成为世界法哲学的研究中心,后来法哲学中心慢慢转移到了英国牛津大学的德沃金教授那里,但是哈佛大学法学院的法哲学研究仍然走在世界的前列。

此外,还有一些对我来说很新鲜的课程。如战争法专门讲授战争规则,交战国之间及其与中立国之间的关系,如何保护平民,如何对待战犯,战争责任等。美国法制史讲授美国法律的传统,主讲人是菲切尔桑斯,一位非常有名的教授。

法律职业课程主要讲职业技巧、职业伦理、职业训练,也涉及职业道德,但不完全是职业道德。这门课的内容很有意思,讲不要把客户的钱放进自己的口袋里,如果客户遇到不幸的事,不要把他引向不道德的一面,这些属于法律伦理、司法伦理方面的训练。这门课还讲法律职业应具备的基本素质,像谈话的礼仪、仪态,如何与客户谈判等。

此外,还有立法法、专利法、政治司法、行政规章、证券法规、体育和法等课程。体育和法是二三年级很重要的一门选修课,主要讲体育涉及的法律问题,如反兴奋剂、体育道德、运动员虚报年龄、裁判的黑哨等。

比较税务管理和公司交易是税法和公司交易两门交叉学科的课程。现代经济的发展是经济学前沿理论方面的课。普通法和支付体系、比较法和文化、人权法、环境法和风险、联邦刑法、联邦印第安法、食品和毒品法、性别歧视法、移民法、国际私法、联合国维和、不动产法、兼并与重组、对非营利组织的税法规章、WTO 和全球化、谈判诊所等，都是边缘而新兴的课程。

谈判诊所在美国法学院是一门非常有用的课，教学生如何谈判，很有意思。与法律诊所课相似，但是没有法律诊所课那么正规，这门课也会邀请谈判实务方面的专家来讲授。但我没有时间旁听这门课。我很想听的一门课是领导战略，哈佛大学肯尼迪政府学院和法学院都有领导战略这门课，但是因为好课程的时间都撞车了，没办法全去选听。

当然有许多课程也是哈佛大学法学院的传统课程。如行政法、高级行政法、美国少数民族法、移民法、反托拉斯法、反垄断法、商业计划、教堂和国家、法律冲突（国际私法、美国州立法的冲突规范）、知识产权法、其他国际法、公司财务和重组法（马克罗伊欧主讲）、企业和媒体、健康法、健康机构、人权法和国际法、个人财产法、银行法、贸易法、日本商业法、法哲学（分别由斯坦蒂克和昂格尔主讲）、民主法、公共政策、法律职业、法制史形成、媒体与司法等。

有一些课程是与我的专业密切相关的，例如兼并与收购，主讲的是弗里曼教授，我上的是另外一位教授讲的课。我也计划在我们政法大学开设这门课程。此外，还有昂格尔的一条路和许多路，以及专业服务公司（讲律师事务所、会计师事务所等机构的）、州税和地方税、法律理论等课程。

（6）哈佛法学院上课的形式都有哪几种？

一年级有 6 门必修课，主要采取传统的授课方式。

二年级有 4 门必修课（高级宪法、公司法、财务会计、税法）。三年级就没有必修课了。在二三年级开设小型研讨课，这是哈佛大学法学院的一大特色。在一般课程外，专门设立研讨课，计入学分，这些课程层次是比较高的。一年级的学生课程最多，也是最忙的。这是哈佛大学法学院课程设计的传统。

（7）二三年级小型研讨课的课程设置都有哪些？上课的具体方式是怎样的？

小型研讨课课程设置主要有：行为法学（讲道德和情操的）、资本处方、民事权利法、欧洲比较法、复杂仲裁、公司治理结构和上市公司（马克罗伊欧主讲，讲现金流问题的）、人权法、法律与经济、警察管理、怎样成为一名律师、国际财务、法律与经济资源等。

法律与经济由夏伯若与白翠克教授主讲，他们是哈佛大学法学院非常有名的法与经济学方面的领军人物。这门课我基本都听了，是每周二下午4:10时至6:10时，上课2个小时。法律与经济中心所有的教授和高级研究员都要参加，大概有三十多个学生选了这门课程。课程开始时，首先由一名专家做主题发言，这位专家可以是来自刘易斯法律商业研究中心的教授，或是来自纽约大学、哥伦比亚大学的教授，或是来自著名上市公司的专家，但以研究中心的教授为主；然后由主讲教授点名学生发言，学生提出问题和回答问题；最后学生们要写论文。对于这门课程，哈佛大学法学院的学生普遍反映较难，因为涉及大量经济学分析工具。我倒感觉很有意思，因为我不用参加考试。讨论的问题都比较前沿，如上市公司收购、枪支管理、破产对老人妇女儿童的影响、经济法规和社会规则的关系等问题。这门课的考试方式，一是以平时的课堂研讨为主，每节课夏伯若教授都有记录；二是看学期末论文完成的情况。对比我们中国大学的课堂，学生大都不愿发言，而在哈佛大学，这门课学生是必须发言的，没有课堂发言，期末成绩肯定不过关。因为课程很难，学生们上课也发怵，但每堂课学生讨论、提问还是很踊跃的。

我介绍的这上百门课就形成了哈佛大学法学院的课程体系。这个体系的组成就是：1）基本课程（必修课）；2）选修课程；3）讨论课程。这充分体现了法学院课程设置的多元性和多层次性。

（8）法学院学生能不能选其他学院的课程呢？

哈佛大学法学院和几个相关学院是有交流关系的。每次开学前，学生们都要填好跨院系跨专业的选课表。我所知道的是，法学院学生对商学院的课程非常感兴趣，很多学生都会选择商学院的一两门课程，但这要先报名，得到商学院的同意才行。

商学院的学生也可以到法学院听课，有的法学院学生还到政府学院听课，政府学院的学生也到法学院听课。像朱妮尔的课就有三分之一的学生是肯尼迪政府学院的学生。因为朱妮尔的课会讲到选举涉及的问题及与法律的相关性等，很多政府学院的学生非常感兴趣。

哈佛大学法学院学生跨院系选课率非常高，法学院有很多学生都选修了商学院的市场营销、企业经营、怎样成为企业领导者等类似的课程。而有的法学院学生就干脆转系了，这在哈佛大学是允许的。

我知道有的学生同时在商学院和法学院上课，毕业后既能拿MBA，又能拿JD学位，但这样学是很累的，我就遇到过好几位这样的学生，必须把法学院和商学院的课程都读下来，才能拿到两个学位。

在哈佛大学法学院，一年级的学生一进校门就会被来个"下马威"，每堂课课前要阅读几百页专业书，课上老师提问回答不上来就是不及格，白交昂贵的学费了。所有学生都知道法学院的课程之难。学生们从各地考上哈佛，都是天之骄子，个个趾高气扬，但是第一年的第一学期学业非常难，许多学生可以说是始终处于学习呆滞状。我就遇到几位一年级的学生,其中有位美国学生原来在中国工作过,做过宝维斯律所合伙人,也是哈佛大学法学院教授科恩的助手。科恩教授是我的老朋友,他是位著名的中国通,他的中文名叫孔杰荣。20 世纪 70 年代,科恩曾随尼克松总统代表团访问过北京。他的那位助手与我是老熟人,他和我约过数次聚会,在校园或餐厅一见面,他总是说"李教授,下周我们一定一起吃顿饭",但终究学习太忙,顾不上,他的时间都用在了课程学习与课前预习上。所以,法学院的学生都说只要能通过第一年的学习,以后就会轻松了。

(9)介绍一下美国法学院的教材情况及其与中国法学教材的区别。

在中国大学法学院谈教材和在美国法学院谈教材是完全不同的。中国法学院各专业的教材多为统编,教材出版多出自中国几家大的出版社与出版基地,这些出版社常以出版发行几千套、几万套教材为荣。美国则不同,在美国法学院能够成为教材的书籍都是由非常优秀的教授撰写的,数量相对也是比较少的,比如,证据法的教材全国不会有几十套、几百套出版,一般一个专业两三套教材,最多就十套左右。中国大学各专业则不同,每位教授、副教授都要出版一套自己编写的教材,一位教授同时出版三四套同一专业的教材也不足为奇。一位教授就出版三四套教材,中国有这么多教授,教材就成百上千地出生,相似度非常高,说到底是互相抄袭,缺乏权威性,而且也缺少一个评价、检测教材质量的专业机构,所以,教材数量多,鱼龙混杂、泥沙俱下就成了顽疾。

为什么在美国法学院教材品种比较少?我想主要有这样几个原因。

一是教材编撰被认为是本学科的至高荣耀,不是谁都能担当的。

二是教材出版都是在深厚研究基础之上形成的，教材本身的注释就显示了教材编撰者的学术水平。

三是案例法的传统，只有经过一段时间的素材积累，才会形成比较完整的教材。像最高法院的案例，各个法院的案例素材都是一年年积累起来的，而不是说以前发生过的案例，现在全部抛掉，重来一遍。通过案例的积累形成课程教材，这实际上就是一个尊重教育规范与规律的过程。

中国的教材形成过程就不太规范。像很多教材多转引其他书籍上的观点作为自己的观点，而这些被转引的段落本身也是从其他书中转引来的，这样就造成了所有的思想都不是原创的。由此我们的文章往往看不到学术研究的厚重和观点的科学性。许多法学教材编写者不把法学当作一门科学，没有严谨的学术前提与基础，没有逻辑链条，教材照样横空出世，非常不规范。教材人人都能编写，大学教师人人都以出教材为荣，这使得对学术权威的认同感非常低，缺乏遵从学术权威、遵从学术规范的风气。

另外，美国大学的教材出版之后多要不断更新，并补充进最新知识。学生在学习的过程中，既得到了权威的知识，又掌握了学科的最新进展。这些教材是由学生自愿购买的，有的学生就去买二手的教材，一般半价就能买到二手的教材。像哈佛大学附近有名的库伯连锁书店，就卖打折书和二手书。新书刚出版往往卖得很贵，几十到上百美元不等。像我买却伯的新书《高级宪法》就花了75美元，《反垄断法》花了150美元，书买多了，经济上就有些吃不消。不过，哈佛大学法学院图书馆有一个传统，就是定期便宜处理一些去年的图书，全都是10美元、8美元一本，非常便宜。其中有的书虽然是好几年前出版的，但是新版改动也非常少，可我那时刚到哈佛大学，不了解这些，错过了很多好书。令我欣慰的是，我从哈佛大学买回来很多书，回国时因为个人随身带的行李有限，这些书都要邮寄海运回国，有十几纸箱书，归国三个月后我才收到。这些从哈佛大学带回中国的书，成了我的书房之宝。

哈佛大学访学时与安守廉教授交往点滴

张保生（中国政法大学教授）

2011年8月至10月，我受国家留学基金委资助到哈佛大学法学院东亚法研究中心做三个月访问学者。临近要办签证了，安守廉教授电子邮件告诉我已发出多日的邀请函却左等右等等不来，无奈之下又发去电邮催问，方知由于地址问题邀请函已被退回美国，感谢安守廉教授再次及时发送邀请函，这时北京美国大使馆的签证已经预约到9月份，只好跑到沈阳美国领事馆去签，终于未误行期。

第一次到波士顿，不仅看到天碧蓝、水清澈、雁悠闲，而且当时正值那里最好的季节，我每天都感到神清气爽。走进早已向往的哈佛大学校园，穿过大树成荫的南院，来到法学院别致的东亚法研究中心小楼，我见到了这位温文尔雅、和蔼可亲的安守廉教授。他和我讨论了在哈佛大学法学院的研究计划，并询问了我的居住等情况，交谈中时常夹着几句纯正的中文。我当时选择去哈佛大学法学院，主要是看中了该院的宪法课程。经安守廉教授介绍并查阅课表才发现，在秋季学期该院同时开设了9位教授的美国宪法课程，真可谓宪法重镇。其中4位教授侧重讲授美国宪法第一修正案（言论自由），4位教授侧重讲授美国宪法第十四修正案（正当程序），著名的特赖布教授则开了一门特选学员的16人宪法高级研讨班，可惜我报名时已经人满。他的课是在傍晚，我也闯过他的课堂，但发现16个学生每人每次上课前发一大盒比萨放在桌上，没有我的份，才知趣地退了出来。后来我旁听了访问教授大卫·施特劳斯讲授的宪法：权力分立、联邦主义和第十四修正案这门课，这对我日后研究证据法的宪法基础有很大帮助。上课下课走过校园，有时碰到安守廉教授，不过打个招呼而已。

和安守廉教授更近距离的接触，是陪同北京师范大学关成华教授去他的办公室谈访学的事情，关教授那时在肯尼迪学院，想到法学院研修一年。安守廉教授详细了解了关教授的情况后，欣然接受了他的申请。记得后来我们还一起到中餐馆吃过一两次饭。席间曾和大家谈过我住的房子每周请杀虫公司的人来杀一次臭虫的事，那一年波士顿臭虫闹得厉害，当地报纸还有人写了关于臭虫的纪实文学，安守廉教授也了解此事。大家知道，臭虫泛滥是和美国为保护生态环境而禁止滥用烈性杀虫剂有关的。

按照东亚法研究中心的惯例，我在三个月访问结束时做了一个汇报讲座，题目是"中国刑事证据制度改革"（Reforming the Criminal Evidence System in China）。讲座结束后，我把中国政法大学杨玉圣教授书写的《美利坚合众国宪法》书法长卷作为礼物赠送给安守廉教授，他代表东亚法研究中心接受了这个礼物。有照片记录下了这个场面。

顺便我要特别感谢一下当时跟安守廉教授读S.J.D的郭锐教授，他是中国政法大学方流芳教授的学生。方老师发邮件让他关照我，郭教授帮我找房子，到机场接我，帮我办银行卡，带我参观校园、法学院图书馆，讲解校史，并帮我和房东交涉杀臭虫等事宜。中国人民大学法学院现任院长王轶教授那时也在东亚法研究中心做访问学者，我们两家常有来往。那段时间真是令人难忘。

架起美中法律教育交流的桥梁
——记美国哈佛大学法学院教授安守廉先生

张骐（北京大学法学院教授）

（一）组织美中法律教育交流，促进两国沟通

笔者最早知道安守廉教授是在 1988 年夏天。当时笔者正在尝试解决英文原版《牛津法律指南》翻译中涉及英国法律史的一个问题。笔者当时的北京大学法律系同事王晨光教授建议我请教安守廉教授。王晨光教授说安教授曾经在英国牛津学习、研究历史，当时正好在北京大学办中美法律教育交流项目。后来由于其他原因笔者没有承担该书的翻译工作，所以也就没有当面请教他。

安守廉教授当时担任中美法学教育交流委员会（CLEEC）副主席。该委员会的成立及活动与中国共产党十一届三中全会确立的改革开放的基本国策及发扬社会主义民主、加强社会主义法制的基本方针密切相关。包括安守廉教授在内的一些美国

法学院的教授出于对中国历史的理解和尊敬以及对中国改革开放与社会发展的期许，组建了该委员会。这个委员会在促进中国法学界了解美国法律教育和美国法律制度的特点等方面，发挥了十分重要的作用。

笔者真正第一次见到安教授，是 1990 年暑假。笔者作为北京大学法学院青年教师参加安教授主持的美国行政法暑期讲习班，学习美国的行政法和行政诉讼法。美方教授由安守廉教授领衔，还有谭競常教授（女）、美国西北大学法学院院长以及一位白人女教授，据说是当时美国批判法学的一位战将。何家弘教授、朱揽叶教授、韩德云律师和一位现在香港执业的律师是当时的中方翻译兼助教。当时的同学有来自中国各高校、研究机构和法院的法学工作者和法律实务工作者。安教授是这个项目的负责人，统筹组织，井井有条。我们收获很大。讲习班为期一个月。美方教授的课程重点突出，教学方法活泼、生动；帮助中方学员对美国行政法的内容、程序，它们与宪法的关系，它们在美国法律秩序中的地位与作用，有了基本的、清晰的了解。

安教授作为著名法学院的教授，不仅帮助中国学者了解美国法律，而且帮助美国学者了解中国法律。他在哈佛大学法学院教过并指导过许多美国及其他国家的学生、学者，帮助他们学习、研究中国法律。其中的许多人后来成为研究中国法、介绍中国法的知名学者，如美国哥伦比亚大学法学院教授李本。

（二）深入研究中国法律与社会，理解中国

安守廉教授虽然关心中国社会的发展，但是他从未以高人一等的态度要求中国学者接受美国的法律制度。他认为中国的法治推进与社会发展最好由中国人民、中国学者自己来选择、设计。这是一种理解与尊重的态度,这种态度是一以贯之的。这源于他对中国几千年历史的深入研究和深刻理解。早在1986年,他在美国加州大学洛杉矶分校法学院针对当时哈佛大学法学院昂格尔教授有关中国的法律观点写了一篇学术论文。此文后来由现在清华大学法学院任职的高鸿钧教授翻译成中文,题目是《不可思议的西方?——昂格尔运用与误用中国历史的含义》。安守廉教授以他深厚的学养为基础,在文章中坚持批判精神和严谨的学术态度相结合,语言犀利但又不失优雅,对昂格尔教授的观点,进行了抽丝剥茧式的分析,读来令人受益匪浅。

　　昂格尔教授认为,由于古代中国没有发展出一套超验的宗教和神法体系,所以在法律上带来的后果是:缺乏对政府权力有效制约的学说、先知预言和神职人员的传统;没有对个人独立性的理论支持;特别是,没有在社会中形成对法律的普遍性和统一性的深刻理解,"法律的普遍性和统一性还没有被认为是实现正义和社会福利的无条件的要求,可是,这些信念对于现代西方政治思想中的社会契约论及功利主义来说却是非常重要的。因此,对古代中国来说,区分命令和法律、行政与司法基础的机会也就错过了,而这恰恰是欧洲法律理论的奠基石,并导致了法治和'法治国'(Rechtsstaat)观念"。客观说来,昂格尔教授的观点是有一定道理的,它在一定程度上揭示了中国与西方法律秩序与传统的区别。

　　然而,安守廉教授从中国法研究的方法论和有关研究对象的知识体系等多方面指出了昂格尔教授在研究中国法律传统时所存在的问题。这篇文章有三个方面的特点值得在此提出。首先,安教授指出昂格尔教授在研究古代中国法律传统时不承认天命的观念是一个巨大的缺陷。昂格尔教授忽视了中国历史上知识分子在政治参与方面的重要作用。安教授指出:在中国历史上,"孔子及无数其他奉行与腐败权威保持独立而不是服务于这样君主的学说的政治人物,在中国道德传统中被置于突出地位;存在长达千年的道家和其他先知与教士的传统"。如果我们认真对待中国历史的话,我们是可以同意安守廉教授的观点的。中国古代、近代的孔子、孟子、朱熹、王阳明、李贽、黄宗羲、顾炎武、王夫之、戴震等,中国现代、当代的梁启超、鲁迅、顾准等思想家等,就是安教授所说的中国文化中"先知与教士"的杰出代表。而孔子所说的"人能弘道",荀子所讲的"从道不从君"则是对人,特别是知识分子在珍惜自己气节、捍卫文化传统方面重要作用的提倡和论证。

其次,在研究立场与研究方法上,安教授采用了一种更妥当的方法。在研究立场上,他采取的是一种同情的理解的立场。在研究方法上,他关注对研究对象的内在的、同情的、意义之维的探寻。安守廉教授指出:"虽然承认无客观真理,但我们必须审慎地探明'事实'。我们必须富于想象力地寻求根据社会本身的条件去理解该社会,正如我们进行这种研究时,必须敞开大门,寻求其他可行的我们借以探讨问题的概念框架,以便适合于我们找到并由此建立一种真正的'共同理解'。"安教授引用社会学家克利福德·吉尔茨的话说:同样的事实在不同社会可能具有不同的含义,所以需要对我们想要观察的社会予以"厚实的描述",以便了解赋予任何特定事实以意义的前后关系。安教授的这些见解对于比较法和外国法研究是十分重要的。通常,功能比较是比较法研究的主要方法。但是近年来,一些比较法学者已经意识到功能比较方法的不足。例如,功能比较采取的是"旁观者视角",通常缺乏对于观察对象的同情之理解或理解之同情,所以,其研究结果常常带有偏见、不符合实际情况。而采取"参与者视角",关注法律的意义之维,就可以弥补功能视角的缺憾。安守廉教授的研究可以是这种研究方法的成功范例。他的这一立场和方法又与他对避免法律及法律文化研究的"西方中心主义"的警惕有着直接的关系。他指出：昂格尔对世界法律的基本分类模式存在问题，因为这种分类法假定法律的一般发展始终遵循一种基本的演进路线，并特别关心法律发展从"低级"向"高级"阶段的转变。并且，昂格尔教授在研究中国法律秩序时"所关注的焦点更多地集中在中国为什么没有遵循欧洲的路线，而不是它实际上所遵循的是什么路线"。笔者以为，安守廉教授对于昂格尔教授的中国法律研究的上述批评是中肯的。他的这些观点与后来塞缪尔·亨廷顿在《文明的冲突与世界秩序的重建》中所指出的20世纪的多文明体系有异曲同工之妙。上述批评对于中国学者研究中国或非西方的法律秩序，也非常具有启发意义。

再次，安守廉教授对昂格尔教授观点的全面、深刻的批评，是建立在他对中国法律史、中国古代思想史的深入研究和系统把握基础上的。他在这篇文章中，不仅有对儒家思想的系统梳理，而且有对墨家思想家、道家思想家观点的恰当而准确的引用和分析。比如，他指出墨家"坚持这种全体互相关心（兼爱——引者注）的原则，既能减轻家族和其他等级造成的不利后果，又可更好地使社会成员认识他人（无论是陌生人还是家族成员）的真正才能"。这些论述，都显示了安教授对中国法律传统的系统和确切的把握。因此，该文至今还是笔者指导中外学生研究中国法律的重要参考文献。

（三）帮助中国学者，助力中国发展

笔者自己对中国法治建设发展的观察，印证了安守廉教授有关中国法律发展特点的观点。笔者曾经在2007年应张福运基金会（F. Y. Chang Foundation）和哈佛大学法学院的邀请，赴美国参加在华盛顿特区举办的中国法律改革论坛。笔者在该论

坛上提出用"四个混合（结合）"来概括当前中国法律改革的四个特点。笔者所说的法律改革的"四个混合（结合）"是：其一，是多种动因导致的法律改革，即由于法律改革的动因具有多样性，而这些动因的作用力方向并不总是一致的，致使有时法律改革的过程与结果不能保持连贯性和有效性；其二，是理想主义与实用主义的混合，由于这种特点，当我们用合法性、正当性来衡量法律改革的时候，会感到比较困惑；其三，是自上而下与自下而上的混合，这样一种特点表明基层、学者在法律改革中确实发挥着作用，但是其作用的空间和效果是有限度的；其四，是渐进的法律改革与社会演进的混合，法律的改革是渐进的，既有益于社会的发展，又受制于社会演进的过程。由于这些特点，那些热心中国的改革与发展并从事法律改革的比较研究的中国学者，虽然要积极参与法律改革，但常常得顺势而为。取法乎上，得乎其中；小步慢走，正是基于这样一种心态，笔者从事司法先例和案例指导制度的研究将近二十年，并积极参与了这方面的司法改革实践，体会与法律实务界人士分享自己的研究成果的成就感。

　　说起笔者的司法先例与案例指导制度的研究，也与安守廉教授有着重要的联系。1995年8月，笔者受中美法学教育交流委员会资助，经安教授和哈佛大学法学院邀请，来到哈佛大学法学院进行访问研究。安守廉教授是笔者在哈佛大学法学院访学的指导教授。他帮助笔者制订了学习和研究计划。在旁听自己的专业即法理学和美国法学院重要的基础课如侵权法等课程的同时，笔者也旁听了安守廉教授为哈佛大学法学院学生开设的"中国法与比较法"的课程。在这个课堂里，安守廉教授引导学生在一个动态的、发展的环境中考察中国法，了解中国法的历史及当下发展的最新动态和所面临的问题。其中不仅有理论上的挖掘、追问，而且有法律实践操作中所应当注意的问题。

这使我在中国法研究和教学方法等多方面受益匪浅。

1997年春天，我向安教授请教英美国家普通法的方法和制度特点，他在向我解释了其中的一些特点之后，特意赠送了由艾森伯格（Melvin Aron Eisenberg）教授撰写的《普通法的性质》（The Nature of the Common Law）。该书成为我研究普通法的一本重要著作。1998年当笔者开始在北京大学法学院从沈宗灵教授手中接棒讲授"比较法总论"的时候，正是中国法律界讨论合宪性审查的制度与路径的时候。当时是多种意见或方案莫衷一是。笔者从普通法在当年英国宪制的意义中得到启发，开始认真研究司法先例制度。其后，得益于自己的比较法教学，笔者又从研究普通法国家的判例法转向同时研究民法法系国家的司法先例制度。在1999年10月，笔者得到欧盟的资助和德国海德堡大学法学院的邀请，在那里研究欧盟产品责任指令，其间对民法法系国家的判例制度开始有了一定的了解。2003年1月美国耶鲁大学法学院教授葛维宝（Paul Gewirtz）邀请笔者在耶鲁大学法学院进行为期6个月的司法先例制度研究。2010年9月，安守廉教授再一次给予笔者以重要帮助，邀请笔者作为富布莱特访问学者，在哈佛大学法学院进行为期一年的访问研究，重点研究美国判例制度的方法。其间，笔者还有幸在安守廉教授的帮助下，与国家法官学院郝银钟副院长带领的国家法官学院代表团一起访问美国马萨诸塞州最高法院，参观霍姆斯大法官任职马萨诸塞州最高法院院长时的办公室。安守廉教授还热情帮助笔者安排与哈佛大学法学院有关研究判例制度的教授的会见。这次在哈佛大学的访学，为笔者之后的案例和判例制度研究积累了重要的资料和经验。笔者今天可以在案例和判例制度研究方面有所心得，与安守廉教授的宝贵帮助是密不可分的。

中国的司法改革还未结束，中国法治建设的道路还很漫长。

虽然这期间需要中国学者虚心向中国的法律实践和中国的法律实务工作者学习，但是，胸怀宽广的世界视角和深厚的比较法素养对于我们的中国法律研究一定是必要的、不可多得的营养。安守廉教授对于中国学者的帮助以及与中国学者结下的深厚友谊，既是一份历久弥新的宝贵财富，也是一曲与时俱进、不断更新的友谊颂歌。

安守廉教授印象

林嘉（中国人民大学法学院教授）

初识安守廉教授，应该是在 30 年前了。那时我刚研究生毕业留校，认识了美国雪城大学劳动法教授希拉里·K. 约瑟夫（Hilary K. Josephs），她利用暑假来中国做劳动法研究，我临时充当了她的研究助手。有一天我们在友谊宾馆的餐厅交流讨论时，正好遇见了安守廉教授，约瑟夫教授介绍我和安教授认识，我们交换了名片，作了简短的交流。实际上我对安守廉教授的名字早有耳闻，见面看安教授是这么的年轻有气质，又这么的亲切有礼貌，心里留下了很好的印象。

估计上述见面安守廉教授自己已经忘记了。我真正接触和了解安守廉教授是在 2005 年后。2004 年我申请了富布莱特项目准备去美国耶鲁大学做访问研究，临行前一场突如其来的事故改变了我的人生和世界，身体和心灵的受伤将我打入谷底，美国之行自然无法成行。富布莱特项目办公室同意我推迟一年赴美，当时万念俱灰，也曾想过放弃，但亲友们鼓励我应当继续完成去美国的交流访问，主要是希望我能换一个环境调整自己的状态。安守廉教授得知我的情况后,很快给我发出了邀请信,甚至在我的申请材料都不够完备的情况下对我伸出了援助之手,在那一刻我感受到安教授不仅是哈佛大学法学院著名教授,也是一个极具同情心和爱心的人,这样我非常幸运地在我人生最困难的时候和女儿一起来到了波士顿坎布里奇,度过了我人生中极其难忘的一段经历。现在回想起来,美国的一年,是我后半生的转折,几乎是在那儿,我完成了自我救赎,重新回到生命的轨道。

我是 2005 年 8 月到了美国,到哈佛大学法学院东亚法研究中心报到后我去拜访安守廉教授,安教授热情地带我参观法学院、图书馆,和我谈了访学计划,介绍了哈佛大学法学院以及东亚法研究中心的情况,并着重介绍了与我的专业研究相关的课程和老师,特别嘱咐我有困难就找他,也特别关心我女儿在美国的学习和生活情况,这也成为我们每次见面他必然会提及的问题——"你好不好?""你女儿好不好?"每每想起心中都涌起一股暖流。

在东亚法研究中心举办的欢迎会上,我认识了来自中国的访问学者和学生,现在我的同事郭锐教授就是那一年哈佛大学法学院 LL.M 的学生,他后来 S.J.D 毕业后在安教授的推荐下来到中国人民大学法学院任教。在东亚法研究中心,安教授就像一个大家庭的家长,关心着每一位来自中国的学者和青年学生,大家都尊敬他爱戴他。东亚法研究中心几乎每周都举办一场学术报告,安教授经常出现在研讨会上,和大家一起讨论各种前沿问题。

安教授是美国当代著名的中国法专家,在国际贸易法和国际人权法方面也有很高造诣。他出版的《窃书为雅罪》一书在中美法学界尤其知识产权学界有很大影响。他每年开设一门中国法律史课程,很多中国学生都选修了,我也旁听了这门课。

安教授对中国法制史有很深刻的理解，他从中国传统政治制度和儒家文化来诠释中国古代法律制度的特点以及与西方法律制度的不同，有很独到的见解，让人眼界洞开。2005年11月，哈佛大学法学院举办了"十字路口的中国"学术研讨会，我作为主讲嘉宾做了"中国就业歧视及其法律规则"的演讲，会后安教授对我的报告给予充分肯定并介绍我认识哈佛大学费正清中心的傅高义教授。傅教授是《邓小平时代》的作者，是国际著名的中国问题专家，我们一起讨论了许多当代中国发展中面临的问题。他和安教授一样，也是一位犹太人，非常有意思的是，我以前还认识一位犹太人包恒律师，他是尼克松总统访华后首个代表美国商界来中国访问的律师，他对中国历史也是情有独钟，在清代法制史研究上有很深造诣。他们都有一个共同特点，讲一口流利的中国话，喜欢中国历史，毕生致力于推动中美法律和文化的交流。

在与安守廉教授接触中，让我感受最深的是他的博爱精神和人文关怀，从他对残障人法的投入和执着可见一斑。安守廉教授领导组建了哈佛大学残障人法研究团队，取得了突出的成就。我在哈佛访问期间，安教授多次和我谈及残障人法的项目，特别带我去迈克尔·斯坦（Michael Stain）教授办公室与斯坦教授认识，斯坦教授是哈佛大学法学院的访问教授，坐在轮椅上讲课，参与了《残疾人权利公约》的起草工作。在安守廉教授的推动下，中国人民大学法学院和哈佛大学法学院正式签署了合作协议，其中最重要的就是残障人法项目的合作。在安教授的团队中，Stain教授多次来中国人民大学法学院参加学术活动，有时甚至自己坐轮椅独自前来，让人敬佩。崔凤鸣博士每年都来中国人民大学法学院与郭锐教授一道讲授残疾人权益保障法诊所课程，深受学生的欢迎。我在哈佛大学法学院旁听安守廉教授课程的时候，有一件事给我留下深刻印象。课堂上有一个学生是失聪残障人，无法听到教授的声音，每次课上都有两位手语翻译背靠教授，轮流给学生用手语传达教授讲课的内容，学生用笔记本不停地记录。这一场面一直印在我的脑海，至今我也不能确定这两位手语翻译是学生的家人还是志愿者。在哈佛大学，随处可见无障碍通道，时时都能感受到人与人之间的真诚和善意。2007年中国人民大学法学院招收了一位身体残障的坐轮椅的本科学生，学生学业很优秀，毕业后去了哈佛大学法学院读LL.M，安教授给了她最大的帮助，使她顺利完成了学业。

　　智者不惑，仁者不忧。安守廉教授是智者也是仁者，既学贯中西，又大雅宏达。借本书的出版，向安守廉教授再道一声好！

恩师安守廉

於兴中（康奈尔大学法学院教授）

明年再有新生者，十丈龙孙绕凤池

——郑板桥

波光粼粼的查尔斯河是新英格兰文化美的使者，它穿过波士顿城区，蜿蜒数英里，时而风平浪静，时而细浪腾跳，两岸绿草如茵，树木青翠，使城市显得浪漫而美丽。如果沿河畔散步，跨越古老的查尔斯桥，就可来到坎布里奇镇（Cambridge），即哈佛大学所在地。

哈佛大学和麻省理工学院，这两所世界名校都坐落在查尔斯河岸边。哈佛大学位于查尔斯河上游，是综合性大学，因而被麻省理工学院的学生戏称为查尔斯河畔上游的杂货铺。麻省理工学院位于查尔斯河下游，是一所以理工为主的学院，因此被哈佛大学的学生戏称为查尔斯河下游的电器铺。

哈佛大学的建筑看上去风格各异，有些建筑甚至不大起眼，但都是出自名家之手。有十七、十八世纪的古典建筑，新英格兰的新古典主义建筑，也有二十世纪后的现代建筑，形状不一，风格迥异，呈现出一种错落有致的历史感。哈佛大学的校园虽然比不上牛津大学和剑桥大学的那种古典和统一的美，但却具有现代宽容的兼收并蓄的精英气质。法学院的建筑要数兰戴尔图书馆最为气魄。东亚法研究中心在庞德楼，那里是我经常去的地方。奥斯汀楼是一座比较有历史的建筑。

我曾有幸在1990年至1995年到哈佛大学攻读硕士、博士学位。毕业以后，分别在1998年和2006年两度回校研究与讲课，短期造访则不计其数。每次回去都感到十分亲切新鲜，因为哈佛大学也在不断变化，总是有一些新鲜的东西让人赞叹。以我半个山里人的资质，竟然也能在哈佛大学深造，实在是万分荣幸。而这份荣幸完全得益于哈佛大学的一位教授——安守廉。

一、良师益友

认识安守廉教授是在1988年哈佛大学法学院召开的中国法学术研讨会上。当时我正在哥伦比亚大学法学院中国法研究中心做访问学者，中心主任艾德华教授（R. Randle Edwards）接到通知，可以邀请一位中国学者一同前往，艾德华决定把这次机会给我。我并非正式发言代表，但后来也在会上做了即席发言。会后，安守廉教授给我一张名片，表示对我发言的赞许。就这样，我认识了后来成为我导师的安守廉教授。

我当时并没有认识到，那次会议对我日后竟然会如此重要，对我的求学之路会产生重大影响，以至于为我到哈佛大学上学提供了机会。1989年，我完成了在哥伦比亚大学访问的任务，艾德华建议我继续在美国深造，并帮我选了五所学校，包括哈佛大学和耶鲁大学。后来我有幸被哈佛大学录取，但没有奖学金。艾德华对我说："哈佛大学有一位教授看过你写的一篇文章，非常喜欢。你应跟他联系，说不定他能够帮你。"结果，我就联系了这位教授，他就是安守廉。后来，他非常高兴地帮我解决了奖学金的难题。在哈佛大学读书，从硕士到博士这个过程是非常困难的，不是轻而易举的事情。我读完硕士之后，由于嗜书如命，安守廉就鼓励我申请读博。就这样，我在哈佛大学法学院开始读博士。

在哈佛大学读书期间我得到了安守廉的支持和关怀，远远不止于学术方面。除了学业，在生活方面他对我的关怀也是无微不至的。我当时还沉浸在自己设计的乌托邦里，每日只是没黑没白地读书，生活自然是十分疏怠。安守廉知道我不精于烹饪之道，经常会从家里带一些他的夫人沈远远女士做的菜给我。我有时吃不完还可以和境遇相同的学人共享。至今记忆犹新的是香干炒芹菜，还有卤味。博士毕业后，我去芝加哥的贝克麦坚时律师事务所工作，临行前，安守廉为我举行欢送会，特意赠我一条质地很好的厚围巾。在天寒地冻的芝加哥，它派上了大用场。从进校到毕业五年之间，我的学费和生活费用都是由安守廉出面帮我筹措，算起来那确实是一笔不小的费用。要是贷款，恐怕我一生都无法还清。仔细想来，这种恩德对我来说是一种大德，但我到现在仍无以为报。我多年研究的社会理论到现在尚未面世。工作以来，每次返回波士顿，看望他们一家，总想请他们吃一顿饭，但总未如愿，因为每次他都要坚持付账。

安守廉现任哈佛大学法学院副院长、孔氏东亚法讲席教授、东亚法研究中心主任。研究领域主要为中国法律和法律史、比较法、东亚人权研究、知识产权、国际间科技交流和国际贸易法。安守廉教授不仅以研究中国法著名，而且在国际经济法领域也有重要的影响。他曾获得校内外各种学术和社会文化界的殊荣。2018年10月初，哈佛大学法学院设立了孔氏东亚法讲席教授，为了表彰安守廉在东亚法研究方面的出色贡献，法学院特意聘他为首位该讲席教授，并且举行了庆典。

哈佛大学法学院创立于1817年，虽然比大学部（Harvard College）建校（1636年）晚了近两百年，仍是美国最古老的法学院。传承着常春藤盟校的盛名，哈佛大学前后曾经栽培过八任美国总统，逾四十位教授或校友曾获诺贝尔奖，大学部及法学院向来在各种排行榜上名列前茅。

法学院图书馆以第一位法学院院长克里斯托弗·哥伦布·兰戴尔（Christopher Columbus Langdell）的名字命名（任职于1870年），并纪念他为振兴法学院图书馆、扩展馆藏所花的心血。兰戴尔图书馆目前有超过五十万册藏书，希腊式的长廊巨柱，宏伟典雅，室内肃穆舒适，在其间阅读写作相当享受。

与很多美国法学院一样，哈佛大学法学院提供三个主要的学位课程：J.D（Juris Doctor）、LL.M（Master of Laws）以及S.J.D（Doctor of Juridical Science）。此三种学位课程虽各有不同的入学资格及学位条件，但在法学院每年提供的250多门课程（course）或小班讨论（seminar）课中，不同学位课程的学生混杂一起上课。至于非学位的部分，除了来自全球各地的访问研究人员之外，尚有例行短期课程，包括人权研究、国际税法研究、谈判研究、律师实务课程等。

东亚法研究中心（The East Asian Legal Studies Program，EALS）创办于1965年，乃是美国最早的东亚法律研究单位之一，从事国际法、比较法，以及中、日、韩等东南亚国家之法律文化研究，经常举办与亚洲议题有关的讨论会或学术演讲。

安守廉的研究精细而不失宏观，着眼于亚洲但不囿于亚洲文化。治学以泛而精、先博后专，视法律为一个国家和民族文化的重要组成部分，注重理解法律的历史和文化背景。他对儒道法的思想都有相当研究。他的《砒霜与旧律：清季刑事审判之省思》一文，以杨乃武与小白菜案件为核心，叙述了该案基本案情与审理的全过程。该文通过对案发时中国法律语境的整体介绍和对案件过程的详细重构生动地再现了庭审现场及幕后台前等各色人等的行为、思想、判断与推理过程及心理状态，并对清代诉讼程序的利弊作出了精到的分析。而在《不可思议的西方？昂格尔运用和误用中国历史的含义》一文中，安守廉对把中国视为材料，而非对象的西方传统，尤其是韦伯-昂格尔对中国法的误解提出了深刻的反思，摒弃从西方的教条出发理解中国法律，而主张从接近中国人的思维模式和历史真实的角度出发，客观、完整地理解中国法律与其所赖以存在的社会文化传统间的有机联系。这是一种科学研究的进步，事实上也更接近中国法律传统的原貌。他的《窃书为雅罪》(To Steal A Book Is An Elegant Offense: Intellectual Property Law in Chinese Civilization) 一书是一部中国知识产权制度的历史论纲。他从历史到现实、从学术到政策，对中国的知识产权法律制度进行深入思考，既介绍了知识产权法律制度在中国的发展历史，也提出了一些与法律文化移植相关联的观点，指出在19世纪末20世纪初由西方引入的知识产权制度并没有成功，其原因主要是因为移植者没有考虑到当时中国的特殊环境。毫无疑问，安守廉在中国法和比较法上的研究内容丰富，见解独到，在该领域中作出了重要贡献。

在哈佛大学法学院，安守廉是亚洲学生的代言人和保护者。这一角色实际上使他处于两难境地。一方面，他要为亚洲学生争取机会。即使在哈佛大学这个开放文明的环境里，这也不是一件容易的事。另一方面，他必须要把争取到的机会落实到那些诚实、勤奋、好学的学生身上，这一点尤其不易做到，因为我们中国学生的情况非常复杂。没有长时间的接触，很难摸清一个人的底细。

安守廉是一位文艺复兴式的人物，博学慎思，目光远大，学术底蕴很深。他除了对中国文化及法律研究有素之外，对亚洲诸国的文化和制度也多有涉猎。犹太文化和美国文化的双重背景，使他毋庸置疑地成为一位既具人文修养又包含历史责任感的知识分子。用"19世纪末的自由主义者"这个词形容他应该很合适。自由主义的概念读者并不陌生。不过，19世纪末的自由主义者却是有特指的。它指的是经历了启蒙运动、科学主义和理性情怀的熏陶，而充分认识自我的，有原则、有道义、有责任感的一批知识分子。

安守廉也是哈佛大学法学院残疾人权益保障研究项目创始人，该项目就残疾人权益保障问题，在中国、孟加拉、菲律宾、越南等几个国家提供志愿服务。2005年至2014年安守廉曾被任命为国际特奥会（该机构在超过180个国家服务智力残障人士）董事会成员，并担任研究与政策委员会主席及执行委员会委员。2008年，特奥会就他在中国为智力残障人士所作出的贡献予以了表彰。

安守廉也是一位非常顾家的人。既由于他的犹太文化背景，又有对中国文化的情结，而这两种文化都非常注重家庭的和睦，他的父母为自己的儿子感到很骄傲，这一点上，他完全不同于其他美国人。安守廉夫妇育有两子，有一次，大儿子不小心胳膊脱臼，儿伤痛，父心痛。数天后，安守廉提起此事还是满眼泪光，舐犊之情可见一斑。

二、张福运奖学金

哈佛大学与中国有很深的渊源。不少国内后来的名人都在哈佛大学学习进修过。在1936年哈佛大学建校三百年周年之际，

◆绿竹猗猗

中国哈佛大学同学会曾捐赠一石碑。碑高丈余,下有赑屃,上镌有数百字的铭文,曰"文化为国家之命脉。国家之所以兴也繇于文化,而文化之所以盛也实繇于学。深识远见之士,知立国之本必亟以兴学为先……我国为东方文化古国,然世运推移,日新月异;志学之士复负笈海外以求深造。近三十年来,就学于哈佛,学成归国服务国家社会者,先后几达千人,可云极盛"。虽然碑上所说中国学生的数目颇不可信,但可见当时去哈佛大学读书已成世风。在众多的先辈留学生中,有一位是我必须要提的,大名张福运,因为我在哈佛大学期间曾经几次享受过张福运奖学金。

张福运(1890—1983),山东福山(今烟台)人。1911年,21岁的他以庚子赔款奖学金的身份毕业于北京清华大学后,来到哈佛大学学习。1914年,张福运以优异的成绩获得文学学士学位,并于三年后毕业于哈佛大学法学院,成为第一位就读于哈佛大学法学院的中国人。

张福运回国后进入中国外交部,担任过许多外交职务。1923年,他担任交通大学校长,之后,成为中国海关总署署长。他在中国和美国海关的控制上扮演了一个非常重要的核心角色。当时的中国官场十分腐败,而他却被誉为一个正直无私的人。1945年,他代表中国参加了联合国创建的谈判工作。

1988年,为了纪念父亲对中国法律事业的贡献,张福运的女儿,前美国驻尼泊尔大使张之香和她的丈夫在哈佛大学法学院共同建立了张福运奖学金,专门面向在哈佛大学法学院学习的中国学生。

三、终生受益的哈佛精神:怀疑、批判、求真

在哈佛大学学到的东西实在是太多了,数不胜数。除了专

业知识和学术的积累之外，更重要的是体悟到了真正的哈佛精神。哈佛大学到底有什么特别？它和其他的学校有什么不同？大概很多在哈佛大学学习过的人都会同意，哈佛大学的精神是追求真理，一如哈佛大学的校训 VERITUS 所指。

其追求真理的方式是通过怀疑和批判。初进哈佛大学校园的人一定会被它的富有历史文化感的、多姿多彩的建筑，美丽的校园和充溢在校园里面的知识、学术的气氛和人文精神所感染。然而，更为重要的是哈佛大学乃是一个包容开放、兼收并蓄的地方。在哈佛大学，各种学派、观点的交锋是司空见惯的事情。在哈佛大学的讲坛上，自由主义者可以畅所欲言，反对自由主义的学者们也可以叱咤风云。这种局面源自哈佛大学，甚至是西方的怀疑、批判、发展、求真的传统。怀疑使人感到踏实，不轻信；批判使人可以时时反思。如同西方的政治、经济、文化、体制一样，西方的学术永远都处于怀疑、批判、创新、发展的过程。有人曾经用"破坏性的创造"（destructive creation）这个词来形容西方文化传统的不断进步，真是一语中的。

在哈佛大学法学院曾经活跃过西方法理学的一个重要流派——批判法学。这个学派的声势虽然今非昔比，但其影响依然存在。哈佛大学的法学教授中，至今仍然有为数可观的批判法学的倡导者和支持者。这些人的存在使得哈佛大学法学院的思想领域能够时时充满活力和生命。除了对哈佛大学精神的体悟之外，我在其他方面也都有收获。对于一个学生来说，最重要的是学会读书。回想起来，我在哈佛大学五年的时间读了不少书。

哈佛大学法学院的教授都是出自名校，背景非常雄厚，作品也很丰富。哈佛大学似乎有个规律，就是自己的学生毕业以后在外面功成名就然后再把他请回来做教授，所以他的教授里面哈佛大学毕业的占大多数。哈佛大学的历史上曾经有过像兰

◆ 绿竹猗猗

戴尔、庞德这样的法学流派的带头人，也有过非常优秀的实务人员。每个人的履历都非常的辉煌。我有幸接受过三位教授的指导。我读博士时，主要的导师是安守廉，还有一位是玛丽·安·葛兰顿（Mary Ann Glendon），她是一位稳重、优雅、博学、正直的教授，著有法律思想史、比较法和家庭法方面的著作。其中的《权利话语》（Rights Talk）一书引起了广泛的关注。另一位是玛莎·米诺（Martha Minow），她的研究领域是当代法学思想、法律教育、女性主义。她的著作《至关重要》（Making All the Difference）是颇受人欢迎的名作。米诺教授自2009年起担任哈佛大学法学院院长，实行了一系列的改革。三位教授分别在三个领域给我开了三个书目，合起来有一百多本书，并且指导我大到构思博士论文，小到标点符号的用法，这些谆谆教诲使我受益匪浅。我从他们身上学到了非常宝贵的东西，除了认真治学的态度之外，还有对学生的关怀和不遗余力的指导。

四、课外生活

波士顿是美国的文化名城。剑桥周围有不少图书馆、博物馆、乐团等文化演出场所。做学生的时候，时间还是比较充裕，因此，我是这些地方的常客。波士顿周围也有一些名胜古迹，比如，梭罗曾经居住过的瓦尔登湖和独立战争时期打响第一枪的列克星敦。我当时还有记日记的习惯，这一则日记是在1991年8月14日记下的，不妨抄录如下：

"与朋友往康科德（Concord），谒梭罗（Thoreau）故居。昔日梭罗在康科德的瓦尔登湖畔（Walden Pond）独居两年，苦思冥想,体验生活,将公民不服从的思想予以光大,后为美国及世界先进分子如甘地者所采纳。所谓故居,仅一小屋而已。内设一床一几两椅,摆设极其简陋,屋角有一小棚,盛木材,为烧壁炉用。此屋乃仿修品,原屋不复存。梭罗常吹笛子。湖长约一哩,水深浅不一,深处可没人,游泳者众。先在湖中游泳,后绕湖步行一圈,四时许回哈佛。一路茂林修木,绿荫遮天,颇有味。"

在哈佛大学读书的时候,哈佛大学的建筑里我最喜欢的是Sanders Theatre,我称之为三德寺。近年来,由于麦克尔·桑德尔(Michael Sandel)在里面讲学,录像在网上广为流传,这个建筑也因此广为人知。这是一座新古典主义的建筑,顶尖好像始终没有修完,但已经够美丽的了。我喜欢在它前面的喷泉上小坐,看着夜幕快降临时天边那种神秘的蓝色。曾有小诗一首,颇受朋友们欢迎。

  黄昏是不约而至的情人
  身披幽蓝的玄衣
  仿佛藏着无数秘密的天使
  吐纳着万种风情姗姗地来临

  三德寺的明眸亮了
  三德寺的圣火燃起
  喷泉躲进石丛
  但夜却不宁静
  树是黑魆魆的
  靠近光的叶子
  眨着嫩绿透明的眼睛

  玄妙的天空

◆ 绿竹猗猗

  使思想失去重量
  夜游人的祈祷和相思
  全融入广博的夜色
  唯有三德寺的目光
  梳理着心弦上绽落的花朵

  灵魂深处已没有秘密
  心海尽头
  那一叶扁舟
  孤独而洁净的白帆
  怎么还是
  不肯降落
  Homo sum, humani nihil a me alienum puto

  从个人的心理素质来说，我在哈佛大学学到了遇事不慌、处事不惊的人生态度。罗马戏剧家泰伦斯（Terence）有一句话说得非常好："Homo sum, humani nihil a me alienum puto。"这句拉丁语，英语翻作"I am a human being, nothing human is alien to me"。有人把它翻作"凡与人有关之事，于我皆不陌生"。意思就是说，我是一个人，我就具有人所具有的优点和人所具有的弱点。对我自己来说，我只要是一个人，那么其他的人跟我都是一样的。不管是皇帝、贵族，还是诗人、军事家、哲学家、教授、老师、学生、工人、农民，都是一样的。因为他是人，你也是人，我也是人。只要我是一个人，所有的人具有的这种特性，人所具有的需要，对我来说，我都具备。马克思就把泰伦斯说的这句话作为他最喜欢的格言。这里面充满了非常多的智慧和价值。只要是人，我和你都是一样的。人人平等的这个观念，人生下来自由的观念，如此等等都蕴含在这里边。人是会犯错误的，但人通过努力，就会取得他所需要的成果。这句话是多年来鼓励我在学习、探索做人的路上,一直在不断追求、与我为伴的一句座右铭。只要是人所熟悉的事情,我都熟悉。只要是人所具有的优点,我都具备。只要是人所具有的缺点,我也可能无法避免。

五、全球法学院

2012年3月间我又回到哈佛大学,参加3月23日到25日由哈佛大学法学院法学博士生联谊会(Harvard Law School SJD Association)为纪念S.J.D项目成立100周年而组织的"全球法学教育论坛"(Global Legal Education)。这是一次在全球化大背景下对法学教育的自我反思。讨论内容包括法学教育的意义和目的、全球法学院的概念、全球律师的作用、当代法律多元化的挑战、法律专业化的问题以及法学院的危机等。

什么是全球法学院?法学院到底应该以培养律师专业技能为主,还要应该注重培养学生的社会责任感,通过法律寻求并获得社会正义,保护弱势群体,倡导甚至领导社会变革?在没有全球政府和全球法律的情况下,什么才是全球律师?

无论怎么设想或解读全球法学院这个概念,哈佛大学都是当之无愧的带头人。尤其值得一提的是,哈佛大学在过去的半个多世纪以来已经发生了很大的变化。20世纪四五十年代,哈佛大学的学生上学是带着奴仆去的,校园里面基本上看不到黑人和东方人的面孔。而现在,少数族裔在哈佛大学所占的比例已经相当之大,在哈佛大学的校园里面,也如同在其他常春藤大学中一样,有了各种皮肤的学生,随处都可看到东方的面孔。这是不是在说明,哈佛大学这样一所非常精英化的学校已经越

◆ 绿竹猗猗

来越开放。

  我在哈佛大学学到了不少东西。但是正如哈佛大学的一句校训所言,你虽然学到了很多东西,但是没学到的更多。更多的东西为哈佛大学所拥有。它就像一座开放、丰富的宝藏,谁都可以来取,但能取到多少则是个人的造化。我毕业以后经常返校充电,深感我学到的知识还是太少了。

我眼中的安守廉教授

周欣如（飞利浦大中华区法律总监）

安守廉教授作为世界著名的法学教授，其学术贡献无须赘言，本文仅以一个普通国际学生的视角，采撷几段我与安教授日常交流的片段，与大家分享我眼中的安守廉教授。

2009年9月，在哈佛大学法学院的阶梯大教室里，我第一次见到了安守廉教授。作为LL.M项目的总负责人，他依照惯例给我们这些来自世界各地的新生做开学介绍。眼前的安教授大高个、慈眉善目、说话温文尔雅，既有学者的风度，也有美国大叔的亲切。我想起就在不久前，当我抓耳挠腮写哈佛大学LL.M的个人陈述（Personal Statement）时，为了找到几个知名教授具体表达一下自己的"仰慕"之情，在律所加班的我上网查了一下哈佛大学法学院的教授介绍。在教授的介绍页上，我惊讶地发现有一个世界首富（当时的）比尔·盖茨的大哥版。我的同事们也很惊奇，觉得两人长得神似，而且也是个比尔（安守廉教授名比尔）。后来我看到安教授的研究成果，发现他从20世纪70年代就开始对中国法律进行系统研究，成果丰硕、见解独到。我立马锁定目标,强烈表达了坐到这个安守廉老师的课堂的希望。这第一次见面,可谓美梦成真。

到了选课环节,满心要去选安教授的课程的我发现课程特别紧俏,我居然没能选上。千方百计去找机会听他讲课的时候,我发现东亚法研究中心常常有安教授主持的各种有趣的讲座,于是我有空就去听。尽管去了不少次,生性腼腆的我并没有主动去找这位安教授。结果没等我鼓足勇气,安教授自己来找我了,他一口叫出了我的中文名字,用中文问我,好不好、习不习惯哈佛大学的生活?一颗游子的心,被扎扎实实地暖到了!安教授的问候是实打实的,他不满足于一句"挺好",细细地询问了我的学习方向和个人兴趣,在得知我对慈善和非盈利组织有兴趣后,立马给我介绍了哈佛大学的相关教授、研究员、访问学者、在读博士等,这些人很多后来都成了我的良师益友。

学期过半,我当时所在律所的管理合伙人斯蒂芬·哈德(Stephen Harder)刚好回波士顿老家度假,说是顺便来看看我。他是我很尊敬的一名顶尖国际律师,在我刚刚入职律所的时候,我有幸作为年纪最小的实习生进入他的团队,每次旁听他和客户的电话会后,他会耐心地为我复盘,教我这样一个实习生,如何在电话会上与客户有效沟通。这样愿意传道授业解惑的老法师不多见,我就和安教授提起。安教授的第一反应就是快快拿来造福同学,邀请斯蒂芬·哈德来哈佛大学做讲座。

在之后的一个月里,安教授反复多次和我商议讲座的主题和内容,听众们的需求,活动的宣传,甚至是订餐,事无巨细,一一询问落实,还特地安排时间,在讲座前亲自约见了斯蒂芬·哈德。最后我们的活动大获成功,听众们反应热烈,《华尔街日报》也进行了相应的报道。一个小小的活动,一个哈佛大学法学院的大院长,没有言传,只有润物细无声的身教,让学生看到了做人做事的认真与务实,看到了为人师表、时时刻刻为学生谋福的一份责任与赤诚。

一年的美好时光飞快消逝，毕业典礼前我把爸爸从上海接了过来，安教授还和我爸爸见了一面，一番中文的嘘寒问暖，让我爸爸激动了好久，事后在亲戚朋友圈里好好的得意了一把，说是和哈佛大学法学院院长举行了友好会谈。我很小的时候，妈妈就生病去世，爸爸一个人带着我。能够从哈佛大学法学院毕业，对我和我爸爸都意义重大。当安教授宣读到我的名字，我穿着毕业礼服走上台前，听到观众席中，有人很激动地用中文吼了一嗓子"周欣如，好样的！"，回头看那是我爸爸！我爸爸一向寡言少语，如同千万个默默为孩子付出一切，嘴上却从不表达的中国传统父母一样，他把对我深深的爱都化在了每一天的牵挂、照顾上，却从来没有当面表扬过我。今天在哈佛大学的大草坪上，当着千百个老外振臂一呼，爸爸那么响亮的表扬，着实让我又惊又感动，又有一些不好意思。这时，台上的安教授给我递过毕业证书，冲我暖暖的一笑，安教授知道我的家庭，也许是看出了我的那丝不好意思，除了对每个学生都说的"congratulations！"之外，还用中文重复了一遍我爸爸的话"周欣如，好样的！"接着就是一个大大的熊抱！眼泪再也不想被忍住了，我即刻泪崩。

毕业若干年后，我回美国出差，顺道回了学校。当时行程很紧张，只有一个周日和周一的上午，下午就要坐飞机离开。当时和安教授联系，想看看他周一上午有没有时间见一面，安教授回答说，就周日见吧。我以为安教授周日学校有活动，也没有多想，就去了。到了学校，在楼梯口遇到安教授，一起开门进办公室，才知道他是特地开车赶过来见我，周一上午他是有时间的，但担心我时间紧张，要赶飞机，觉得还是周日见妥当。这般的温暖与周到，宁愿自己麻烦，处处都为着学生着想。那么多年过去了，在这个世界知名的学府，我究竟学到了多少高精尖的知识与学问，也许终究都随着时间的推移慢慢地淡忘了，反倒是这些平凡而温暖的瞬间，让我铭记于心。后来的几年我也利用自己的影响力，在工作之余，义务开展了一系列法律教育的活动，现在想来，这颗种子也许也和安教授有关，他让我慢慢懂得教育的意义和改变人心的力量，逐渐清晰自己是谁，在被什么事情感召，人生想实现什么使命。

其实那天见到安教授是有些感伤的，他看上去老了一些，人也显得有些疲惫。我知道当时他的孩子正经受着病痛的折磨，他在杭州的岳母又突发急病，太太恨不得一分为二，奔波于波士顿和杭州两地。他担心地和我说，岳母的情况不是很好，知道我回上海，他希望我能安慰安慰他的太太，却又嘱咐我不要告诉她。如果太太问起来，就说他这边都是好好的。我忍着眼泪，一一答应下来，内心只是祈求上苍，善待安教授和他的家人！他那么善良，把满满的爱给了世界各地的学生，用自己的影响力开创了一个崭新的残障法研究领域，造福了无数的残障人士，功德无量，此刻他对自己的家人，如此牵挂，却又如此无力。上苍求您温柔以待，这颗最最美好的灵魂！

掐指算来，我和安教授结缘已有近十年，其间也常和他的太太沈老师相见。我们那一届近十个中国学生都吃过沈老师在春节聚餐时特意为我们准备的美味茶点。沈老师大家闺秀，学识渊博，自己也是业界知名的法学教授。我有时遇到情感问题，总会想着和沈老师说说悄悄话，沈老师有着水容万物的智慧，说话慢条斯理，却带着当头棒喝的功效，有时候拿安教授举例子。很羡慕这对眷侣，几十年如一日彼此理解与支持、滋养与倾慕。

回想毕业的那天，典礼过后，我们回到安教授在开学时迎接我们的阶梯大教室，穿着毕业礼服，挨个走上讲台，奋笔疾书在大黑板上写下了自己为什么而读书。每个人的答案都不尽相同，我后悔当时没有机会问一下安教授他的答案。当时想到的是王阳明的答案，他说读书的目的是要做圣贤。不知今日到古稀之年的安教授是不是认同？在我的心中，真正的圣贤不是供在庙宇的高大塑像，也不是写在书本的金玉良言，而是像安教授这样有血有肉、细腻而有力量的灵魂。他学识深厚，却又平易近人；他认真严谨，却又温暖博爱。他的心也有苦难，可这份苦难却滋养出他心底对每一个人，不论宗族，不论文化，不论信仰，不论健全还是残障，最深切的尊重与爱，并穷尽自己所有的力量，知行合一，点点滴滴，数十年如一日，持续不断地为这个世界生产供给爱、尊重、理解、和平。

这就是我心中的安守廉教授。

君子不器
——在哈佛大学求学期间与安守廉教授的交往

郭锐（中国人民大学）

我从 2005 年赴哈佛大学法学院攻读硕士，到 2013 年最终取得博士（S.J.D）学位回国。前后八年里，我和安守廉教授交往密切，学问人生都受益良多。

在赴哈佛大学之前，我在方流芳教授的指导下做公司法和财产权相关的研究，特别是对中国改革中特有的"红帽子企业"现象进行了分析。方教授本人从来不拘泥于部门法划分。在他的言传身教之下，我也把研究清楚问题设定为第一目标。在对"红帽子企业"现象进行分析的过程中，我不仅观察"红帽子企业"相关的民商法诉讼，而且也分析有关的行政乃至刑事案件。有了这样的学习基础，我对哈佛大学的法学博士项目十分向往，因为哈佛大学的博士学习强调多角度地看待问题，博士导师通常是一个三人以上的委员会，由不同领域和背景的学者组成。而就博士导师委员会中最重要的一位博士主导师来说，安守廉教授是我最理想的选择。因为安守廉教授本人的学术包含法学与历史学、政治学、社会学等领域的交叉,我十分喜欢这样的研究路径。以安守廉教授的《窃书为雅罪》一书为例,他探讨的是知识产权法的中国史,研究中展现出教授在史学领域的深厚学养,而大的问题意识则来自社会理论领域关于现代性与中国的探讨。这种视野宏大、涉猎广博的治学的风格十分吸引我。

我请求安教授做我的博士导师,安教授慨然应允,我心里十分感激。除了他本人给我的学术指导之外,安教授还促成了一个前所未有的博士导师委员会的成立。我想要选邓肯·肯尼迪教授、雷尼·克拉克曼教授作我博士导师委员会的另外两位成员。肯尼迪教授是批判法学运动的创始人之一,在美国的政治谱系中属于左派;克拉克曼教授以经济分析进路研究公司法,是主流公司法学者中引用率最高的作者之一,在美国政治谱系中属于右派。他们两位做同一个人的导师,在哈佛大学法学院还从未有过。我事后猜测,他们能够答应做我的导师,很大程度上是看到安教授担任我的主导师。安教授在哈佛大学声望很高,多年来担任主管国际事务和研究生项目(法学硕士和博士项目)的副院长。两位导师都和他友谊深厚,在教学研究中也乐于和他合作,故此他们破天荒进入了同一个博士生的导师委员会。(多年后,我回国到中国人民大学在哈佛-人大-日内瓦-悉尼大学会议期间接待哈佛大学法学院米诺院长,她问及我在哈佛大学的导师委员会,听到是肯尼迪教授和克拉克曼教授合作指导我的论文,仍然大吃一惊。)他们两位实际上在指导我博士学习过程中合作愉快,这也与安教授深谙两位教授学术所长、指引我在所研究的问题上就两位各擅胜场之处寻求帮助是分不开的。

安守廉教授是谦谦君子。赴美之前,我对美国学者对中国法问题了解的深度颇不熟悉,常常自负掌握一手资料。安教授在课堂、学术研讨的场合常常自谦并不熟悉,请我就中国法问题发言。对很多重要的、甚至正在发生的中国法律问题，安教授的评论比我自己的看法更能经得起时间考验。回头看来，我对自己当年勇气有余而谦逊不足深感惭愧。安教授熟悉中国师生文化，但并不以老师自居。有时谈话到午餐时间，我们中午一起到法学院餐厅，在餐厅的门口他总是坚持开门让我先进，我亦坚持请他先行。我们两人在餐厅门口各执一扇门，路过的同学耐不住性子径直通过，让人不禁莞尔。

在哈佛大学期间我的博士论文从选题到写作过程，都得到了安教授耐心、温暖的支持。我硕士毕业是在全球金融危机之前，同学纷纷在纽约、香港、华盛顿、北京找到工作。彼时各大全球律所均有意在中国扩张，多以百万人民币的全球薪金（Global Pay）延揽青年法学才俊。我自嘲选择坐学术板凳，不仅会感觉到冷，还得看着身旁一个一个的金板凳。博士选题之时，我希望研究国有企业。美国的同学很认真地问：等你博士完成之时，国有企业该会像恐龙一样灭绝了吧？安教授勉励我按照自己的学术兴趣选题，且以自己所在的中国法研究领域在过去几十年中在美国法学院的起起落落为例来勉励我。

在哈佛大学的学习过程中，我常常对美国学者针对中国法的提问方式感到好奇。我看到一个好的提问角度对研究如何意义重大，但常常困惑如何能够习得这样的视角。2008年，哈佛大学法学院通过了自兰戴尔以来最重大的教学改革，在法学院一年级五门传统科目之外新增三门必修课，安教授亲自讲授三门课之一的中国法课程。他邀请王钢桥师兄和我做他的助教。上这门课程的法律博士（J.D）一年级学生尽管是当代美国学生中的佼佼者，不少人对中国、中国法却知之甚少。甚至有一个学生在课前调查问卷中回答："我对中国的全部理解来自每两周去一次'常熟'（剑桥镇一家美式中餐馆）的经验。"

愧为课程助理，我发现自己对课程本身能贡献的甚少，但在准备过程中熟悉了安教授多年讲授比较法的课程资料,这令我受益颇多。更令我惊叹的是,与初涉中国法的学生坐在课堂上,听闻他们对中国法问题提出直接、浅显的问题和安教授游刃有余的回答,每每让我有"当头棒喝"的启发。课程结束时,这些原来毫无基础的美国 J.D 学生对复杂的中国法问题的分析变得有章有法。此时回想课上安教授对这些同学的循循善诱,不禁深为佩服。转念一想,对安教授挑选自己做了一学期并未帮助多少的"助教",难道不是另一种形式的循循善诱?自此之后,每当读到美国学者针对中国法的提问方式,我都会从课堂同学提出的问题中找到原型。安教授在不动声色之中,帮助我习得了美国学者看待中国法的视角,让我十分感激。

  安教授另一看似无意为之、却于我意义重大的学术影响,是带领我进入了残障法领域。《残疾人权利公约》于 2006 年获联合国大会通过,并于 2007 年初向各国开放签署。中国是缔约国之一,也是最早签署的国家之一。安教授领衔的哈佛大学法学院残障项目(Harvard Law School Project on Disabilities, HPOD)在公约讨论和签署过程中都发挥了积极影响。一次偶然的机会,安教授交给我一份公约英文文本,嘱我给出准确的中文翻译。我一边翻阅资料,一边斟酌译名,就此开始了解残障领域。

  坦率地说,安教授自己在残障领域的参与是当时我很难理解的事。无论从学术经历还是成名作品,安教授自己几乎与残障领域不沾边,但是我观察到他在这个项目上耗费了巨大的精力。考虑世俗名利,无论是学术写作还是参与社会活动,都看不出残障领域能给安教授有任何增添。但安教授选择如此,<u>丝毫没有权衡得失的犹豫</u>,这多少让我有些诧异。2011 年《哈佛法学名录》(哈佛大学法学院的官方刊物)一篇题为《赋能执业》(Able Lawyering)的文章采访了安教授,他提到自己进入残障领域的初心:"人各有短长,若以吾愧领之长助益多人得其长而用之,不亦乐乎?"("I think each of us has both gifts and limitations, and it is immensely gratifying to try to enlist whatever gifts I may have to try to help others realize their gifts.")

话来自一位如此贴近我生活的师长,不由得让我反省自己的学术和人生。如同受《赋能执业》采访的迈克尔·斯坦教授所言,学者一生,往往皓首穷经,若能看到学问知识能实实在在地有助一人生活,实是幸事。受此影响,从2013年回国在中国人民大学任教开始,我就和参与安教授领导的哈佛残障项目的崔凤鸣教授及查尔斯·沃顿、阿隆佐·埃默里等各位教授开设残障法课程。到今年为止,我保持每个学期都进行残障法领域的教学和社会参与。在一次残障家庭家长培训中,一位年轻妈妈来时满脸愁云,听完《残疾人权利公约》和残障社会模式的培训,这位妈妈去掉了因幼子脑瘫而产生的羞耻、恐惧,了解了众多残障支持资源,愁云散去,放声痛哭。我心生感动,更体会安教授所言不虚。

在哈佛大学期间跟随安教授学习的上述种种,都让我想到孔子所言的"君子不器"。君子不应专限于一材一艺之长。学术分工越来越细的今天,学术研究往往让人丧失对世界、人生的全局见解。学习知识变成了账簿登记,人也变得机械无趣。安教授学问涉猎广博、成就斐然,但更让人敬佩的是在教学和研究的实践中力求以己所有来成人之美,可谓把儒家的理想境界融入学问人生,于授业解惑之时传道,令我受益终身。

安守廉教授的人文世界

韩大元（中国人民大学法学院教授）

第一次听到安守廉教授的名字是上大学的时候。1980年我在吉林大学法律系读本科。20世纪80年代是充满生机与活力的年代，在1982年宪法修改的热潮中，年轻的学生们感受到宪法的力量，充满对未来的期待。1982年本科二年级的时候，我听到中美法学教育交流委员会成立的消息，第一次听到作为学术指导与重要参与者的安守廉教授的名字。后来我考上中国人民大学法学院研究生，1987年留校后留学日本，1991年回国后协助时任院长曾宪义教授做一些外事方面的工作，参与美国法暑期班的组织工作，其间见过来讲课的安守廉教授，但当时深入交流的机会并不多。与安守廉教授深度交流并了解他的学术世界的契机是2000年在哈佛大学做访问学者的时候。在日本留学时，我主要对立宪主义在非西方国家的演变和哲学基础感兴趣，一直关注非西方的宪法文化。在研究中我发现，在亚洲，特别是东亚地区，立宪主义在形成过程中受到了美国宪法的广泛影响，一些制度设计与运行过程参考了美国的经验。如何从历史、现实与文化的相对主义视角观察东亚法治发展的历史？哈佛大学东亚法研究中心是世界上享有盛誉的研究机构，在东亚法律研究方面积累了丰富的学术成果。为了研究这一课题，应安守廉教授的邀请，2000年1月到6月，我到东亚法研究中心做高级访问学者，近距离接触安守廉教授，真正领略到他的学术世界的丰富。

中国的同事们都知道，安守廉教授的学术视野是非常开阔的，无论是研究知识产权、国际贸易、中国法制以及中美关系，他的思想深处有一股强烈的人文哲学，体现以人的尊严与自由为基础的道德与伦理。他赋予自己研究领域的专业话语以人文的价值，阐释制度与知识背后的价值共识，并把它提升为人类共同的命题。中国学者们可能熟悉他在专业领域以及推动中美法学交流与合作所做的贡献与努力，但知悉他在残障人事业上所付出的努力与国际影响力的人却寥寥无几。

可能有人会有疑问，安守廉教授为什么致力于残障人事业？我从与安守廉教授的接触中真切感受到这是他内心的一种责任与呼吁。从他写的《残障人法律保障机制研究》中可以看到他的系统思考与理论建构。同时，作为国际特奥会董事会成员与执行委员会委员，他在推动国际残障人事业方面的建树是有目共睹的。我们知道，联合国《残疾人权利公约》是全球范围内最具共识的国际人权的行动纲领。他参与设计了这一历史性公约，普及公约的精神。中国政府积极参与，并率先批准了该公约。

同时，安守廉对残障人事业的推动亦基于大学法学院的社会责任与义务。他强调大学在残障人事业中发挥的功能，提出大学与残障人共同体的理念。他与王利明院长共同成立哈佛—人大残障人法律研究与服务中心，将残障人保护理念转化为法学院的课程体系。从 2009 年到 2017 年我担任中国人民大学法学院院长期间，我们在原有合作的基础上，继续拓展合作领域，正式开设了残障人权益保障课程体系、编写教材、设置研究生培养方向、开设残障人诊所教学，成为第一个实行面向社会和政府的国际培训项目的法学院。中国人民大学与哈佛大学法学院共同开设的实时视频课程中，安守廉教授、崔凤鸣博士、阿隆佐·埃默里助理教授和郭锐副教授等共同为两国法学院学生讲授残障者权利，使两个法学院的学生共同上课，共同交流人类面临的问题。如今重视残障人教育成为中国人民大学法学院的理念，越来越多的同学参与残障人课程及公益活动，强化了学生内心世界的人权意识。

2017 年我卸任院长，开始普通教授生活。在纪念哈佛大学法学院 200 周年的活动中，在安守廉教授的推荐下，我被哈佛大学法学院授予"促进人类进步特别贡献奖"（2017 Harvard Law School Project on Disability Award for Creative Contributions to Human Betterment）。这是十分崇高的荣誉，也是一份责任。在颁奖会议上，安守廉教授对中国人民大学法学院积极开展残障人教育给予了积极的评价，并提出期待。我知道，这个奖属于为残障人事业作出贡献的法学院的团队，也是对我个人的鼓励。

安守廉教授以学者的学术与人格魅力影响了一批年轻人，受到大家的尊敬与爱戴。如今，在全球化、信息化的背景下，人类正面临着史无前例的挑战。在时代的变迁中，我们要继续捍卫人的尊严，使残障人成为人类平等的一员，得到平等的机会与尊重。近年来，安守廉教授也在思考这一问题，同时提出了耐人寻味的命题。

当今世界，残障人群体处于新的不平等、新的歧视与新的困境之中，特别是表面"辉煌"的经济发展背后，隐藏着价值危机与人文危机,包括残障人在内的人类面临其尊严边缘化的危险。在技术进步的背景下,我们不要停留在"父爱主义"情怀之中,要明确政府对残障人权益保护的宪法责任与道德责任,从"照顾"走向尊重,从"关怀"走向义务履行,要平等保护所有人的尊严与自由。残障人概念的演变并不一定代表社会文明,关键是理念的转变,即回到人本身,以文明社会的哲学与方式来思考残障人权益保障所面临的全球挑战,坚守人类本质与道德,用人权精神应对各种挑战。

《说文解字》上说:"人,天地之性最贵者也。"孟子曰:"天时不如地利,地利不如人和。"从文字的意义上来看,中国历史上,人不仅不可或缺,而且具有独一无二的重要地位,指其相互依赖,相互支撑,相互受惠。

我们知道人的词汇中的某种社会价值转化的载体,是人权概念的出现与发展。人是社会生活的主体,离不开特定社会环境与价值共识。基于这种人的文化中产生的残障人概念与制度的设计运行,也体现着以互惠为基础的哲学,强调共同体的价值,象征着人类的爱与相互依存。在保护个人自由的同时,每个人在共同体中要学会共同生活。因此,国家与社会有义务保障所有人的权利,关爱残障人群体,实现建设美好生活时"一个都不少"的理念。

在科技迅速发展的今天,人的尊严面临被边缘化的危险,我们不能盲目崇拜科技,更不能轻易地将科技运用在残障人生活之中,不以理性为基础的科技运用将导致新的不平等,使残障人远离心灵的交流,失去情感。科技是双刃剑,法治要研究的问题是,如何防御因科技非理性所带来的人性尊严的被漠视,而不是盲目赞扬科技的进步。我们需要共同思考,科技的发展将如何改变人类对于残障的认知?新科技的迅猛发展,包括人工智能技术的突破,将支持还是伤害残障者保障的核心价值?

如何有效合理地利用科技保障残障者权利,防御可能的负面影响?法治的使命是,以法治力量消除科技的非理性,捍卫人的尊严,使人成为具有尊严的主体,让人永远成为技术的主宰者,而不能沦为技术的奴隶。

下 卷

千锤百炼出深山
——学术论文

论商品房预售许可证明对合同效力的影响

王　轶（中国人民大学法学院教授）

摘要：开发企业未依照《中华人民共和国城市房地产管理法》第45条第1款第4项的规定向县级以上人民政府房产管理部门办理预售登记，故而未取得商品房预售许可证明，但却从事商品房预售交易，订立商品房预售合同的，该合同并非办理批准手续才生效的合同，而是属于违反了管理性强制性规定的合同，其效力不受违法性影响。县级以上人民政府房产管理部门应当责令开发企业停止预售活动，没收违法所得，还可以并处罚款。《最高人民法院关于审理商品房买卖合同纠纷案件适用法律若干问题的解释》（法释〔2003〕7号）第2条的规定应当予以调整。

关键词：商品房预售合同；商品房预售许可证明；管理性强制性规定

一、问题的提出

某地一房地产项目,由原告进行开发建设。原告与被告签订内部认购合同一份,由被告认购原告该项目商品房一套。合同签订当日,被告即向原告缴纳了全部房款。当地住房保障和房屋管理局对涉案项目进行检查时,发现该项目未办理销售手续,涉嫌无证销售,遂作出处理决定,责令原告停止一切销售行为及和房屋销售相关的广告宣传活动;立即进行企业经营整改,并对违规销售的房屋逐一清退;尽快办理相关建审手续。但原告一直未办理商品房预售许可证。原告随后以涉案房屋未取得商品房预售许可证为由将被告起诉至法院,请求确认合同无效。当地基层人民法院依据《中华人民共和国合同法》第8条、第44条、第60条,《最高人民法院关于审理商品房买卖合同纠纷案件适用法律若干问题的解释》第2条以及《最高人民法院关于适用〈中华人民共和国民事诉讼法〉的解释》第90条的规定,一审判决原告与被告间的合同无效。就这一判决,意见纷纭,争议的核心问题是开发企业未取得商品房预售许可证明,进行商品房预售,如何妥当认定商品房预售合同的效力?

二、对一审判决实体法依据的分析

一审法院就该案据以作出判决的实体法依据首先是《中华人民共和国合同法》(以下简称《合同法》)第8条。该条第1

款确认，依法成立的合同，对当事人具有法律约束力。当事人应当按照约定履行自己的义务，不得擅自变更或者解除合同。第 2 款确认，依法成立的合同，受法律保护。通说主张，该条是有关合同严守原则的规定。依据该条，并不能得出原告与被告之间的合同无效的结论。而且在《合同法》及相关司法解释对本案纠纷事项设有具体明确法律规定的背景下，援引基本原则作为判决依据，其妥当性也值得考量。因为在实体法针对纠纷事项设有具体明确裁判依据的背景下，法律基本原则发挥的作用主要体现为，一旦就实体法上作为裁判依据的法律条文出现复数的解释结论时，法律基本原则所表达的基本价值取向就可以成为筛选的依据，最吻合基本原则所表达的基本价值取向的解释结论，就是最可选的解释结论。在实体法未对纠纷事项设有具体明确裁判依据的背景下，依据《中华人民共和国民法总则》（以下简称《民法总则》）第 10 条的后段，"法律没有规定的，可以适用习惯，但是不得违背公序良俗"，需要确定是否存在不违背公序良俗的习惯可以作为裁判的依据。如果不存在可以作为裁判依据的不违背公序良俗的习惯，法律的基本原则可以发挥的作用主要体现为，同一法域之内其他裁判机构可资借鉴的经验、宪法的原则和规则、学者稳妥的学术观点、比较法上可供参考的方案等就可以在符合基本原则所表达的基本价值取向的前提下，以基本原则作为通道和桥梁，成为裁判者"创设"解决纠纷的具体裁判依据的素材。本案的处理，并不存在前述情形，就此而言，一审法院援引《合同法》第 8 条作为裁判依据未尽妥当。

一审法院就该案据以作出判决的实体法依据其次是《合同法》第 44 条。该条第 1 款确认，依法成立的合同，自成立时生效。第 2 款确认，法律、行政法规规定应当办理批准、登记等手续生效的，依照其规定。其中第 1 款是有关合同一般生效条件的规定，该款所谓"依法成立"，是指合同行为满足《民法总则》第 143 条有关民事法律行为有效条件的规定。① 第 2 款是关于合同法定特别生效条件的规定，属于法律适用规范，将法律、行政法规有关批准、登记作为合同法定特别生效条件的规则，经由本款，明示其特别规则地位，从而具有优先适用的法律效力。对于通常情形下合同行为的效力判断而言，只需援引《合同法》第 44 条第 1 款；对于特定情形下合同行为的效力判断而言，可以整体援引《合同法》第 44 条。一审法院整体引用《合同法》第 44 条作为本案的裁判依据，似乎是认为原告与被告之间的合同，属于办理批准手续才生效的合同。但在我国现行法律体系之下，并没有法律或者行政法规的规定表明，原告与被告之间的合同属于办理批准手续才生效的合同。即使存在这样的规定，如果法律或者行政法规已经对未办理批准手续会对合同行为的效力产生何种影响设有明文规定的话，就需要一并援引法律或者行政法规的特别规定以及《合同法》第 44 条的规定。

一审法院就该案据以作出判决的实体法依据还有《合同法》第 60 条。该条第 1 款确认，当事人应当按照约定全面履行自己的义务。第 2 款确认，当事人应当遵循诚实信用原则，根据合同的性质、目的和交易习惯履行通知、协助、保密等义务。该条是关于全面履行原则的规定②，而非据以认定合同效力的规定。依据该条规定，不能得出原告与被告之间的合同无效的结论。因此援引本条作为裁判依据，其妥当性也值得考量。

一审法院还援引了《最高人民法院关于审理商品房买卖合同纠纷案件适用法律若干问题的解释》（法释【2003】7 号）

---

① 《民法总则》施行前，"依法成立"是指合同行为满足《中华人民共和国民法通则》第 55 条的规定。从立法论角度出发对有关民事法律行为有效条件规定的评价，请参见王轶. 民法总则法律行为效力制度立法建议. 比较法研究，2016（2）.

② 与此有关的论述，请参见王利明主编. 民法：第七版. 北京：中国人民大学出版社，2018：364；崔建远主编. 合同法：第六版. 北京：法律出版社，2016：88-89.

（以下简称《商品房买卖合同解释》）的第2条作为实体法上的判决依据。该条确认，出卖人未取得商品房预售许可证明，与买受人订立的商品房预售合同，应当认定无效，但是在起诉前取得商品房预售许可证明的，可以认定有效。根据《最高人民法院关于裁判文书引用法律、法规等规范性法律文件的规定》（法释【2009】14号）第4条的规定，民事裁判文书应当引用法律、法律解释或者司法解释。对于应当适用的行政法规、地方性法规或者自治条例和单行条例，可以直接引用。不难看出，司法解释属于民法的法律渊源，可以成为法院据以作出判决的依据。事实上，一审法院就该案据以作出判决的实体法依据，核心就是《商品房买卖合同解释》第2条。

三、对《城市房地产管理法》第45条第1款第4项规范类型的分析

在《商品房买卖合同解释》颁布之前，最高人民法院于1995年12月27日印发的《关于审理房地产管理法施行前房地产开发经营案件若干问题的解答》的通知（法发【1996】2号）之六，即"关于商品房的预售问题"，其中第26项要点就确立了这样的规则：商品房的预售方，持有土地使用证，也投入一定的开发建设资金，进行了施工建设，预售商品房的，在一审诉讼期间补办了预售许可证明的，可认定预售合同有效。这一规定，与《商品房买卖合同解释》第2条力图回答的是同一个问题，即：商品房预售合同，如果违反了《中华人民共和国城市房地产管理法》（以下简称《城市房地产管理法》）第45条第1款第4项的规定，效力如何？

《城市房地产管理法》第 45 条第 1 款第 4 项确认，商品房预售，应当向县级以上人民政府房产管理部门办理预售登记，取得商品房预售许可证明。该项规定确立的规则，更为细致的表达是建设部《城市商品房预售管理办法》。该行政规章第 6 条第 1 款确认，商品房预售实行许可制度。开发企业进行商品房预售，应当向房地产管理部门申请预售许可，取得《商品房预售许可证》。第 8 条第 3 项确认，经审查，开发企业的申请符合法定条件的，房地产管理部门应当在受理之日起 10 日内，依法作出准予预售的行政许可书面决定。该行政规章第 6 条第 2 款则明文确认，未取得《商品房预售许可证》的，不得进行商品房预售。依据前述规定，开发企业进行商品房预售，必须经由批准手续的办理获得行政许可，取得商品房预售许可证。未满足前述条件，开发企业进行商品房预售的，就违反了《城市房地产管理法》第 45 条第 1 款第 4 项的规定。以此为前提，需要进一步讨论的是，《商品房买卖合同解释》第 2 条是否妥当回应了违反此项规定的商品房预售合同的效力判断问题？

　　据参与《商品房买卖合同解释》起草的最高人民法院民一庭法官介绍，就该司法解释第 2 条的规则设计，存在不同的意见和主张。"在听取和讨论上述不同意见后，根据房地产审判实践经验并考虑到法律的原则，借鉴最高人民法院《关于适用〈中华人民共和国合同法〉若干问题的解释（一）》第 9 条中有关合同效力补正的规定，本解释确定合同的效力是可以补正的。"[①] 可见，该条规定借鉴的对象是《最高人民法院关于适用〈中华人民共和国合同法〉若干问题的解释（一）》（法释【1999】19 号）（以下简称《合同法解释（一）》）第 9 条第 1 款的前段。该段确

---

① 最高人民法院民事审判第一庭编著. 最高人民法院关于审理商品房买卖合同纠纷案件司法解释的理解与适用. 北京：人民法院出版社，2015：37.

认,"依照合同法第四十四条第二款的规定,法律、行政法规规定合同应当办理批准手续,或者办理批准、登记等手续才生效,在一审法庭辩论终结前当事人仍未办理批准手续的,或者仍未办理批准、登记等手续的,人民法院应当认定该合同未生效"。与该段规则比较,《商品房买卖合同解释》第 2 条有两处调整,一处是第 2 条前半句确认出卖人未取得商品房预售许可证明,与买受人订立的商品房预售合同,应当认定无效。这一规则并未如同《合同法解释(一)》第 9 条第 1 款前段使用"未生效"一词。不过结合《商品房买卖合同解释》第 2 条后半句进行体系解释可以得出结论,第 2 条前半句所谓"无效",仍是未生效的意思。这一结论结合前引参与该司法解释起草的最高人民法院民一庭法官所做的介绍,进行历史解释,也能够得到印证。另一处是第 2 条后半句将补正合同效力的时间限定为起诉前,即开发企业在起诉前取得商品房预售许可证明的,商品房预售合同可以认定有效。参与该司法解释起草的最高人民法院民一庭法官对此的解释是"之所以限定在起诉之前,同时也考虑到《最高人民法院关于民事诉讼证据的若干规定》的相关规定,即'原告向人民法院起诉或者被告提出反诉,应当附有符合起诉条件的相应的证据材料'"[①] 等等。补正合同效力的时间,在一些地方法院的审判实践中,还被延后至"一审法庭辩论终结前"[②]。

[①] 最高人民法院民事审判第一庭编著. 最高人民法院关于审理商品房买卖合同纠纷案件司法解释的理解与适用. 北京: 人民法院出版社, 2015: 38.

[②] 如《北京市高级人民法院关于审理房屋买卖合同纠纷案件若干疑难问题的会议纪要》(京高法发【2014】489 号)第 1 条确认,"出卖人未取得商品房预售许可证明即签订预售合同转让房屋,在一审法庭辩论终结前房屋已经竣工验收合格的,可以认定为商品房现售,当事人以出卖人未取得商品房预售许可证明为由主张合同无效的,不予支持"。《广东省高级人民法院关于审理房屋买卖合同纠纷案件的指引》(粤高法【2017】191 号)第 6 条确认,"出卖人未取得商品房预售许可证明与买受人签订商品房预售合同,但在一审法庭辩论终结前房屋竣工验收合格,当事人以出卖人未取得商品房预售许可证明为由主张合同无效的,不予支持"。

《合同法解释（一）》第9条第1款前段回应的是《合同法》第44条第2款的规定。该款确认，法律、行政法规规定应当办理批准、登记等手续生效的，依照其规定。该款确立的法律规则属于法律适用规范，依据该法律适用规范，法律、行政法规规定合同应当办理批准手续，或者办理批准、登记等手续才生效的，适用法律、行政法规的特别规则。《合同法解释（一）》第9条第1款前段着重强调了在一审法庭辩论终结前当事人仍未办理批准手续的，或者仍未办理批准、登记等手续的，合同的效力属于未生效。值得注意的是，《合同法》第44条第2款所规定的"应当办理批准手续"，乃是指合同应当办理批准手续。换言之，批准的对象是合同行为。典型者如《中华人民共和国中外合资经营企业法》第3条第1句规定，"合营各方签订的合营协议、合同、章程，应报国家对外经济贸易主管部门（以下称审查批准机关）审查批准"。依据该句规定，中外合资经营合同等需要报国家对外经济贸易主管部门审查批准，合同行为等就是审查批准的对象。中外合资经营合同未依照该句确立的规则办理审查批准手续的，即属违反了该句确立的法律规定。由于该句确立的规则，能够成为中外合资经营合同违反的对象，因而属于需要进一步区分是否为强制性规定的复杂规范。[①] 对于中外合资经营合同之所以设置审查批准的程序要求，是因为立法者确信中外合资经营合同事关公共利益[②]，因此该

[①] 关于简单规范与复杂规范的类型区分及其理论意义和实践价值，请参见王轶. 民法典的规范类型及其配置关系. 清华法学，2014（6）；王轶. 论物权法文本中"不得"的多重语境. 清华法学，2017（2）.

[②] 《中华人民共和国中外合资经营企业法》"在调整我们和外国合营者相互之间的关系问题上，坚持了国家的主权原则。它一方面保护外国投资者的合法权益，另一方面从合营企业的建立到它的经营管理活动，又作了一系列限制性的规定，使我国的主权不致受到损害。"参见张序九，代大奎，李开国. 中外合资经营企业法的本质和作用. 现代法学，1979（2）.

复杂规范属于强制性规定。该强制性规定要求中外合资经营合同的当事人必须采用特定行为模式，即办理审查批准手续。中外合资经营合同违反该强制性规定，一定发生在这样的情形，即中外合资经营合同当事人没有依照该强制性规定办理审查批准手续，所以该强制性规定属于要求当事人必须采用特定行为模式的强制性规定，而非禁止当事人采用特定行为模式的强制性规定。审查批准手续的办理属于中外合资经营合同的法定特别生效条件。违反了该句确立的规则，未办理审查批准手续的，合同因生效条件尚不齐备，处在未生效，也就是暂时不能发生当事人所期待的法律效力的状态。[①] 一旦办理审查批准手续，生效条件齐备，合同即可成为完全生效的合同。上述分析同时表明，要求当事人必须采用特定行为模式的强制性规定，并非《合同法》第52条第5项的强制性规定，违反此类强制性规定，会因为欠缺法律或者行政法规所课加的法定特别生效条件，从而影响合同行为效力的发生，但绝对不会存在导致合同行为因为违法而绝对无效的情形。这就说明，《合同法》第52条第5项的强制性规定，是指禁止当事人采用特定行为模式的强制性规定。《民法总则》第153条第1款确认，"违反法律、行政法规的强制性规定的民事法律行为无效，但是该强制性规定不导致该民事法律行为无效的除外"。该款但书所言不导致民事法律行为无效的强制性规定，首先就包括要求当事人必须采用特定行为模式的强制性规定。

这与《城市房地产管理法》第45条第1款第4项规定的情形明显不同。依据该项规定，需要办理行政许可的，是开发企业从事商品房预售的资格，即开发企业从事商品房预售交易必

[①] 关于尚未完全生效民事法律行为的论述，请参见王轶. 民法总则法律行为效力制度立法建议. 比较法研究，2016（2）.

◆ 绿竹猗猗

须符合一系列条件①,以取得市场准入资格。依据该项规定,根本得不出商品房预售合同需要办理批准手续的结论。相反,依据《城市房地产管理法》第 45 条第 2 款,"商品房预售人应当按照国家有关规定将预售合同报县级以上人民政府房产管理部门和土地管理部门登记备案"。商品房预售合同仅需办理登记备案手续即可。开发企业没有取得商品房预售许可证明,就从事商品房预售交易,订立商品房预售合同,即属违反该项确立的法律规定。由于该项规定能够成为商品房预售合同违反的对象,因而也属于需要进一步区分是否为强制性规定的复杂规范。所有设置行政许可的事项,一定都关涉公共利益的确认和保障②,因此该复杂规范属于强制性规定。商品房预售合同违反该强制性规定,一定是发生在这样的情形,即开发企业未取得商品房预售许可证明,就进行商品房预售交易,订立商品房预售合同。这就意味着,该强制性规定是在这样的意义上成为违反的对象,即未取得《商品房预售许可证》的,不得进行商品房预售,订立商品房预售合同。所以该强制性规定属于禁止当事人采用特定行为模式的强制性规定,而非要求当事人必须采

---

① 如《城市商品房预售管理办法》第 5 条确认,"商品房预售应当符合下列条件:(一)已交付全部土地使用权出让金,取得土地使用权证书;(二)持有建设工程规划许可证和施工许可证;(三)按提供预售的商品房计算,投入开发建设的资金达到工程建设总投资的 25%以上,并已经确定施工进度和竣工交付日期"。第 7 条确认,"开发企业申请预售许可,应当提交下列证件(复印件)及资料:(一)商品房预售许可申请表;(二)开发企业的《营业执照》和资质证书;(三)土地使用权证、建设工程规划许可证、施工许可证;(四)投入开发建设的资金占工程建设总投资的比例符合规定条件的证明;(五)工程施工合同及关于施工进度的说明;(六)商品房预售方案。预售方案应当说明预售商品房的位置、面积、竣工交付日期等内容,并应当附预售商品房分层平面图"。

② 《中华人民共和国行政许可法》第 11 条确认,设定行政许可,应当遵循经济和社会发展规律,有利于发挥公民、法人或者其他组织的积极性、主动性,维护公共利益和社会秩序,促进经济、社会和生态环境协调发展。

用特定行为模式的强制性规定。

依据《最高人民法院关于适用〈中华人民共和国合同法〉若干问题的解释（二）》（法释【2009】5号）（以下简称《合同法解释（二）》）第14条，"合同法第五十二条第（五）项规定的'强制性规定'，是指效力性强制性规定"。因而对于禁止当事人采用特定行为模式的强制性规定，需要进一步作效力性强制性规定与管理性强制性规定的类型区分。违反效力性强制性规定的，合同无效；违反管理性强制性规定的，不影响合同效力，但合同当事人需要依据法律或者行政法规的规定承担相应的行政责任，乃至刑事责任，并须承受诸如因法律上的障碍不能履行合同义务等所带来的不利法律后果。换言之，管理性的强制性规定，也属于《民法总则》第153条第1款但书所言的不导致民事法律行为无效的强制性规定。

就效力性与管理性强制性规定的类型区分，存在不易区分说以及不必区分说的质疑。不易区分说强调，一项禁止当事人采用特定行为模式的强制性规定，究竟属于效力性强制性规定，还是管理性强制性规定，区分起来，实属不易。在缺乏足够法律共识的背景下，不易区分确属实情；即便是在分享了较高法律共识的国家和地区，不易区分也属实情。但不易区分的，何止是效力性与管理性的强制性规定？！强制性规定与非强制性规定，公共利益与非公共利益，几乎所有事关法律妥当适用的区分事项，没有容易的。不易区分，只是提醒我们面对效力性与管理性强制性规定的区分，要注重法律共识的积累，在有足够充分法律共识的情形，要依据分享的法律共识去进行区分；在没有足够充分法律共识的情形，裁判者既要担负起决断的责任，依托自己的法律素养和职业道德，知难而上；又要秉持如临深渊、如履薄冰的态度，审慎进行。在裁判者作出决断之后，还要注重以个案中的决断为基础，推动形成新的法律共识。但区分不易绝对不能成为不作区分的借口，否则就意味着裁判者逃避了自己所承担的决断责任，这是怯懦，也是渎职。事实上，在以往法律适用的过程中，围绕着效力性与管理性强制性规定的类型区分，尽管还远远不够，但也已经积累了不少宝贵的司法共识。①

不必区分说对于效力性与管理性强制性规定的类型区分，更是釜底抽薪。该说强调效力性与管理性强制性规定的区分，本属以问答问、循环论证的文字游戏，没有任何实际的意义和价值。所谓以问答问、循环论证是指面对禁止当事人采用特定行为模式的强制性规定，有裁判者在准备认定合同行为绝对无效时，即认定该强制性规定属于效力性的强制性规定；在不准备否认合同行为的效力时，就认定该强制性规定属于管理性的强制性规定。这就扭曲了事物的本来面目，颠倒了法律适用的应有逻辑。法律适用的应有逻辑是，一旦经由梳理分析，认定该强制性规定为效力性的强制性规定，即可得出合同行为因违法而绝对无效的结论；一旦经由梳理分析，认定该强制性规定为管理性的强制性规定，即应认定合同行为的效力不因违法而受到影响。②

---

① 与此有关的论述，请参见王轶. 论物权法的规范配置. 中国法学，2007(6)。2009年7月7日印发的《最高人民法院关于当前形势下审理民商事合同纠纷案件若干问题的指导意见》（法发【2009】40号）之五，即正确适用强制性规定，稳妥认定民商事合同效力，其中第16项要点就确立了这样的规则，"人民法院应当综合法律法规的意旨，权衡相互冲突的权益，诸如权益的种类、交易安全以及其所规制的对象等，综合认定强制性规定的类型。如果强制性规范规制的是合同行为本身且只要该合同行为发生即绝对地损害国家利益或者社会公共利益的，人民法院应当认定合同无效。如果强制性规定规制的是当事人的'市场准入'资格而非某种类型的合同行为，或者规制的是某种合同的履行行为而非某类合同行为，人民法院对于此类合同效力的认定，应当慎重把握，必要时应当征求相关立法部门的意见或者请示上级人民法院"。

② 与此有关的论述，请参见黄忠. 违法合同的效力判定路径之辨识. 法学家，2010（5）；朱庆育. 合同法第52条第5项评注. 法学家，2016（3）.

不必区分说的确反映了效力性与管理性强制性规定区分的部分法律现实,但在笔者看来,前述理由尚不足以得出不必区分说的结论。原因在于:

其一,效力性与管理性强制性规定的类型区分,属于民法问题中的价值判断问题,其实践价值在于,法律实践中面对同一禁止当事人采用特定行为模式的强制性规定,因为裁判者未必持守完全相同的价值取向,因此即使裁判者采用了相同的法律解释方法,也未必就能得出相同的解释结论。因而对于该强制性规定究竟属于效力性还是管理性的强制性规定,裁判者仍然可能各执一词,互不相让。此时民法价值判断问题的实体性论证规则及其派生的论证负担规则[①],就可发挥作用。就不同的价值判断结论而言,何种价值判断结论限制了或者更高程度地限制了民事主体的交往自由,持这一价值判断结论的裁判者就需要承担论证的责任,需要提供足够充分且正当的理由来证成自己的主张,否则就不应坚持自己的价值判断结论。相较于管理性的强制性规定,效力性的强制性规定更高程度地限制了民事主体的交往自由,因此,面对同一禁止当事人采用特定行为模式的强制性规定,凡主张其为效力性强制性规定的,皆须承担论证的责任,不能提供足够充分且正当的理由的,就应接受该强制性规定为管理性的强制性规定。《民法总则》第153条第1款所谓"违反法律、行政法规的强制性规定的民事法律行为无效,但是该强制性规定不导致该民事法律行为无效的除外",形式上看,存在被解读为违反法律、行政法规强制性规定的民事法律行为原则上无效、例外才有效的可能。在民事法律行为违反强制性规定的场合,该款似乎是将论证责任分配给了

---

① 关于民法价值判断问题的实体性论证规则,请参见王轶. 民法价值判断问题的实体性论证规则. 中国社会科学,2004(6).

主张民事法律行为效力不受违法性影响的一方。① 但基于前述的分析，实质上恰恰应当反其道而行之，民事法律行为违反强制性规定的，原则上效力不受影响，例外的方为无效。主张违反的是效力性强制性规定的一方，才需要承担论证的责任。可见，效力性与管理性强制性规定的类型区分，绝非以问答问、循环论证的文字游戏，亦非裁判者逃避决断责任的遁词，更非裁判者枉法肆意的借口。以法律实践中存在着以问答问、循环论证的现象，就得出不必区分说的结论，对裁判者来讲，同样是一种逃避决断责任的做法。

其二，效力性与管理性强制性规定的类型区分，还涉及民法问题中的司法技术问题。法律适用的过程，一定是一个目光在事实素材和法律素材之间反复往返流转的复杂过程。裁判者既不可能未带任何前见、偏好和取向，进入到案件事实的建构和认定；也不可能不带任何前见、偏好和取向，投身于法律规则的寻找和解释。一个合格的裁判者并非不带任何前见、偏好和取向的裁判者，而是能够在目光反复往返流转的过程中，立足已有共识，限制个人任性，反思并调适自己前见、偏好和取向的裁判者。对禁止当事人采用特定行为模式的强制性规定究竟属于效力性还是管理性的强制性规定作出区分，与对合同行为的效力究竟是否应当受到违法性的影响作出决断，二者之间一定是一个同频共振、相互渗透、彼此影响的过程，这就是人之为人的微妙、神奇和无奈之处。个中缘由，值得心理学家和生物学家认真探究。在这种意义上，不必区分说对于作为生物现象的人来讲，未免过于苛刻。

---

① 在比较法上，与《民法总则》第 153 条第 1 款类似的《德国民法典》第 134 条是否包含了类似的论证负担规则，学说上也有较大争议。相关的介绍请参见【德】克劳斯-威廉·卡纳里斯. 法律禁令和法律行为. 赵文杰，译. 张传奇，校. 中德私法研究：第 13 卷. 北京：北京大学出版社，2016：59-61.

其三，就禁止当事人采用特定行为模式的强制性规定而言，既有的法律共识表明，合同行为违反此类强制性规定，有归于绝对无效的，也有效力不因此受到影响的。这就说明存在着两种不同类型的禁止当事人采用特定行为模式的强制性规定，不分别称之为"效力性强制性规定"与"管理性强制性规定"，一定要赋予它们其他的名称，这就涉及民法问题中的解释选择问题。对于此类问题的讨论，首先需要明确不同的结论并不存在真假、对错之分，但哪种讨论结论更符合大多数人所分享的前见，更遵从人们使用概念的习惯，哪种解释选择的结论就是更为可取的结论。① "效力性强制性规定"与"管理性强制性规定"的区分，不但在学界的学术讨论中被长期使用，还得到了最高人民法院司法解释的认同，相较于其他的解释选择结论，当为更加可取的解释选择结论。

附带说明一点，《最高人民法院关于当前形势下审理民商事合同纠纷案件若干问题的指导意见》（法发【2009】40号）之五，即"正确适用强制性规定，稳妥认定民商事合同效力"，其中第15项要点就确立了这样的规则，正确理解、识别和适用合同法第五十二条第（五）项中的"违反法律、行政法规的强制性规定"，关系到民商事合同的效力维护以及市场交易的安全和稳定。人民法院应当注意根据《合同法解释（二）》第十四条之规定，注意区分效力性强制规定和管理性强制规定。违反效力性强制规定的，人民法院应当认定合同无效；违反管理性强制规定的，人民法院应当根据具体情形认定其效力。这一规则重申了《合同法解释（二）》第14条的规定，强调违反效力性强制性规定的合同无效，值得肯定。需要考量的是，这一规则论

---

① 关于解释选择问题的讨论方法，请参见王轶. 论民事法律事实的类型区分. 中国法学，2013（1）.

及违反管理性强制性规定的，未直接申明不影响合同的效力，而是授权人民法院根据具体情形作出认定，言外之意，违反管理性强制性规定合同，仍存在被认定无效的可能。如果这一理解能够成立，区分效力性与管理性的强制性规定，就真的变得无多大必要。但依笔者所见，基于前述理由，还是应当旗帜鲜明，立场坚定，强调违反效力性强制性规定的，合同无效；违反管理性强制性规定的，不影响合同效力。

具体到《城市房地产管理法》第 45 条第 1 款第 4 项，作为禁止当事人采用特定行为模式的强制性规定，从形式上看，该强制性规定意在禁止特定人从事商品房预售交易，即未取得商品房预售许可证的人不得从事商品房预售交易、订立商品房预售合同；而非禁止任何人从事商品房预售交易，禁止任何人订立商品房预售合同。因此该强制性规定禁止的对象是从事商品房预售交易的特定人，即未取得商品房预售许可证明的开发企业订立商品房预售合同，是法律禁止的对象，商品房预售合同本身并非法律禁止的对象。从实质上看，该强制性规定通过设置行政许可，旨在经由市场准入资格的要求，确保预售商品房的开发企业具备完成商品房开发建设、履行商品房买卖交易合同义务的能力，以建构、维护商品房预售领域的社会交往秩序，避免对商品房买卖交易领域的市场秩序以及不特定买房人利益等公共利益造成可能的损害；而非禁绝商品房预售交易，以避免商品房预售合同成为损害公共利益的工具。可见，该强制性规定当属管理性的强制性规定，违反该强制性规定的商品房预售合同，其效力不因违法性而受到影响。但违反该强制性规定的，依据《城市房地产管理法》第 68 条，由县级以上人民政府房产管理部门责令开发企业停止预售活动，没收违法所得，还可以并处罚款。

如果前面的分析能够成立，我们就可以得出这样的结论：

《商品房买卖合同解释》第 2 条并未妥当回应违反《城市房地产管理法》第 45 条第 1 款第 4 项的商品房预售合同的效力判断问题，未来民法典的编纂以及司法解释的调整，应当改变既有的规定。

四、余论

就本文提及的案件而言，一审判决作出时，《商品房买卖合同解释》第 2 条仍属审理案件无法回避的裁判依据。原告在起诉前未取得商品房预售许可证，一审法院目前似乎只能作出认定商品房预售合同无效的判决。此时，如何依据现有规则妥当安排原告和被告之间的利益关系，才不至于让判决的结果背离和伤害民众朴素的法律感情？

《民法通则》第 61 条第 1 款第 2 句、《合同法》第 58 条第 2 句、《民法总则》第 157 条第 2 句，都确立了相同的法律规则，即合同行为无效，有过错的一方应当赔偿对方由此所受到的损失；各方都有过错的，应当各自承担相应的责任。就本文提及的案件而言，在原告和被告都明知原告未取得商品房预售许可证明的前提下，原告和被告仍然坚持订立商品房预售许可合同，一个合理的解释是：作为订立商品房预售合同的基础，原告向被告承诺会在未来取得商品房预售许可证，并在未来向被告全面进行合同义务的履行，最终使得被告取得房屋的所有权。被告也有理由乐观地相信，原告会在未来不辱使命，诚实守信，不但能够取得商品房预售许可证明，还能够向自己进行全面的义务履行，直至自己获得房屋的所有权。这一一致的意思表示，无须取得商品房预售许可证明即可合法有效地进行。如果原告背弃这一合意,未能依约履行,导致商品房预售合同因原告未能取得商品房预售许可证,而被认定无效,原告当属存在过错,应当承担赔偿责任的一方。原告所赔偿的损失,学说称之为信赖利益的损失[①],既包括直接损失,如缔约费用、准备履行所支出的费用、支出上述费用所失去的利息;也包括间接损失,如丧失与第三人另订合同的机会所产生的损失。[②] 在案涉房屋价格大幅上涨的背景下,原告理应赔偿被告丧失订约机会的损失。

当然,如果本文提及的案件剧情反转,被告能够举证证明原告与被告之间的内部认购合同属于商品房预售合同的预约合同,而非商品房预售合同,则即使开发企业未取得商品房预售许可证明,也不影响内部认购合同的效力。[③] 或者原告能够举证证明原告与被告之间的交易属于以商品房预售之名,掩盖民间借贷之实的隐藏行为的,则原告与被告之间的商品房预售合同属于双方虚伪表示,应当适用《民法总则》第146条第1款的规定,原告与被告以虚假的意思表示实施的合同行为无效。至于原告与被告之间的借款合同,属于被隐藏的行为,应当适用《民法总则》第146条第2款的规定,以虚假的意思表示隐藏的行为,依照借款合同的有关规定处理。

---

① 王利明主编. 民法:第七版. 北京:中国人民大学出版社,2018:431.
② 崔建远主编. 合同法:第六版. 北京:法律出版社,2016:85.
③ 《北京市高级人民法院关于审理房屋买卖合同纠纷案件若干疑难问题的会议纪要》(京高法发【2014】489号)第2条第1款确认,"当事人以出卖人在签订预购书、购房意向书等预约协议时未取得商品房预售许可证明为由,要求确认预约协议无效的,不予支持,但预约协议被认定为商品房预售合同的除外"。《广东省高级人民法院关于审理房屋买卖合同纠纷案件的指引》(粤高法【2017】191号)第3条确认,"就预售商品房签订的认购书、订购书等预约合同,出卖人未取得商品房预售许可证明的,不影响预约合同的效力"。

大学何为

——对中国高等教育改革的一些思考

王振民（清华大学法学院教授）

引言：美国何以强盛——大学的作用

美国目前是世界超级强国，短期之内看不到其他国家可以取而代之。美国何以能够长期经济繁荣、社会稳定？其背后的原因何在？支持其持续稳定发展的因素有哪些？撇开其他因素不谈，我个人观察，美国高度发达的教育，尤其高等教育是其长期稳定发展的一个极为重要的推动因素，正是其高度发达的教育支撑着美国经济长期稳定地高速发展。如果研究一下美国等国的发达史，可以很清楚地发现，这些国家大都是先发展教育，然后再由教育带动经济的发展和社会的进步，而不是像许多人认为的那样，这些国家是先发达了再发展教育的。好的经济政策对一个国家的成功当然很重要，但是为什么和美国采用同样经济政策的国家很多，像美国这样发达的国家却没有几个呢？这里边还有更为根本的教育因素。正因为历届美国政府坚持"抓"教育，因此尽管他们从来没有像我们那样直接"抓"经济，但是其经济却能长期稳定发展。

　　教育是一种特殊的产业，其本身就能创造很大的经济效益和社会效益，而且更重要的是，教育是国民经济的基础，是发展一切的关键。长期以来，我们只把教育视为"消费"，没有把它也视为一种投资，视为国家的基本建设，这是一个极大的失误。一个国家是否强大，不仅仅要看它的经济、军事，更重要的决定性因素是它的教育。长远看一个国家有无希望，主要是看这个国家的教育，看这个国家的大学在国际上有无竞争力。只要一个国家的教育不倒，有那么一大批高质量的大学存在，能培养出合格的有理想的人才，能产生出各种发明创造和新的思想，那么这个国家一定有希望，一定会繁荣富强起来！中美两国在许多方面有很大差距，在教育尤其是高等教育方面的差距是两国各种差距中最大的。改革开放后中国高等教育尽管取得了很大的成就，但是仍有许多根本的体制问题影响着高等教育的深入发展，必须尽快进行改革。

一、为何办学

　　这个题目看似很简单，其实是一个严肃的深层教育理念问题。办大学、念大学以前被视为一种国家行为，是政府办学为国家培养国家需要的各种人才。这种定位与我们原来整个计划经济体制有直接关系。在计划经济体制下，所有的经济活动都由政府组织安排，发展计划经济所需要的人才，由政府开办大学去培养。所以每年国家要根据经济和社会发展的需要，制订全国人才培养计划。而各个政府部门和企业（以前没有私有企业）需要什么人才，需要多少，什么时候需要，也要上报国家的计划部门，以便列入来年的大学招生计划。每年的招生计划做好后，就会下发教育部去执行，所需经费当然也随着计划拨过来。教育部再将招生计划和经费分配到各个相关大学。所以，大学培养人才是在执行国家的计划，执行国家的任务。以前有一句名言，计划就是法律。计划是不可以违反的，否则会有严重的后果。

在这种体制下，念大学不是为了自己，而是为国家、为完成国家的教育计划和任务，因此非但不用大学生支付学费，而且每个月国家还给大学生发一些生活费。当你被大学录取的时候，实际上已经有一个早就计划好的工作等着你，因此一旦考上大学，你立即就成为后备国家干部，将来注定要成为正式国家干部，毕业时根据所获得学位的不同而有不同的行政级别和待遇。这样的教育我把它叫作"计划教育"，与"计划经济"是相适应的。

问题是，中国现在实行市场经济了，政府也不再直接经营企业，其直接掌握的工作机会也就越来越有限。在市场经济下，需要人才最多的不再是政府，而是各种各样的非政府的公司、企业和社会组织，然而这些非政府的公司、企业和社会组织所需要的人才是不会被纳入国家每年的招生计划的，实际上国家也没有方法测算这些企业和社会组织对人才的需求量和种类，也就是说在政府之外形成了一个庞大得多的、无法估算的人才市场。在这种情况下，如果高等教育仍然定位在只为政府培养人才，办大学是完成国家的教育计划，是执行国家招生任务，这样就会出现两种现象：一是大学作为一种特殊的产业，其产品不再适销对路，甚至造成有些专业的毕业生分不出去，本来很严肃的计划变得很盲目；二是迅速发展的非政府的企业、社会组织所需的大量人才又没有大学来培养，大量宝贵的教育资源又在被浪费。尤其在我国民办大学教育刚刚起步的情况下，民营企业没有自己的人才培养基地，其产品技术和管理水平过低，但又得不到自己想要的人才。

我国现行高等教育体制仍然建立在中国实行严格的计划经济的前提之下，这种"计划教育"和"市场经济"的发展已严重脱节，严重不适应社会要求，因此必须彻底改革高等教育体制，使其与市场经济接轨，使高等教育体制改革和经济体制改革同步进行。

高等教育的定位应该是为社会培养人才，办大学首先是为了社会发展、文明进步，当然这里边也包括为政府培养它所需要的人才，但这只是大学工作的一部分，而不是像以前那样是大学的全部工作，因为任何国家所需的公务员数量都是少的，远远没有社会需要的人才多。这是一个根本的教育思想、教育理念的变革，大学必须由以前面向政府转变为面向市场，学会根据人才市场的变化适时调整自己的专业布局、课程设计、培养模式等。这就像以前中国的国有企业一样，必须要完成由计划向市场的转变。中国的律师以前的定位也是"国家的法律工作者"，似乎中国的律师都是为国家、为政府说话的，因此公民个人、私营企业、外国公司不信任中国的律师。1996年律师法修改的时候，将律师重新定位为向"社会"提供法律服务的执业者。我国的高等教育的定位也同样需要调整。

读大学不再是国家行为，不再是完成国家任务，不再必然以把自己变成政府工作人员为目的，而是个人的一种投资行为，是为了个人的自我发展，为了找一份好工作。读大学、办大学以及整个大学的理念都要相应改变。

二、谁办大学、目的何在

既然办大学不再是单纯为国家培养公务员或者为国有企业培养干部，而主要是为社会培养人才，那么办大学也就不再是政府的"专利"，而可以成为社会行为，由公民和社会来投资、管理大学，就像一种特殊行业一样。当然，政府办的大学和一般民间办的大学在使命上可以有所不同。这里重点谈谈政府办的大学的使命问题。

政府办的大学主要是解决人民高等教育"脱贫"的问题。目前我国高等教育入学率在世界上仍然是偏低的，这已经成为我国经济和社会发展的一个重要制约因素。因此，尽可能扩大本科生招生规模，使更多的人能够进入大学"脱贫"，实现高等教育的大众化，使念大学不再"神秘"、不再成为身份和特权的象征，也就是说，培养尽可能多的高素质的合格公民，在相当长时间内仍是我们高等教育的主要目标和任务。

这个目标对许多有远大理想的教育工作者来说，也许不那么有吸引力，但从国家需要来说，这是千真万确的。在这个方面，不需要任何口号，不需要多少雄心壮志，只需要"孺子牛"般长期坚韧不拔的努力和无怨无悔的埋头苦干，甚至不需要提"培养高级人才"的口号。人才是否"高级"，要在毕业后由国家和社会去判定，由实践去检验。大学不是专为"牛顿""爱因斯坦"设计的，尽管大学可能产生"牛顿""爱因斯坦"。大学主要还是为"芸芸众生"、为所有愿意念书的普通人设计的,为了满足社会对高等教育的一般需求,为了"慈善"的目的,这就是为什么在许多国家,大学享受像医院、教会和福利院那样的待遇和荣誉,大学可以享受许多免税优惠,原因就在于大学的使命是"公益性"的。

哈佛大学有一句校门励志语,"走进来增长智慧,走出去更好服务国家和人类"(Enter to grow in wisdom, depart to serve better thy country and thy kind),没有说要培养"高级人才",没有要刻意培养精英和领导人。但是哈佛大学有30多位教授获得诺贝尔奖,培养了6位总统和许许多多各国政商要人。当然作为口号,作为定位,提得高一点,无可厚非。但是作为政策、体制和模型,一定要在设计的时候是平等的,要优先考虑沉默的大多数。社会主义国家的大学更应如此。

当然不是说大学拒绝"爱因斯坦",相反造就"爱因斯坦"也是大学的使命。只是在设计大学尤其公立大学的时候,首先要考虑的是大多数不大可能成为"爱因斯坦"的众生,大学要为他们提供一个平等的学习机会,充分挖掘所有学生的潜能。这样反倒有可能培养出很多"爱因斯坦"式的人才。可能有很多"诺贝尔"们沐浴着明媚的阳光和习习春风,在宽松平静平等的环境中破土而出,这样反倒可能东方不亮西方亮,无心插柳柳成荫。教师应该这么想,每一个学生都是好学生。最糟糕的是只顾刻意培养几个好像要成为"爱因斯坦"的好苗子,把大部分注意力和资源放在这方面,结果不仅"爱因斯坦"没有培养出来,反而耽误了大多数,就像现在许多名牌教授只教博士生(实际上教得也不多),不屑见本科生一样。因此,我从根本上反对任何大学高喊培养"高级人才"的口号,尤其是政府投资建设的公立大学和"重点大学"更应该真正以天下为己任,因为你不是用私人的捐款设立的私立大学,而是用天下人的钱开的学校,天下人当然人人有权进去念书,尽管实际上不可能,但是人家的权利是不可剥夺的。对有幸进来的众生,当然要一视同仁。

高等教育的第二个重要目标是不断产生新的发明创造和各种新的思想,为经济和社会发展提供源源不断的营养和能源,从而带动国家和社会的发展。在这方面,高校可以说是国家和社会的"思想库"和发动机。商界或者政界人士天天忙于第一线的操作,很少能在一天繁忙工作后,有时间认真考虑长远的方向性问题和技术革新问题,大学正好可以弥补这方面的不足。

所以高校的"理想"主要就是这两个:一是为国家和社会发展培养尽可能多的合格的公民和各种专业人才,二是为国家和社会发展提供新发明新创造,提供源源不断的营养和能源。高教改革必须先弄清楚高等教育的"理想"。

高等教育在相当长一个时期将始终是中国最紧俏的"商品",将一直严重供不应求。如果说改革的建议,我的第一项建议是,最充分地开放办学,尽可能让天下愿意念书的人都进大学。不仅目前的大学要充分挖掘潜力,而且要充分开放,让公民和社会办学。而大学培养模式和课程的设计、教育资源的分配,一定要以"众生"为中心,而不是以培养几个或者"大批""高级人才"为目标,用全国人民的税款养活的"重点大学"尤其应该如此。这样才是真正令人敬仰的大学,也才可能真正地培养出很多"高级人才"。刻意去培养"高级人才"反而培养不出来,而且这样做违反了大学的宗旨。

民办大学,也应该有同样的使命,尽管它们在某些方面可以有所不同,比如民办大学的学费可以"随行就市",办学上可以更加"精英"一点。我国的民办大学现在还不成气候,未来应该允许民办大学和公立大学享有同样的待遇,在招生、拨款、学生就业等方面一视同仁。如果将来产生一些可以与清华大学、北京大学媲美的民办大学,那么中国的高等教育就真正发达了。现在名牌公立大学没有压力,因为在国内没有竞争对手,基本上处于垄断的地位。这十分不利于教育的发展。大学像企业一样,也需要有良性竞争,这样才能健康成长。现在国外的大学觊觎中国庞大的教育市场,我国大学必须有相当的竞争力,才能抵御外国大学的进攻。

要大力扶植民办高等教育的发展,就要让公民投资教育像投资办公司那样方便,当然政府要严格审查办学资格。我们宁可让大学"泛滥"一点、"膨胀"一点,也不要人为约束它。因为一个非常基本的道理是,再差的大学,也是以"传道、授业、解惑"为己任的,是教给人有用的东西的,是教人向上、教人学好,而不是让人学坏的。最起码这些"差"大学的存在对社会无害,它没有违法,其存在是有益的,有人愿意去念书,这就构成了这些大学存在的充分而必要的条件。更多的人进大学对国家和社会只有好处,没有坏处,哪怕这是一个很不怎么样的大学。

三、改革目前的学位和研究生培养模式,废除国家统一评定学位点的制度

与前面探讨的大学的定位问题紧密相关是,要打破大学的神秘色彩,使大学放下架子,走向民间。要做到这一点,就必须废除我们带有浓厚科举色彩的学位制度。中国的学位制度自恢复以来,虽然发挥了一些正面的作用,但是现在看来这种制度已经成为我国高等教育进一步发展的桎梏,其负面作用已开始大于其正面作用,应该尽快废除国家统一评定学位点的制度,

改革目前的研究生教育。其原因如下。

第一，我国实行国家统一评定学位点的做法，其本意是严格控制高学位的数量和质量。但是，如果某个大学培养的博士或者硕士、学士在社会上很有市场，而它也可以自行解决办学条件问题，那么为什么要限制它的招生数量呢？不是数量越多越好吗？我们不是要发展教育吗？让更多的人接受高等教育不是好事吗？为什么还要限制数量呢？难道要限制发展吗？至于质量，这些年政府一直在管，但是并没能阻止研究生培养质量下滑，这说明质量问题最好由用人单位去评定，政府用行政手段去管并不能解决问题。如果一个大学培养的人很差，它自己就办不下去了，用不着政府去管。

第二，我国现在实行社会主义市场经济，大学培养人才就像企业制造产品一样，必须面对市场，随时要调整"生产线""工艺流程"和要上的新项目。如果什么都由政府去管，大学就失去了活力，失去了发展的机会。例如，这些年电子商务快速发展，社会急需这方面的人才，国外的大学很快就可以决定上一个电子商务的硕士课程，立即开始招生。而我国像清华、复旦这样的大学都不可以决定要上什么样新的学位项目，必须要等很长时间才可以由"上边"决定设立电子商务硕士学位课程，才可以按照"上边"下达的"指标"开始招生，这时候可能几年时间已经过去了。大学应该比企业对市场更敏感，更机动灵活，因为大学是为企业和社会培养人才的，总不能大学培养的人所知道的东西还没有企业的工人知道的多吧？

第三，国家评定学位点，还有一个极大的弊端就是把博士、硕士点变成"神话"，变成评价一个大学好坏的重要标准。在中国，评定一个学校好坏的重要指标是博士后流动站有多少、博士学位点、硕士学位点有多少，博士生导师有多少，博士生和硕士生的数量有多少。因此，几乎所有大学都把注意力集中在争"点"和"博导"上，有些甚至用不正当的办法去争取"点"，至于教育质量如何没有人关心。由此衍生的一个奇怪现象是，几乎所有的"重点大学"都自称以培养"高级人才"为主，所谓的"高级人才"在那里就是"高学位人才"，因此各校都拼命扩大招收研究生。

这种现象在国外没见到过，从没有看到哈佛大学任何宣传材料上吹嘘自己有多少"点"、多少"博导"，相反哈佛大学许多专业学院有那么多名师，但他们绝大部分都只教本专业的本科生（尽管其专业学院的本科生和我们的不同），很少有教授愿意当"博导""硕导"的，他们似乎对此也没有什么兴趣。而且美国大学专业学院的排名几乎不考虑研究生情况，例如全美法学院排名根本就不考虑研究生学位项目。对比中美两国的高等教育结构，我发现，中国的高等教育是非常严重地以高学位为中心、为导向，而美国的高等教育则是以实用、实际、有效为导向，以本科为中心，不追求虚的东西。我们花费太多的时间、金钱、资源、精力在这些看似很重要的问题上了。

我国的研究生教育又基本上是纯学术性教育，学制漫长，模式机械单一，似乎任何研究生教育都是以培养教授、专家为目的，以前根本没有以培养专业人才为目标的本科后职业教育，然而社会需要的又是大量的各种专业人才而非大量的搞学问的人，任何国家都是如此。我国花费那么多教育资源培养以成为"学者"为目的的研究生，大部分学科要三年之久才让毕业，这是多么大的浪费？以高学位为中心的高等教育产生的一个严重后果就是，一方面我国是一个贫穷的发展中国家（现在大家都不爱听这个提法了），教育仍然十分落后，绝大部分人还没有机会进入大学。另一方面教育资源的浪费十分严重，把有限的教育资源浪费在培养研究生上，而很多研究生毕业后从事的是本科生都可以胜任的工作。这也助长了社会上极不正常的人才高消费，导致教育资源和人才的严重浪费。

其实美国的高等学位很复杂，也很随便。例如法学院、商学院、医学院、建筑学院、教育学院、公共管理学院都是本科后的专业学院，其招生对象是已经有一个大学学位的人士，不招高中生。因此这些专业学院所授的学位根本不可以用传统的"博士""硕士"的概念来理解，准确的翻译应该就叫"专业学位"即可，大可不必译为"博士""硕士"，尽管其英文名称有"博士""硕士"的字眼。例如法学院授予的这种专业学位叫作"J.D（Juris Doctor）"，直译成中文可以叫作"法律（法学）博士学位"，但是在美国人人都知道每一个律师都要有这么一个"法律博士"学位才可以参加律师考试成为律师，但是每个人都不敢自称是博士（Ph.D）。美国人读法律的目的是成为法律专业人士，这种学位实际上应该准确地叫作"法律专业学位"（同样道理，商学院的 MBA 叫作"工商管理专业学位"即可）。因为在这个"博士学位"之上还有硕士（LL.M）和真正的法学博士学位（S.J.D），对这两种真正的硕士、博士学位，美国人反而没有兴趣，基本上是给外国人开的，教授们的兴奋点和注意力基本上在他们的本科生，而不在博士、硕士生。美国人对学位采取非常实用的态度。

因此，建议今后国家不再负责评定学位点，由各大学自行决定上什么样的学位项目，自行决定颁授一切学位，包括博士、硕士学位，废除目前的博士生导师和硕士生导师制度，使高学位不再"神秘"，使大学学位大众化、个性化。为了这个目的，甚至不惜放开后让硕士、博士"泛滥"一阵子，再逐渐由市场自行调节，实现由乱到治。这也是世界上绝大多数国家的做法，都允许大学有自己的"产品"和"品牌"，大学都有权自行决定学位授予。

在进行学位点评定制度改革的同时，还要进行一系列配套改革。首先,改革目前的户籍制度,以后研究生(包括本科生)不再转户口,不再是国家干部,相应由国家或者社会解决他们毕业后面临的户口和就业问题,而不是目前由大学来解决这些复杂的问题(这也是学校办社会的一个表现)。不少人读研是为了解决户口问题,对国家来说,这些人读研实在是浪费国家宝贵的教育资源,一个硕士研究生、一个博士研究生要分别占用两个、四个本科生的资源。我们本来可以把这些资源用于招更多的本科生,让更多的人解决高等教育"脱贫"的问题。其次,研究生交费上学。我国目前的研究生免费教育,世所罕见。本科生开始收费,研究生反倒免费这也是很奇怪、极不合逻辑的,即使发达国家如美国都没有这样做。今后国家可以设立研究生奖学金,资助国家认为自己需要发展的专业学科。至于每一个大学毕业生自己觉得自己还要深造,那是他个人的事。也就是说大学有钱就招研究生,没有钱就不要招。国家只能满足最低的"教育保障线",像现在的九年制义务教育。任何一个国家从事学术研究的人都是少数,我国目前的"考研热"是一种不正常的现象,从某种意义上说,是教育资源的极大浪费。

  研究生教育还要进行更深的结构性改革,把本科后学术性的研究生教育(如文科、艺术、理科等)和本科后的专业教育(工程、法律、管理、医学等)区别开来,这两种研究生招生方式不同,毕业所授学位也不同。在本科后专业教育方面,要更多地吸收专业部门和行业组织参与课程设计和教学工作,例如法律,应该更多地由法官和律师参与法学院的教育,这样,这些专业人才才可能"适销对路",符合国家、社会的需要。大学自己也要进行导师制度的改革,废除目前的"博导""硕导"制度。总之,大学教育应该以本科为中心,博士、硕士应"正常化",不要把他们当成"状元""榜眼";研究生教育应区别于学术性教育和专业性教育,不应只有一个"型号",不同类型的研究生教育应有不同的标准。研究生学制要缩短,要更有灵活性。

四、实行大学法人化,废除重点大学、非重点大学之分

原来在计划经济之下,每所大学都有一个乃至几个"婆婆",大学实际上是有关行政部门的下属机构。现在各个部委不允许再办大学,这是完全正确的。但是,原来各部委的大学,现在要么归地方政府管,要么归教育部管,总之还有一个行政"婆婆"。为什么不能让这些大学法人化,成为自我管理的"教育法人"呢?难道我们的大学永远都长不大,必须有一个"婆婆"看着才放心?因此,我建议干脆让所有的大学逐步实行法人化,自己当自己的"婆婆",政府对大学实行法律化管理,只要大学遵守政府制定的法律法规就可以了,如果大学违法犯罪,则由司法机关去追究。

既然大学都是独立的法人,当然都是平等的,因此重点、非重点大学之分就应该废除,官方今后不可以进行任何大学排名。在政府那里,每一所大学都应该是重点。同时,相应地改变目前的大学拨款方式,由政府直接拨款逐步改为以项目为基础、由各大学申请的制度,中央的教育预算面向全国所有的大学,包括民办大学开放。这样也可以鼓励大学之间的公平良性竞争,有利于百花齐放,产生更多更好的大学。

大学不再有上级行政主管机关和行政级别,一开始不仅政府管理部门不适应,大学也可能不适应。但是,这一步早晚要走,总有一天中国的大学要长大呀!总不能永远都躺在政府的

怀抱,事事由政府去关照,老是这样没有出息吧!要让大学自己学会走路,学会自立。目前把各部委管的学校转归教育行政部门或者地方政府管的做法,实际上没有质的变化。政府直接管理企业不利于经济的发展,企业应该是独立的法人,只对法律和市场负责,尽管这个企业可能是政府的企业;政府要对企业进行管理,也只能通过立法、执法和司法来进行,这个命题已经被广泛认可了。大学不可简单和企业类比,但是,实践证明,管理大学也不同于一般的政府工作,大学也应该是独立的法人,只对法律、国家和社会负责,大学违规了,政府才可以管;没有违法犯罪,司法机关又何必管呢?政府要改变管理,就修改有关法律即可。所以不仅政府管理经济要法治化,同样重要的是,政府管理教育也必须法治化,不可再把管教育当成一般的行政工作,把大学当成自己的下级机关,特别是在今天教育也被视为一种产业,同企业一样这里边也有很多经济利益,为了避免滋生腐败,政府主管部门还是洁身自好,远离这些"是非之地"。

五、改革政府教育主管部门的职能

对比教育发达的国家,我发现有些国家甚至长时期根本没有教育部,像美国的教育部 1979 年才成立,此前近二百年美国一直没有教育部,即使现在仍然有很多人建议撤销联邦教育部。很难想象美国教育如此发达,却在这么长的时间里连教育部都没有,而且至今没有什么全国性大学,遑论重点大学了。在美国,教育是地方管辖的事务,联邦设立教育部在不少人看来是瞎凑热闹，是政客为关注教育作出的一种姿态。各州的教育部对大学包括州立大学也都采取无为而治的政策。政府的职责是提供经费，然后走到一边。有人会说，根据谁投资谁有决定权的原则，政府应该管。但是这个原则在这里似乎不适用，教育不同于一般的商业，政府投资教育是作为它的职责或者对公益事业的承诺，不应该追求权力或者经济上的回报。这好像私人捐款给大学一样，捐款人并不可以左右大学如何办，他的意见只能是参考性的，如何办学本质上是大学的事，况且政府投资只是大学财源之一。和一般捐款不同的是，政府的投资是公款，因此为了公共目的，政府尤其要投资到那些私人不愿意投资但是社会有需要的领域；政府还要扮演监督者和统计员的角色。政府必须尽量平等对待所有的大学，不可随便对一个大学的教育质量品头论足，以免不小心吃官司，大学只要不从事违法的事情，政府是不应干预的。

那么国家主管部门应该干什么呢？我觉得主要是审批办学资格，发放"营业执照"，检查硬件设施，负责执行有关法律法规。今后各种专业教育，应该由专门的行业组织去管理，像法律、医学、工商管理等。思想政治工作由党委去做。政府对教育的管理要法治化。目前政府管理教育的借口主要有两个，一是把握政治方向，二是保证教育质量。关于政治方向，这可以通过其他方式来进行，各学校已经有归属地方党委的学校党组织，而且实际上也主要是由这些党组织来进行思想政治工作的。在保证教育质量方面，我觉得尤其没有必要。首先接受高等教育和开展高等教育的行为主要是学生和大学之间的一种民事行为，不是行政行为，大学提供"教育"这种特殊的"产品"，学生支付学费，如果"产品"质量有问题，应该是"消费者"去起诉学校，通过法律的途径去解决，而不是政府介入、通过行政手段来解决。如果有假冒优质名牌的情况发生，政府可以打假，当然主要还应该由被假冒的学校和受害的学生通过法律手段来解决。除非有犯罪的情况发生，比如利用办学招生骗取钱财触犯了刑法，否则司法机关不应该干预大学的日常运转。

如果看看几十年政府管理大学的结果，一个不容否认的现实是，中国的高等教育虽然也培养了一些杰出人才，但五十多年了我们仍然落后，这种落后在某些高科技领域还有程度不断加大的趋势，而且中国高等教育入学率仍然比较低，全民教育程度和素质仍然比较低。

实践已经证明，国家重视什么事情并非建立一个庞大的主管机构就万事大吉了，有些时候可能恰恰相反，庞大的政府主管机构反而不利于事业的发展。政府管理教育就像政府管理经济一样，失败的概率很大。现在对政府管理经济，大家已经有很大的共识，就是不能再管理到每一个具体的企业了，而且必须依法进行。最近改革的情形好像是，要发展某一个行业，最要紧的就是首先要检讨政府主管机构的定位、功能，甚至其存在的合理性问题，而不是按照老的思维模式由这些政府主管部门去继续主导各种发展项目。这是十分正确的。因为这些政府主管机关才是问题的症结所在。甚至有这么一种说法，你想把哪个行业搞好，你就要先对哪个行业的行政主管部门进行改革乃至干脆撤掉。这样减少了层次和环节，反而更有利于提高效率，调动积极性，减少腐败的机会。可惜我们现在对政校不分、行政机关直接经营管理学校的严重后果的认识仍然不够深刻。实际上，政校不分比政企不分带来的后果更严重。教育固然有其特殊性，不可以简单地和经济相提并论，但是作为政府管理的一种理念和方式，还是有许多共性的。这几年政府经济体制改革的经验，很值得教育改革借鉴。

六、高等教育其他方面的改革

在大学招生制度方面，应该允许大学自己进行招生考试，允许个人经营有关考试业务。另外，实在不明白我国大学招生设置那么多限制有何道理，例如高考的年龄限制、婚姻状况限制等，有的高校甚至还有身高限制、不合理的身体限制、长相限制等。包括大学里的建筑设施，很少考虑残疾人的需要，因为我们很少招收这些人。我国的招生政策实在应该很好检讨一下。

在大学内部管理等方面，也需要进行大的改革，例如大学和学院的关系。现在为了建立世界级大学，国内许多大学的学院被用行政手段合在一起组建一个个教育"航空母舰"，一个大学有几个校园的情况越来越多，但是我们只看到了国外的大学之大、之综合，没有了解其内部的管理方式是非常分散的，是"联邦制"形式的。像哈佛大学的法学院、商学院、医学院等学院都非常分散，有自己独立的校园，可以对外独立进行活动，无须为了盖一个章跑半天。但是，国内的大学一旦合并就是"单一制"的了，只有一个可以对外的大印，只有一个招生办公室、一个外事办公室、一套校行政机关，为了盖一个章，办一件小事，从这个校园到另一个校园可能要跑一天。因此，合并后不但没有感觉出优势，效率倒是降低很多。今后，应该给各个学院更大的自主权。

在校长、院长、系主任选聘方面，应该有更开阔的思维和眼界。最近哈佛大学新聘了一个校长，整个聘任过程长达九个月，全世界有五百多人曾经进入聘任委员会的名单。在这

◆ 绿竹猗猗

么大的范围内聘任一个校长,当然是好上加好的人才方可以被选中。被选中的人一定是全世界数一数二的教育家、管理专才和学术名家!英国人可以聘请中国人到诺丁汉大学当校长,中国人选校长的时候是否也可以把眼光往国外看看,也在全世界范围内选聘?要建设世界一流大学,非得有世界一流的校长、院长、系主任不行。至于戴在校长、院长、系主任头上的"官帽"最好早一点摘掉,只要把他们的薪水给提高点就行了,官不官实在无所谓。在这个方面是否也可以拿一个"重点大学"试试点?

结语:要吸引人才必须要有好大学

据美国官方统计,2000年中国已经开始成为来美国留学人数最多的国家,实际上几年来中国一直是向美国输入留学生的头号国家。为什么那么多中国最优秀的学生即使念了清华大学、北京大学的本科乃至硕士、博士学位之后,仍没有把清华大学、北京大学作为自己接受高等教育的终点,还非得要历尽千辛万苦到美国读一个二流、三流的大学才真正心满意足,才愿意终止学生生涯,投入社会开始工作呢?出国留学,增长见识,非常必要。但是为什么那么多人在学完后还不回国,而在外国安家立业,哪怕在美国一个小公司当一个一般职员,也不愿意回国当一个大公司的经理呢?这里边主要还不是物质上的考虑,甚至不是普遍忧虑的体制问题或者人际关系问题。对不少人来说,考虑最多的是一个非常现实的问题,即孩子未来上大学的问题。许多人说,与其现在回国让孩子在国内念书,将来孩子还得再一次历尽千辛万苦来美国念书,再当一次新移民,还不如牺牲掉自己当第一代移民，将来孩子可以直接在美国念书，反正下一代还是要来美国念大学的，何不现在干脆留在这里算了？这些经历了中国残酷高考的老将，至今提起高考仍然不寒而栗，他们无论如何不希望下一代再受那个罪。因此为了孩子，这些人就留在美国，有的甚至已经回国了，还不惜再费周折返回去。

尽管我觉得这不应该成为不回国的借口，但这种说法确实令人尴尬。这更加验证了中国没有世界一流、值得人们"从一而终，世代相托"的好大学，让这些知识精英和他们的下一代可以作为高等教育的终点，在这里开始自己的事业。一个很简单的道理，没有好大学，不仅培养不出好的人才，而且也吸引不到、留不住好的人才！这些从我们最好的大学走出来的优秀学子，反过来对我们的高等教育如此失望，视为畏途而退避三舍，这实在令人痛心。

中国要成为世界强国，首先必须要成为教育强国，强国必须先强教，必须有一批世界级的优秀大学。在这里，人们能够享受到世界上最好的教育，能够见到世界级的学术大师；在这里，人们能够了解到国际学术的最新发展动态，甚至这里就是自己所从事专业的国际学术中心，其他国家的同行要到这里来了解本学科最新发展动向；在这里，莘莘学子从世界各国远道而来，把这里作为自己接受高等教育的终点，否则就不甘心，真是"不到长城非好汉，不到中国的大学不算念过大学"。这才是世界一流大学的含义。

因此，教育，国之大事也，关乎天，关乎地，关乎每一个人，关乎每一个地区，关乎每一个行业，关乎整个国家民族的前途命运，决定事业发展的方向，决定我们的成败兴衰。我们宁可少搞几个大工程，也不能亏了教育。现在政府确立科教兴国的方略很正确，各大学负有极其重要的使命。中国自古尊师重教，相信在新的世纪里，经过改革，我国高等教育一定会有一个质的飞跃，我国一定会成为一个高等教育发达的国家，从而带动中华民族的全面振兴。

（本文是作者2000年至2001年在哈佛大学法学院做富布莱特访问学者时的研究心得，原载《中外管理导报》2002年第6期）

美国法学院的中国法律书

何海波（清华大学法学院教授）

摘要： 文章通过对三十余所美国大学图书馆的检索，描述了这些图书馆中国法律图书的藏书情况。从中可以看到，美国法学院之间差异很大，哈佛、康奈尔、哥伦比亚等大学拥有相当可观的中国法研究书籍，但多数法学院没有像样的中国法书籍，基本不具备利用本馆馆藏文献做中国法研究的条件。而在中国法律文献中，英文文献相对丰富，中文法律书籍在大多数法学院相当匮乏。本研究揭示了美国学界有关中国法研究的一个侧面，对中国学生、学者赴美学习和访问交流可能具有参考价值。

关键词： 法律交流；法律图书；美国法学院；中国法研究

一、问题的缘起

美国法学院有多少中国法律书呢？问这个问题，是因为我想知道，美国学者研究中国法律问题的资料来源有哪些、有多

◆ 绿竹猗猗

便利。虽然今天的研究越来越多地使用电子数据库和互联网，学者们还可以借助访谈、研讨等方式获取信息，但图书毕竟是一个重要的信息来源，多数研究课题还是离不开图书的支持。我注意到，美国的图书馆相当开放，馆际互借很发达。但馆际互借，尤其是不在同城的馆际互借，毕竟不如在本校图书馆便捷。所以，法律图书的收藏情况仍然可以作为评估美国法学院状况的一个指标，也可以作为了解美国法学研究方向的一个窗口。

虽然有数以万计的华人在美国法学院读书或者从事访问研究，但似乎极少有人专门关注过上述问题。十年前，哈佛大学法学院的图书馆员张农基女士曾经撰文介绍美国法学院有关东亚法律图书的情况。①十年过去了，情况发生了什么变化？张农基女士没有提及的众多图书馆，情况又是怎么样呢？

我决定对美国的图书馆做一番检索，为上述问题作一个初步的解答。我的检索范围为：（1）有关中国法律的书籍；（2）有关中国法律的中文书籍；（3）有关中国行政法的中文书籍；（4）中国行政法学者应松年教授的著作。

二、检索的范围和方法

（一）检索范围的界定

做检索前，有几个概念需要界定："法学院""中国法"

---

① Nongji Zhang, "Resources on East Asian Law in the United States", Journal of East Asia & International Law, Nbr. 2-2008, October 2008, pp. 311–321；张农基. 美国中国法学资料的收藏与概况. 载张海惠主编. 北美中国学：研究概述与文献资源. 北京：中华书局，2010.

"图书"。

除了国会图书馆,有关中国法律的藏书多在大学。我选择了 36 所大学,其中包括 U. S. Newsand World Report 2017 年排名前 24 的法学院,还有几所排名相对靠后但开设有中国法律课程、可能关注中国法律研究的大学。

美国大学法学院都有自己的图书馆,法学院图书馆是中国法律书的集中地。但有些大学还有其他院系或者研究机构,里面或多或少也有中国法律书。以哈佛大学为例,哈佛大学费正清中心的东亚图书馆(H. C. Fung Library)有一批中文法律书,与哈佛大学独立但关系密切的哈佛—燕京学社也有一批可观的藏书。任何一个哈佛大学学生学者都可以直接在网上索取,当天或者第二天就可以到近便的图书馆拿取。所以,从实际使用的角度,这些图书馆都可以算是"美国法学院"的图书馆。

我这里所说的中国法律书,以图书编目为准,只要包含 Chinese law 或者同时包含 China 和 law,都可能被检索到。

美国图书馆里涉及中国法律的图书,中文只是其中一部分甚至一小部分,除英文外还有少量是用法文、日文等其他语言写的。为检索来自中国的书,我把检索范围进一步限制为中文,也就是 Chinese Law in Chinese。这样所找到的中文法律图书,包括了民国时期的中文法律书和我国台湾等地区出版的中文法律书。至于从其他语言翻译成中文的法学书籍,尽管对中国法学界有重要意义,美国学界并不需要,美国的图书馆很少收藏。

"图书"包括纸质书也可能包括电子书,但不包括报刊文章。从读者使用角度,电子书和纸质书没有实质区别。各图书馆对馆藏文献的分类标准不一致,有些限定纸质书,有的明确包含电子书,有些只标明"books"而没有明确是否包含电子书。我按照各个图书馆自己的分类进行统计。这对统计结果会有影响,但影响应当不是很大。

检索时间为 2017 年 3 月 28 日至 2017 年 7 月 15 日，主要分五次完成。虽有间隔，但对检索结果应当没有实质影响。

（二）检索方法的说明

查找某一本图书相对容易，而检索某一类图书有多少种就不同了。不同图书馆有不同的检索系统，各自的检索路径和检索标准不太一样。而且，任何检索系统都受制于图书编目的工作质量。检索过程充满困惑和沮丧。

图书检索提供的检索路径通常有"书名""主题""关键词"等，有的还有"任何词条"（Any field 或者 Everything），后者是最宽泛的。原则上，我选择最宽泛的检索。但是，选择 Any field 或者 Everything 有时会出现明显不合理的检索结果[1]，这时就采用关键词或者主题检索。

在检索中国法律书的藏书量时，我先使用了"Chinese Law"作为检索词进行检索，后来又使用 China 和 law 作为检索词进行检索。这两种检索方法所得结果有的非常接近，如康奈尔大学和哥伦比亚大学；也有的差异很大，如加州大学伯克利分校，前者为 1 795 种，后者却达 7 213 种。一般来说，用 China 和 law 作为检索词获得的条目要多一些。我的原则是，取条目多的检索结果作为结果。[2] 这样可以更好反映图书馆的藏书量。

尽管这样，还是可能遗漏不少著作。例如一本讨论中国知

---

[1] 用 China 和 law 在 Any field 检索夏威夷大学图书馆的藏书，得到 52 779 条，可能偏多；而检索德州大学奥斯丁分校，得到 1 123 634 条（其中中文 17 498 条），就不着边际了。后者估计是联库检索导致的。

[2] 如果用关键词 Chinese law 检索马里兰大学图书馆的藏书，会得到 15 万多个条目，许多宽泛意义上的中国研究都被包括进去了；采取严格的关键词（即在 Chinese law 两边加引号）进行检索，得到 1 757 个条目；而使用 China 和 law 作为主题词，则得到 2 667 个条目。最后，取 2 667 这个数。

识产权问题的著作,如果在图书编目时没有使用 Chinese Law 或者同时使用 China 和 law 作为关键词,就很可能检索不到。一个可能的解决方案是同时使用 China(或者 Chinese)和 law(或者 legal),这样差不多能够穷尽所有藏书。①但这样一来,不但检索的复杂程度增加了,有的还不一定能够获得理想的结果。我最后还是决定统一使用 China 和 law 作为检索词。

(三)误差会有多大

不同检索范围和检索方法,所得结果必然会有误差。如果按照张农基女士提供的数据,哈佛大学图书馆有关中国法律的书籍达 77 428 种,其中中文书 24 279 种。而按照我前面所说的方法,有关中国法律的书籍 22 269 种,其中中文书 15 381 种。检索圣路易斯大学图书馆的藏书,如果同时使用 China(或者 Chinese)和 law(或者 legal),能够得到 4 942 个条目,其中中文书 2 729 种;而我使用 China 和 law,只得到 3 847 个条目,其中中文书 2 419 种。如果其他学校的图书管理员告诉我,他们学校的实际藏书比我检索到的还要多,我一点都不奇怪。我希望读者理解,用我检索的数据来衡量各个图书馆藏书多少,并不那么精确,甚至是有较大偏差的。

图书编目的问题有时也可能虚增了藏书数量。例如,当我用 Chinese law 为关键词检索某大学图书馆时,边栏显示的中文书有 275 种。但仔细检查,这 275 种图书有的并不是中文写的,也无关中国法律,如 China and the Chinese;也有的与中国边都扯不上,完全是编目错误,例如 IMF 组织编写的 Managing

---

① 检索圣路易斯大学图书馆,如果使用 Chinese Law 作为关键词,只能得到 825 个条目;使用 China 和 law,得到 3 847 个条目;同时使用 China(或者 Chinese)和 law(或者 legal),则得到 4 942 个条目。

Systemic Banking Crises。这不是说人家有意为之，但情况确实存在，而且不是特例。

总而言之，我检索的数据肯定有误差，但不致有量级上的误差，几千种藏书不会被说成几百种。除了检索各个图书馆有关中国法律的书籍，我还采用其他检索方法，包括在 administrative law 的主题下检索中国行政法图书以及检索特定作者的图书，不同结果可以相互比较印证。到目前为止，还没有发现不可理喻的差异。我还请教了哈佛大学法学院的图书馆员张农基女士。据她判断，美国一些法学院图书馆的中文法律书只有几十种，是完全可能的。

三、检索结果

（一）有关中国法律的书

美国各个大学图书馆中，收藏中国法律书最多的无疑是哈佛大学。哈佛大学有关中国法律书籍达 22 269 种，其藏书与国会图书馆不相上下（后者 22 709 种）。居第二位的可能让很多人想不到，是康奈尔大学，15 597 种。哥伦比亚大学居第三位，12 285 种。这三所学校构成了明显的第一梯队。

第二梯队是芝加哥大学、华盛顿大学（西雅图）、加州大学伯克利分校、耶鲁大学、密歇根大学，可能还有斯坦福大学。他们有关中国法律的书籍都在五千种到一万种之间。斯坦福大学的检索路径比较特别。我检索到的书籍只有三千余种，但从它的行政法著作和应松年著作收藏情况来看，应当不止此数。

第三梯队是爱荷华大学、圣路易斯的华盛顿大学、加州大学洛杉矶分校、乔治城大学、宾夕法尼亚大学、西北大学（芝加哥）、乔治·华盛顿大学、夏威夷大学、明尼苏达大学、圣母大学（University of Notre Dame）。他们有关中国法律的书籍都在三千种以上。还有几个学校收藏在两千种以上，大体也可以归入这个梯队。例如纽约大学、马里兰大学、范德比尔特、埃默里大学、美利坚大学，可能还有杜克大学和得州大学奥斯丁分校。

再往后的，像东北大学、弗吉尼亚大学、福德姆大学（Fordham University）、南加州大学、波士顿大学、锡拉丘斯大学。基本上，他们有关中国法律的书籍在几百种的样子。

（二）有关中国法律的中文书

各个大学图书馆有关中国法律的中文书籍，更是天差地别。多的上万，少的甚至是零。具体地说，居于第一梯队的哈佛大学15 381种，康奈尔大学9 445种，哥伦比亚大学6 979种。这与他们第一梯队的地位是完全相称的。居于第二梯队的是加州大学伯克利分校、耶鲁大学、西雅图的华盛顿大学、密歇根大学、芝加哥大学，可能还有斯坦福，也在四千多种。这与他们第二梯队的地位也是相称的（其中芝加哥大学的中文书略偏少）。居于第三梯队的，有加州大学洛杉矶分校、圣路易斯的华盛顿大学、爱荷华大学、夏威夷大学、明尼苏达大学、宾夕法尼亚大学，估计还有西北大学。他们有关中国法律的中文书也有一两千种。余下的，多为几百种或者几十种。有几个图书馆，像福德姆大学和波士顿大学，没有检索到。

哈佛大学图书馆的中文法律书可谓齐全，值得赞叹。我曾经给哈佛大学图书馆的张农基女士一份《行政法书目汇览》——我自己收集的近二十年来比较重要的行政法著作，有两百多种——

◆ 绿竹猗猗

张老师——比较，把没订的都订上了（教材谨慎选择、译著基本不订）。令我印象深刻的是，那份书目汇览上的著作，哈佛大学图书馆所缺不多。相反，一个图书馆如果只有几百种甚至几十种中文法律书，当然很难反映中国法律书的全貌。以弗吉尼亚大学为例，中文法律书共一百多种，其中一半是法规汇编，十几种辞书，学术著作杂七杂八三十来种。从该馆有关国际法、华侨侨务、各国排华历史的书籍来看，很可能有人研究过相关主题，而这些书只是出于特定研究需要订阅的。[①]有一些书，也可能是作者赠送的。

总的来说，收藏中国法书籍越多的，其中的中文书比例也越高。收藏最多的三家，即哈佛大学、康奈尔大学和哥伦比亚大学，中文书都占 2/3 以上。收藏少的，中文书 1/10 都不到。这是完全可以理解的：英文书都顾不上买，中文书就别提了。也有一些图书馆看来是出于他们的政策，基本不收中文书。例如乔治城大学、乔治·华盛顿大学和范德比尔特大学，有关中国法的书籍多达数千，但能够检索到的中文书只有几十种。

除了英文和中文，有关中国法律的书籍中往往也有其他语种的。检索哈佛大学图书馆的中国法律书，总共 22 269 个结果中，有日文 404 种，德文 281 种，法文 258 种，俄文 92 种，韩文 52 种，西班牙文 36 种，意大利文 24 种，葡萄牙文 22 种，越南文 22 种，阿拉伯文 20 种。我不知道这些书的作者是谁，他们研究的具体问题是什么。能够确定的是，哈佛大学图书馆也收藏了一些非英语国家的作者讨论中国法的书籍。从藏书的多少，也许大体上能够推测上述国家对中国法的关注程度。

有关中国法律的书籍中，中文居多是很正常的。如果换一

---

① 有意思的是，丁韪良的《万国公法》倒有多个版本，从 1864 年版（电子版）、1901 年版（电子版）到 1998 年台北出的版本（纸质版）。

个其他主题，中文书就变成"小语种"了。检索哈佛大学图书馆的行政法书籍，其中英文9 133种；往后分别是德文、法文、西班牙文，分别为2 058、1 966、1 717种，都在中文之上；再往后的是意大利文、阿拉伯文、日文、俄文、荷兰文、葡萄牙文、波兰文、韩文，也有几百上千种；而印度尼西亚文、匈牙利文、拉丁文，也有上百种。

（三）有关中国行政法的著作

我接着换了一种方法，检索有关中国行政法的中文书籍。我选择主题为administrative law、语言为中文进行检索。

检索结果与前面的分布大体相似。哈佛大学和国会图书馆遥遥领先，分别高达1 529和1 181种。其余多个大学，如康奈尔、密歇根、耶鲁、斯坦福、哥伦比亚、伯克利、华盛顿，也有三五百种。加州大学洛杉矶分校、圣路易斯的华盛顿大学和爱荷华大学，也有上百种。

反差较大的是纽约大学、宾州大学、范德比尔特大学、美利坚大学等，只有个位数。在纽约大学图书馆网站，如果检索主题administrative law、语言为中文，只能得到三条结果，分别是《元典章》《光绪会典》和《中国官制大辞典》。如果检索主题"行政法"，只有一条结果，书名却是《分税与宪政》；如果检索"行政诉讼法"，结果是零；如果检索作者"应松年"或者"SongnianYing"，结果还是零。这样的检索结果与它的中国法律中文书的藏书量（210种）也是相符的。

（四）责任者为应松年的书

为避免图书编目的误差，我再次使用一个最靠谱的办法：

作者检索。我选择的作者是行政法前辈应松年教授。选择应松年作为个案,是因为应松年教授作为中国行政法的领头学者,学术时间跨度大(从 20 世纪 80 年代中期至今),主编、编写的著作多,与他重名的人少(姓名完全重合的还没发现);还有,我对他的著作比较熟悉,很容易识别是不是他的著作。检索时,我同时使用中文"应松年"和英文"SongnianYing",检索作者(责任者,包括主编、总主编)。

哈佛大学收录应松年的著作最多,计 45 种。如果考虑到应松年教授主编的教材、法规汇编通常不属于收录范围,45 种著作的收藏量还是相当齐全的,与国内主要大学几乎可以媲美。国内收录最全的是中国政法大学(也就是应松年教授长期任教的单位),达 83 种,这可以视为应松年教授的全部著作。哈佛大学的收藏数量虽然不及中国政法大学等国内老牌法学院,但好于多数新兴的法学院,甚至好于几个名声赫赫的老牌法学院。尤其值得称赞的是,哈佛大学的收藏相当齐整。其中有他较早的著作《行政法总论》(1985 年),也有新近的著作《法治政府》(2016 年)。以我对应松年教授的了解,他的重要著作几无遗漏。这可以印证哈佛大学图书馆中国法律书的一般状况。

哈佛大学的情况被证明是特例。在它之后,就只有一二十种了,分别是加州大学伯克利分校(20 种)、哥伦比亚大学(18 种)、华盛顿大学(15 种)、耶鲁大学(12 种)以及圣路易斯的华盛顿大学(11 种)。再往下是斯坦福大学、芝加哥大学、密歇根大学、康奈尔大学和国会图书馆,五六种。收录五六种的,当然难称齐整。在我检索的 36 个图书馆中,有 21 个图书馆收藏应松年的著作是零,包括纽约大学、宾州大学、乔治城大学、杜克大学、夏威夷大学。

收藏某个作者著作的多少,不一定反映总体的中文法律书的藏书量,也可能是由于各个图书馆的收藏偏好。例如,多个大学收藏不少与中国法律有关的历史、社会、政治方面的书，但对当代法律制度的技术层面却不太在意。在当代法律制度层面，有的更关注与中国贸易、投资、知识产权等相关的具体问题，而对一般的行政法理论并无兴趣。与检索到的中文行政法著作总量相比，康奈尔大学、斯坦福大学收藏应松年的著作偏少，加州大学伯克利分校偏多，其余图书馆基本状况大体一致。

四、几个相关因素

美国各个图书馆收藏中国法律书差异很大。几个主要因素可能在于经费、研究和教学情况，以及专业的图书馆员。

（一）经费

持续、大量订购外国书籍，需要相当的财力支持。以哈佛大学为例，有关中国图书分别由校馆、法律馆以及与哈佛大学关联的哈佛—燕京学社、费正清中心等机构合作。法律馆的中国法书籍主要由哈佛大学法学院的东亚法研究中心提供。东亚法研究中心除了日本、韩国以及其他亚洲国家和地区，近年来，光用在中国图书身上大约一年 10 万美元。为了简便，图书馆订阅中国大陆的图书基本上走中国图书进出口公司的渠道。后者将封面硬化处理，每本书的进价比原价提高不少。订阅报刊比较贵，刊物每期邮寄，《法制日报》、政府公报走航空，邮寄费相当可观。缩微胶卷，往往也是一买几千美元。一些大学为了省钱，只订阅几个主要的电子数据库。

经费的限制可能是一些学校不愿意订阅中国法律书籍的重

◆ 绿竹猗猗

要原因。在过去几十年,纽约大学法学院迅速崛起,跻身美国法学院第一方阵。但它用于订阅图书的经费有限,主要用于一些必需的电子数据库,订阅中国法图书并不多,中文书更是寥寥。虽然纽约大学法学院很早就雇用了刘丽君女士那样专业的馆员,也没有改变上述局面。密歇根大学收藏了应松年教授1992年以前的著作6种,但此后再无订阅。这估计是政策调整的结果,可能也跟经费有关。

(二)研究和教学力量

在一个大学内部,也难免存在资源的争夺。即使大学有钱,是否把钱投在某个领域也是另一回事。MIT有钱,但它没有法学院,更没有中国法研究机构,就不能指望那里有什么中国法书籍。

哈佛大学、哥伦比亚大学历史久远的中国法研究机构为这两所学校带来了藏书的需求。哈佛大学法学院东亚法研究中心(East Asian Legal Studies Program)成立于20世纪60年代,美国著名的中国法学者孔杰荣(Jerome Cohen)、安守廉(William Alford)等先后担任中心主任。虽然英文名称只是一个Program,却是名副其实的中心。美国从事中国法律研究的学者,半出其门。哥伦比亚大学中国法律研究中心(Centre for Chinese Legal Studies)也是这样的情况。康奈尔大学、斯坦福大学、华盛顿大学、夏威夷大学等几个图书馆藏书不错,跟这些研究机构也很有关系。

相比之下,那些新兴法学院即使开设了中国法课程,甚至成立了中国法研究机构,在短时期内也很难拥有丰富的藏书。在这样的意义上,中国法律书籍的多少大体上可以衡量一个法学院中国法研究的实力。

(三) 专业馆员

一个良好的图书馆离不开专业的馆员。这方面哈佛大学法律图书馆的张农基女士是一个例证。张农基20世纪80年代从北京大学法律系本科、硕士毕业,后在美国读了图书馆学的硕士和法律政策与社会研究的博士。她从1990年开始担任哈佛大学法学院图书馆的助理馆员(Librarian Assistant),1996年开始负责东亚地区法律文献事务(bibliographer),是美国最资深的中国法律文献专家。她最近还完成了一部中国法学家词典的编撰。另一个例子是位于圣路易斯的华盛顿大学的罗伟先生。罗伟曾经在厦门大学法学院任教,后在美国取得J.D学位和图书和信息学硕士、法律图书管理员证书。他还出版过介绍中国法律和法律研究的著作。[①]

除了上述两位,美国多个图书馆也有了中国研究或者东亚法律研究,甚至专门中国法律领域的图书馆员。如纽约大学(刘丽君)、圣玛丽大学(胡海滨)、耶鲁大学(Evelyn Ma)、密歇根大学(Liangyu Fu)。他们大多拥有法学和文献学双重学位,而且会中文。[②]当国内许多大学还把图书馆看成安置闲人的地方,美国法学院已经有了高度专业的图书馆员,这一点让人

[①] Luo Wei, *Chinese Law and Legal Research*, Buffalo, N.Y.: W.S. Hein, 2005.

[②] 美国大学图书馆中国法律领域专业图书馆员的更多资料,参见Chinese Studies Librarians-The Council on East Asian Libraries, www.eastasianlib.org/ccm/CEAL_Chinese_List_2010_5_21_Final.xls。相关讨论,参见于丽英. 法律图书馆员的职业素质:AALL关于法律图书馆人员的能力要求. 法律文献信息与研究,2005(2);蒋隽. 中美法律图书馆差异面面观:华盛顿大学法学院图书馆技术部主任罗伟访谈录. 中国法学网 http://www.iolaw.org.cn/showarticle.asp?id=2677, 2010.

印象深刻。

一个相反的例子是美国国会图书馆。国会图书馆并不差钱，但多年以来没有一个中国法律方面的专业馆员，其收藏的中国法律书籍也难称满意。在 Administrative Law 的主题下，检索国会图书馆收藏的中文书籍，我发现，它的收录名单不能作为当代中国大陆行政法的学者榜，它收录的图书显然也不能反映当代中国大陆行政法学研究的面貌。[①]不过，这也好理解：在没有专业图书馆员的情况下，收录另一个国家、另一种语言的图书，确实是一个难事。既然无法识别哪些书值得购买，只能是东一榔头西一棒子、碰到一本是一本了。而宣传某人"多部著作被美国国会图书馆收藏"，人们也不必过于当真。

五、启示

长期以来，西方是中国学习的对象，中国则是西方观察的对象。对中国来说，这种学习的态势预计还将延续相当时间，在某种意义上甚至是永远必要的。但随着中国法治建设和法学教育的发展，中国也慢慢平视西方，努力与西方学者平等对话。我们不但想知道西方学者如何看待中国，也希望了解他们是怎样进行研究。本文就是在这种意识驱使下，试图回答的一个小小问题。

[①] 当代中国大陆行政法学中，收录最多的是江必新，8 种；杨解君、关保英，7 种。接下来是收录 4 种的，有应松年、杨海坤、梁凤云、何海波、胡建淼、戚建刚、张树义、李卫华；收录 3 种的，有姜明安、章剑生、石佑启、王学辉、黄学贤、余凌云、刘莘。我查了一下另外几位学者，收录的情况分别是：马怀德 2 种、罗豪才 1 种，沈岿、王锡锌、湛中乐 0 种。

本文的研究大体上揭示了美国法学院中国法律图书的藏书情况。从中可以看到，美国法学院之间差异很大，哈佛、康奈尔、哥伦比亚等大学拥有相当可观的中国法研究书籍，另外十几个法学院藏书也算可以，但多数法学院没有像样的中国法书籍，基本不具备利用本馆馆藏文献作中国法研究的条件。而在中国法律文献中，英文文献相当丰富，而中文法律书籍在大多数法学院是匮乏的。这部分地解释了为什么英文学术圈讨论中国法律的论文基本上只引用英文文献。美国学者从事中国法研究，除了要跨越语言的障碍外，还面临资料的局限。除了法律史等个别领域外，美国的中国法学者确实较难——如果不是不屑——同中国同行对话。

本文的研究对中国赴美学生和访问学者可能也有意义。中国学生到美国法学院读书，读的当然是美国法；即使法学院开设中国法课程，读的也是英文文献。你不能设想他们对中国法会有多少了解，也不能指望他们在美国作中国法研究。而对访问学者来说，来美国前需要考虑的是研究中国问题还是美国问题。如果研究中国问题，那么必须对美国法学院中国法图书的馆藏情况有个心理准备。除非是去哈佛大学、哥伦比亚大学这样的地方，你需要查阅的图书这里很可能是没有的。

本文的研究对于中国法学院收藏外国法律书可能也有一点启示。中国法学院已经达到六七百家之多，但大多数法学院的外国法藏书可能是极其有限的。尤其考虑到中国学界参引外国文献蔚然成风，外国文献的不足尤其让人难堪。而绝大多数法学院要解决的，不但是图书经费的问题，还有专业馆员的问题。

美国法学院有多少中国法律书，只是中美法律比较研究很细小的一个方面。而研究视角的转换、问题意识的更新，也许才是本文写作的主要意义。用同样的方式，我们也可以问：中

◆ 绿竹猗猗

国法学院有多少美国法律书呢？这种比较会是有趣的，有待今后进行。

附录：美国图书馆中国法律图书收藏情况一览表

	中国法	中国法（中文）	Administrative law	中国行政法（中文）	应松年
Harvard	22 269	15 381	26 057	1 529	45
Congress	22 709	16 847	1 802	1 181	4
Connell	15 597	9 445	12 931	528	5
Columbia	12 285	6 979	8 275	368	18
Chicago	9 101	3 926	18 702	295	5
Washington in Seattle	7 894	4 277	4 115	302	15
Berkley	7 213	4 655	8 776	353	20
Yale	6 600	4 331	19 709	481	12
Michigan	5 151	4 019	3 018	504	6
Iowa	4 864	1 786	11 091	135	6
Washington in St. Louis	4 178	2 462	5 570	135	11
Georgetown	4 131	180	2 644	11	0
Pennsylvania	4 129	1 045	6 028	6	0
UCLA	93 812①	2 614	3 347	179	4
Northwestern	3 676	—	35 819	0	0
George Washington	3 666	185	3 464	40	2
Stanford	3 584	1 474	12 715	465	6
Notre Dame	3 129	361	5 218	27	3
Hawaiiat Mānoa	3 003	1 240	—	48	0
Minnesota	2 983	1 217	4 058	45	2
NYU	2 981	210	4 215	3	0

---

① Keywords everywhere 6 210 (in Chinese 2 959).

144

续前表

	中国法	中国法（中文）	Administrative law	中国行政法（中文）	应松年
George Mason	2 750	97	1 536	6	0
Maryland	2 667	566	—	10	0
Vanderbilt	2 654	71	9 927	4	0
Emory	2 632	294	2 002	17	0
American	2 022	204	247	4	0
Duke	1 833	170	8 229	49	0
Austin	1 736	428	9 943	16	0
Syracuse	1 042	73	—	3	0
Northeastern	868	128	1 141	0	0
Fordham	820	0	—	0	0
Virginia	763	105	4 399	3	0
Northwest	756	71	3 078	0	0
Boston	731	0	5 003	0	0
USC (Gould)	721	205	4 864	43	0
Vermont	672	2	—	0	0
Indiana	—	—	—	—	0

司法能动主义视野下的同性婚姻和平等保护
——基于欧伯格费案的讨论

汪庆华（北京师范大学法学院教授）

摘要：美国宪法上的婚姻权实乃联邦最高法院基于司法能动主义经由正当程序条款而创设的未列举基本权利。欧伯格费案确认了同性婚姻合法化，该案也引发了广泛的争议。但它并不像反对者所描述的那么激进，它不过遵循先例，将婚姻权这一未列举基本权利平等地适用于同性伴侣而已。美国同性婚姻合法化有其学说、规范和方法的基础，可以分别从同性权利的法律演进史、未列举基本权利的平等保护和宪法解释方法这三个方面予以证成。对于欧伯格费案是司法能动主义产物的批评，文章从经验角度为司法能动主义正名，并揭示了该案背后的司法哲学之争的实质。围绕司法能动主义的争议的核心问题在于司法和民主的关系。司法能动主义不仅没有僭越民主，实际上具有促进民主的功能。

关键词：司法能动主义；同性婚姻；正当程序；平等保护

美国联邦最高法院在历史上不止一次以积极的姿态介入社会议题，突破法律形式主义的框架，从而顺应时代潮流，回应民众诉求。1954年的布朗诉教育委员会案[①]确立教育领域种族平等，从法律上废除了公共领域的种族隔离制度。[②] 布朗案引发了南方种族主义者激烈地反对。为了执行这一判决，在1957年的小石城事件中，艾森豪威尔总统不得不派出101空降师维护小石城的秩序，由军人护送黑人学生进入学校。不唯如此，1965年的格里斯沃德案中，最高法院创设了隐私权这一未列举权利，宣布康涅狄格州禁止夫妻使用避孕药具的法律因侵犯"婚姻隐私"而无效。[③] 1973年的罗伊判决确立了女性堕胎的权利。罗伊案引发的对立迄今未衰，支持者和反对者之间的分歧日渐扩大，冲突也益发尖锐，至今不息。[④] 而2015年6月的欧伯格费案（Obergefell v. Hodges）[⑤] 则是这一司法能动主义传统的继续和发展。该判决明确，各州应当为同性伴侣颁发结婚证书。作为基本权利，婚姻权不限于异性婚姻，同性婚姻和异性婚姻受法律的同等保护。判决甫一公布，肯塔基州州长即于

---

　　① 赫伯特·韦斯勒（Herbert Wechsler）于1959年在哈佛法学院的霍姆斯讲演中提出了最高法院审理宪法案件应当遵循中立原则，摒弃任何以个人价值强加于立法机关以及一般人民的做法。他赞同布朗案的判决结果，但对最高法院用社会科学、主要是心理学的研究成果作为裁判理由的做法提出了批评。他提出应当以结社自由（freedom of association）作为废除种族隔离的宪法基础。这个思路的确比布朗案的进路更具法律上的说服力。Herbert Wechsler, Toward Neutral Principles of Constitutional Law, 73 *Harvard Law Review* 1 (1959).

　　② 对于通过法院改变社会议程，推动社会进步的说法也不乏质疑。杰拉德·罗森伯格（Gerald N. Rosenberg）在《空想：法院能带来社会变革吗?》一书中就指出，如果没政治上的跟进、公民支持以及守法的动力，法律规则本身的变化并不能够带来重大的社会变革。参见Gerald N. Rosenberg, *The Hollow Hope: Can Courts Bring About Social Change*, University of Chicago Press, 1991.

　　③ See 381 U. S. 478 (1965).

　　④ 参见方流芳．罗伊判例：关于司法和政治分界的争辩——堕胎和《美国宪法》第14修正案的司法解释．比较法研究，1998（1）．

　　⑤ 576 U. S. _(2015).

2015年7月下令,户政人员应当依法为同性伴侣核发结婚证。尽管如此,同性婚姻的反对者仍不惜以身触法。在最高法院宣布全美同性婚姻合法化后,肯塔基州罗恩县的户政主管金姆·戴维斯以《宪法第一修正案》保护其宗教信仰自由为由,向最高法院提起诉讼,要求法院颁发紧急延缓令,允许她拒发结婚证书给同性伴侣。2015年8月31日,最高法院作出裁决,驳回戴维斯的诉求。但这并没有改变戴维斯维护自己宗教信仰的坚定立场。2015年9月1日上班期间,她依旧将多对同性伴侣拒之门外。戴维斯此后因藐视法庭罪而入狱。①

欧伯格费案本身蕴含着法律和政治的分野、司法和立法的制衡、传统和进步的冲突。它全面而生动地演绎了成文宪法的意义和局限,宪法解释理论之间的竞争和诘难。它更进一步引发人们对司法和民主关系的反思。本文首先经由司法学说的演变揭示了美国同性恋权利如何发展到同性婚姻权的。随后展现了多数意见的学说基础和理论证成。婚姻权是美国最高法院在晚近历史上经由正当程序条款而创设的未列举权利,欧伯格费案将该权利平等地运用到同性和异性。这一判决基于遵循先例的原则,依据《宪法第十四修正案》而作出。尽管从后果上它是对此前确立婚姻权的司法能动判决的强化,但这一判决本身并不像它表面上看来那么激进。对于持反对意见的大法官基于原旨主义、文本主义对法院判决的批评,本文第三部分从活的宪法和体系解释的视角予以了回应,并运用德沃金的权利理论反驳了政策进路和法律实证主义者对同性婚姻合法化的可能挑战。基于"正当程序"条款创设未列举权利,并运用平等保护条款来确保此"基本权利"不受侵

---

① 金姆·戴维斯因宗教信仰而反对同性婚姻,藐视最高法院判决,不惜以身试法,一度成为美国媒体关注的热点。关于此事件的报道,可以参见"Kentucky clerk ordered to jail for refusing to issue gay marriage license", *Washington Post*, September 3, 2015.

犯是司法能动哲学的具体表现。少数派大法官由此指控最高法院犯了司法能动主义、僭越立法的严重错误。为了严肃对待这一主张，文章第四部分为司法能动主义正本清源，指出美国宪法历史上保守的司法能动主义和自由的能动主义几乎一样激进和普遍，美国保守派关于欧伯格费案是司法能动的指责因此变得空洞而虚伪。就功能而言，司法具有的促进民主的功能，回应了司法能动主义反民主的指控。文章指出欧伯格费案对于平等保护含义的实质性扩展，并重申了最高法院的民主促进者角色。

一、美国同性婚姻的法律史演进

同性性行为在美国经历了污名化、入罪，去污名化、除罪，主流化、正名的过程。同性性行为历史漫长，而在法律层面上争取同性伴侣婚姻权的努力不过始于最近四十年。同性婚姻法律诉求是同性恋实现同性性取向社会主流化和同性恋身份社会主流化努力的一部分。尽管在一些细节上有所出入，普遍而言，美国法律界和学术界都同意，不分民族、种族、性别或宗教，所有的人都享有法律平等保护的权利。但是，当问题转向同性恋的时候，对于他们/她们是否应当享有和异性恋同等权利，具有同样的公民身份，则共识破裂，歧见迭出。

梳理美国最高法院欧格伯费判例之前关于同性恋问题的相关判决，我们可以看到存在从宪法认可同性性行为之惩治、宪法禁止污名化同性恋群体到同性性行为除罪化之最终实现这样一个过程。当成人基于双方同意的同性性自由被除去了法律的污名，那么同性婚姻就成为争取同性权利需要攻克的最后一个法律堡垒。

（一）同性性行为除罪化的历史

在 1986 年的 *Bowers v. Hardwick* 案[1]中，被告因和另一男性在房间内的性行为而被指控违反了佐治亚州的反鸡奸法。最高法院判决维持了该法，最高法院认为并不存在同性性行为这种宪法权利，被告也无法引用传统来证立同性性行为是基本权利。基于上述理由，佐治亚州的法律被确认合宪。同性性行为社会污名化得到了宪法的最终确认。

10 年后，最高法院在 1996 年的 *Romer v. Evans* 案[2]中推翻了科罗拉多州宪法涉及同性恋的歧视性条款（该条款明确禁止对同性恋的任何立法、司法和行政的保护）。安东尼·肯尼迪大法官主笔的多数意见指出，该条款使得同性恋遭受到法律的不平等对待，这种立法目的完全不能接受，因为州政府不应让某一类人成为法律边缘人。该案同时指出，性倾向并不是可疑或者准可疑分类。肯尼迪大法官在 *Romer* 案中的立场也预示了 20 年后的 2015 年由他主笔的欧伯格费案最高法院的态度：将同性婚姻置于实质正当程序意义上的基本权利的范围，并运用平等保护的严格审查标准（The Fundamental Interests strand of Equal Protection Strict Scrutiny）来判断对同性婚姻的排斥，而不是运用可疑分类或准可疑分类来激活严格审查标准。

在 2003 年的 *Laurence v. Texas* 案[3]中，美国最高法院以 5∶4 判决推翻了 *Bowers v. Hardwick* 案，宣告得克萨斯州的同性性行为入罪的鸡奸法违宪而无效，实际后果是使得所有的将基于同意的成年人鸡奸行为入罪的州法无效，从而使得几百年

---

[1] 478 U. S. 386 (1986).
[2] 517 U. S. 620 (1996).
[3] 539 U. S. 558 (2003).

来饱受攻击、长期污名化的同性性行为获得与异性性行为同样的法律对待。最高法院认为，私密的基于同意的性行为是受《宪法第十四修正案》正当程序条款所保护的自由的重要内容。在这里，最高法院以司法能动主义的立场，运用实质正当程序的原理，拓展了《宪法第十四修正案》中所提到的"自由"一词的内容。当 Bowers 案被推翻，同性性行为除罪化，同性婚姻获得宪法的批准和全面承认就只是时间问题了。这其实是一个从基于同意的成人性行为自由到同性身份认同的演变过程。

（二）同性婚姻合法化之进程

从 20 世纪 70 年代早期，在美国，同性伴侣就开始提起诉讼以争取同性婚姻的权利。在州层面，最早认为禁止同性婚姻违反平等保护原则的是夏威夷，该州在 1993 年的判决中承认了同性伴侣的婚姻权。夏威夷的选民们显然被这一判决所震惊，后来他们通过修改宪法的方式授权立法机关将婚姻限定于异性之间。无论如何，同性婚姻合法化问题从此进入了宪法议程的最前沿。2000 年，佛蒙特州最高法院判决认定，同性伴侣有权获得除婚姻形式之外的这一制度所有的法律利益。基于此，佛蒙特州立法机关创设了"民事结合"（Civil Unions）制度，无论是异性还是同性伴侣都可以利用，这使得同性伴侣得以形成法律上的婚姻关系。"民事结合"包括共同抚养孩子、在关系中止的时候获得赡养费、具有家庭医保的资格以及其他的法律权利。① 2003 年，马萨诸塞州最高法院判决同性伴侣有权结婚，并要求州议会在 180 天内寻求具体解决方案。2006 年，新泽西

---

① Evan Gerstmann, *Same-Sex Marriage and the Constitution*, Cambridge University Press, 2004, p. 4.

州最高法院作出了支持同性婚姻的判决。① 当欧伯格费案诉诸最高法院的时候，美国已经有 36 个州，外加哥伦比亚特区承认同性婚姻的合法性。

美国联邦政府在这一问题上逆势而动。1996 年，国会通过《婚姻保护法》，该法将婚姻定义成男性和女性的结合，配偶指的是丈夫和妻子。该法还规定，即使州允许同性婚姻，同性伴侣也不能基于婚姻而获得任何联邦的权利和利益。《婚姻保护法》中关于婚姻和配偶的定义被 2013 年的 *United States v. Windsor*② 所推翻，联邦最高法院认为该定义违反了《宪法第十四修正案》。但是，在该案中，联邦最高法院并未给出婚姻的定义，仍将婚姻的定义权留给了各州政府。

到 2014 年 11 月，美国联邦第四、第七、第九和第十巡回上诉法院都判决认定，各州禁止同性婚姻为违宪之举。但是联邦第六巡回上诉法院认为它要受到 *Baker v. Nelson* 案③的约束，州禁止同性婚姻合乎宪法。在 *Baker v. Nelson* 案中，明尼苏达州高等法院将婚姻限定在异性之间。之后，Baker 上诉到联邦最高法院，最高法院驳回了上诉。Baker 案的先例效力在不同联邦法院具有争议。第六巡回上诉法院认为它受到该先例的拘束。就各联邦上诉法院的判决来看，不同联邦司法管辖区就同性婚姻合宪性问题也存在不同见解，这使得联邦最高法院对这个问题的审理变得不可避免。④ 在这样的背景之下，最高法院受理了欧伯格费案。

---

① 郭晓飞. 中国法视野下的同性恋. 知识产权出版社，2007：182 注释 1.
② United States v. Windsor, 570 U. S. _ (2013).
③ 291 Minn. 310, (1971).
④ https://en.wikipedia.org/wiki/Obergefell_v._Hodges，最后访问日期：2016 年 1 月 17 日。

二、未列举基本权利的平等保护

欧伯格费案是对一系列同性婚姻案件的集中审理。这些案件来自密歇根、肯塔基、俄亥俄和田纳西州,所有这些州都将婚姻定义成男人和女人的结合,而且所有这些州都在联邦第六巡回上诉法院的司法管辖区内。原告是 14 对同性伴侣,另外还有两位其伴侣已经去世的男性。被告是州负责实施婚姻法的官员。原告声称被告由于否认他们结婚的权利,或者否认在其他同性恋合法化的州缔结婚姻的法律效力从而违反了《宪法第十四修正案》。上诉人在其所在州的联邦地区法院提起了诉讼并获胜。被告上诉到联邦第六巡回上诉法院,第六巡回上诉法院对以上案件进行合并审理,推翻了地区法院的判决。上诉法院认为,各州没有宪法义务为同性伴侣核发结婚证书或者承认他州同性婚姻的效力。依据上诉人的申请,最高法院发布调卷令对此进行了审理,于 2015 年 6 月 26 日作出判决,撤销了联邦第六巡回上诉法院的判决,推翻了 *Baker v. Nelson* 案,宣告各州基于《宪法第十四修正案》有义务承认同性婚姻。① 多数意见书由安东尼·肯尼迪大法官主笔。②

---

① 576 U.S. _(2015).
② 安东尼·肯尼迪于 1988 年被里根总统任命为最高法院大法官,他一般被看成保守派阵营的成员,但他在民权、环保、赋予关塔那摩监狱的因犯以诉权等方面和自由派大法官们站在了一起。Why the next Supreme Court vacancy will favor liberals, no matter who retires, *Washington Post*, 2015, Dec. 31, https://www.washingtonpost.com/opinions/why-the-next-supreme-court-vacancy-will-favor-liberals-no-matter-who-retires/2015/12/31/12828dce-978b-11e5-8917-653b65c809eb_story.html? hpid=hp_no-name_opinion-card-f%3Ahomepage%2Fstory。最后访问日期:2016 年 1 月 30 日。

持多数意见的大法官除了安东尼·肯尼迪，还有斯蒂芬·布雷耶、索尼娅·索托马约、露丝·金斯伯格和艾琳娜·卡根。其中，三位女大法官全都赞成同性婚姻的合法化。约翰·罗伯茨首席大法官、安东宁·斯卡里亚、克拉伦斯·托马斯和萨缪尔·阿理托大法官分别发表了反对意见书。多数意见书从实质性正当程序（未列举基本权利）的法理论证婚姻权乃公民之基本权利，同性伴侣的此一基本权利受到宪法的平等保护。

（一）正当程序

当争辩同性伴侣应当拥有和异性伴侣同等的婚姻权利的时候，其实有一个预设的前提，婚姻是宪法所保护的基本权利。就美国宪法而言，这并不是理所当然的。毋宁说，婚姻权是最高法院大法官们的发明，是司法能动主义的产物。美国最高法院在其建立初期的一百三十余年中，婚姻从来都没有被看成任何宪法意义上的基本权利。当法院偶尔提到"婚姻权"时，它指的也是个人达到一定年龄以后，可以按照州法结合。在整个19世纪，婚姻被看成普通法的权利，而不是宪法权利。因此，当州立法机关认为合适的时候，它可以通过立法来改变普通法。这一事实很容易理解。因为在当时未列举权利的概念都还没有出现，所以不可能会存在以未列举权利为基础的婚姻权。[①]

1865年，国会通过《宪法第十四修正案》，规定非经正当法律程序任何州不得剥夺任何人的生命、自由和财产。到19世纪行将结束的时候，最高法院开始认真对待《宪法第十四修正案》中的正当程序同样保护某些未列举权利免于州政府的干预

[①] Evan Gerstmann, *Same-Sex Marriage and the Constitution*, Cambridge University Press, 2004, pp. 74-75.

的问题。《宪法第十四修正案》中的"自由"不仅包括《权利法案》中明确列举的权利,还包括权利法案未明确列举的权利。这一扩张解释、创设未列举权利的进路在美国宪法理论中被概括称之为"实质性正当程序"①。1905 年洛克纳(Lochner)案为实质性正当程序的典型判决。在该案中,最高法院以侵犯契约自由为名推翻了纽约州保护面包工人劳动权益、规定工作时限的立法。该案将契约自由解释成《宪法第十四修正案》正当程序所保护的"自由"的内容之一。该案被看成以实质正当程序为自由竞争资本主义保驾护航。这一判例与当时社会发展的客观情势相冲突,与民众的一般社会期待相背离,其结果是导致实质正当程序名声扫地。实质正当程序在最高法院此后的司法过程中一度衰落,但在 20 世纪 60 年代中期又开始兴起。1965 年确立婚姻隐私权的格里斯沃德案中,道格拉斯大法官执笔的多数意见书诉诸《宪法第一修正案》和《权利法案》中有关刑事程序的诸多具体条款而不是正当程序条款作为论证隐私权的规范基础。② 道格拉斯大法官指出权利法案存在阴影区域。各种具体条款中的保障创造了隐私的领域。婚姻是隐私权的内容。③ 尽管道格拉斯试图在说理上和洛克纳案的实质正当程序进路予以区分,格里斯沃德案仍然被看成实质性正当程序的产物。④ 到 1973 年的罗伊诉韦德案时,实质性正当程序被直接用

---

① 关于美国最高法院实质性正当程序的起源和演变的考察,参见余军. 正当程序:作为概括性人权保障条款. 浙江学刊,2014 (6).
② 郭晓飞. 求同存异与求异存同:同性婚姻的宪法之纬. 环球法律评论,2005 (5):63.
③ 381 U. S. 486 (1965).
④ 斯图尔特大法官指出,"康涅狄格州禁止使用避孕药具的立法并没有违反任何具体的宪法条款,那么在我看来清楚不过的是,格里斯沃德的判决可以被合理地理解成其理由是康州的立法实质性地侵犯了【正当法律程序保护的】'自由'。这样一来,格里斯沃德案就可以被看成基于实质正当程序进行判决的系列案件之一"。Roe v. Wade,410 U. S. 113 (1973) Stewart J. Concurring Opinion.

来证成堕胎权这一未列举的基本权利。

婚姻权是最高法院在过去五十年来的司法实践中,以实质性正当程序为基础,基于权利本位观念而延伸保护的一种权利。最高法院于 1942 年宣告对累犯进行绝育手术的立法违宪[①],1965 年明确了婚姻隐私权[②],1967 年废除禁止种族通婚的法律。[③] 如果说这一时期宪法意义上的婚姻权处于一个萌动阶段,那么 1978 年的 Zablocki v. Redhail 则完全确立了婚姻作为宪法基本权利的不可动摇的和不可置疑的地位。最高法院在该案中指出,"婚姻权具有根本重要性,"并强调"格里斯沃德案等一系列案件已经证明婚姻权是隐含于正当程序条款中的根本'隐私权'的一部分。"[④] 1987 年的 Turner v. Safley[⑤] 对此予以进一步确认。

欧伯格费案多数意见重申了《宪法第十四修正案》正当程序条款作为未列举权利的规范基础[⑥],指出正当程序条款"扩展到对一些对个人尊严和自治来说具有核心意义的个人选择,包括决定了个人身份和信仰的亲密关系"。最高法院更基于 Loving v. Virginia,Zablocki v. Redhail,Turner v. Safley,M. L. B. v. S. L. J.[⑦],这类先例,明确婚姻权作为宪法权利的地位。欧伯格费案的多数意见认为,婚姻权是美国公民的基本权利。同性婚姻是婚姻的一种形式,因此否决这种婚姻形式的法律无效。多数意见主要

---

① Skinner v. Oklahoma,316 U. S. 535 (1942).
② Griswold v. Connecticut,381 U. S. 478 (1965).
③ Loving v. Virginia,388 U. S. 1 (1967).
④ 434 U. S. 374 (1978).
⑤ 482 U. S. 78 (1987).
⑥ 余军基于美国最高法院以正当程序条款证立新型权利的判例为基础,归纳出三种类型:源于历史传统中的正义原则而保护的权利,因权利本位观念而保护的权利,因程序性正当程序而保护的权利。余军. 正当程序:作为概括性人权保障条款. 浙江学刊. 2014(6).
⑦ 519 U. S. 102,116 (1996).

是从个体基本权利的角度,而不是从群体可疑分类的角度去阐释同性婚姻的权利的。同性恋并非孤立而隔离的少数群体,无法基于整体享有和黑人或其他少数种族同等程度的保护。将同性恋视为可疑分类从而适用严格审查标准的道路不通,但还好有个体主义的基本权利的蹊径可走。如果婚姻是宪法上的基本权利,当政府对这种权利课加负担的时候,政府的行为同样要受到严格审查标准的约束。

多数意见认为婚姻权是公民的基本权利,它包含了和自己喜欢的同性或者异性结合的权利,而政府对同性婚姻进行区别对待的时候侵犯了这一基本权利,且无法满足严格审查标准的要求。多数意见列举了四大支持同性婚姻的理由。[1] 婚姻领域的个人选择是个人自治的固有内容。[2] "正如堕胎、家庭关系、生育还有抚养方面的问题都受宪法的保护一样,婚姻是一个人能作出的最亲密的决定,同样受到宪法的保护。如果承认家庭生活各个方面受到隐私权的保护,却不承认缔结作为我们社会基石的婚姻关系的权利,这将是自相矛盾的。"[3] 在创设隐私权的格里斯沃德案中,最高法院已经强调了婚姻和隐私、个人自主的紧密联系。"婚姻是两个人走到一起。它可能美好,也可能很糟糕。但人们都渴望其天长地久。婚姻带来的亲密关系到了神圣的程度。这种结合改变了生活方式,但它不是生活的理由。它是生命的和谐,而不是政治信仰。它是双向的忠诚,而不是一种商业的或社会性的过程。它是一种和我们一生中最高贵的

---

[1] 关于多数意见的简要介绍和评论,可以参见黄明涛. 同性婚姻判决的宪法学分析——解读欧伯格菲案的多数意见. 中国法律评论, 2015 (4).

[2] Frank Michelman, "The Supreme Court, 1985 Term-Forward: Traces of Self-government," 100 *Harv. L. Rev.* 4 (1986). Louis Henkin, "Privacy and Autonomy," 74 *Colum. L. Rev.* 1410 (1974)

[3] 576 U. S. _(2015).

那些决定具有同等程度高贵的结合"①。其次，婚姻作为个体联合的一种形式，具有无与伦比的重要性，它是公民的最基本的权利。适龄公民具有选择其结合对象的权利。再次，婚姻有助于保护家庭和儿童。婚姻提供了基于儿童利益永久性和稳定性的制度。不承认同性伴侣可以结成婚姻，那么就没有婚姻所能提供的认可、稳定和可预期性，在这种环境下成长的孩子将承受着污名。最后，婚姻乃社会秩序的基石。多数派在强调婚姻所具有的社会秩序建构功能的时候，实际上是在回应来自于社会保守力量的质疑和潜在担忧。同性婚姻之所以在美国成为左右之争的标志性社会议题，主要原因就在于美国清教传统以及保守的教徒基于宗教原因对同性恋持有的反对立场。

（二）平等保护

欧伯格费案多数意见在对婚姻是宪法权利作出肯定回答以后，必须面对第二个问题：如果美国宪法中存在着婚姻权，这种婚姻权是否应当为异性伴侣和同性伴侣平等享有？法律本身就是以分类为基础的，对不同的事物、群体和领域进行不同的对待。所以当我们问平等保护的时候，需要追问的是关于什么的平等。欧伯格费案作为同性婚姻案，其核心争点在于以性取向作为进入婚姻的资格是否具有合宪性。而原告所要争取的则是同性伴侣享有和异性伴侣同样的婚姻权，不应当将性取向作为获得婚姻资格的条件。

美国最高法院基于《宪法第十四修正案》平等保护条款，针对不同的分类发展出相应的审查标准。具体而言，就是在种

---

① Griswold v. Connecticut，381 U. S. 464 (1965).

族等可疑分类的案件中，实行严格审查标准。这意味着政府必须是为了追求压倒性的利益，政府采取了实现这一目标的对公民权利限制最小的手段。而且政府要承担举证责任。而性别分类，则采用中度审查标准。要通过这一审查标准，法律必须是为了追求重要的利益，而且立法和目的的实现之间存在实质性关联。① 经济领域的分类，采用合理审查标准。种族分类之所以采用严格审查标准是因为黑人等种族作为"隔离而孤立的少数"无法通过参与政治过程而改变自己在法律上的不利处境，所以需要通过司法对针对他们进行区别对待的立法予以特别严格的审查。而女性尽管历史上遭受各种不公对待，但她们构成了选民人口的一半，她们的政治力量和男性可以相匹敌。因此性别分类属于准可疑分类，针对女性的歧视将受到中等程度的审查。经济领域仍然采用尊重政府判断的立场，实行合理性的审查。最高法院认为经济领域的决定涉及政策问题。只要政府的相关措施能够满足合理性的要求就可认定为合宪。

平等保护类型化的审查标准以及运用平等保护条款防止对未列举权利的侵犯和限制是 1938 年的卡罗琳案脚注四②效果中的一部分。脚注四对基本权利的解释引发了美国宪法结构性的转变，它是平等保护司法审查标准类型化的滥觞。在卡罗琳案之后，平等式民主观取代了自由市场理念，成为宪法自由的基础。③ 在经济领域，司法确认积极干预国家的政治现实，放弃了一百五十年来以契约和财产为中心的权利保护。因此，司法对经济领域的分类采取合理性审查标准，对政府的经济管制行

---

① Craig v. Boren，429 U. S. 190 (1976).
② United States v. Carolene Products，304 U. S. 144，脚注四 (1938).
③ Bruce Ackerman, *We the People*, Harvard University Press, 1991, pp. 129-130.（中译本参见布鲁斯·阿克曼. 我们人民：奠基. 汪庆华，译. 北京：中国政法大学出版社，2013：137-138.）

◆ 绿竹猗猗

为几乎是一路绿灯。相应地，它提出了政治过程是后新政时代民众的核心论坛，而政治过程的开放性是最高法院必须要特别予以关注的目标。脚注四强调应当向所有公民平等地分配参与政治过程的机会——投票、信息等等。它更进一步指出，法院还必须确保政治输出的公平，必须要用司法过程保护"隔离而孤立的少数族群"免于多数派的"偏见"①。此后在涉及种族隔离的案件中，最高法院发展出了严格审查标准。

最高法院还在涉及投票权②、接近司法程序和跨州迁徙等基于实质正当程序条款发明的"基本权利"上适用严格审查标准。但这些权利并不是基于任何宪法的文本本身，否则原告根本就没有必要诉诸平等保护条款了。这些未列举基本权利的平等保护由沃沦法院所开创，而伯格法院萧规曹随，并没有进行进一步的拓展，伦奎斯特法院甚至对跨州迁徙的权利进行重述和限缩，认为它们不是"基本权利"和平等保护的案子，而是联邦主义和联邦公民特权和豁免的案件。③

---

① 1938年，最高法院在 United States v. Carolene Products 中认为禁止在州际间运输加入植物油的脱脂乳的联邦立法合宪，能够满足合理的审查标准。在推导其结论过程中，斯通大法官在脚注四中指出存在一些和本案进行区分的需要采取更严格审查标准的情形。"现在也不需要去考虑，那些限制政治过程的立法相较于大部分其他类型的立法应当要基于第十四修正案的对政府的更具普遍性的约束到受到更为严格的司法审查，这些政治过程通常是被期待用来废除不让人满意的立法的。比如对投票权的限制；对信息传播的限制；对干预政治组织的限制；以及对和平集会的限制。我们现在不需要考虑对于那些针对具体的宗教、民族或者种族上的少数群体的法规的审查标准；也不需要考虑针对隔离而孤立的少数群体（discrete and insular minorities）的偏见是否是一个具体因素，其倾向于严重损害通常是作为少数群体之保障的政治过程的运作，这样一来它也就需要一种与其相对应的更为严格的司法审查。"304 U.S. 144，脚注四（1938）。

② Harper v. Virginia State Board of Elections，383 U.S. 663 (1966) 废除了将人头税作为投票权前提的弗吉尼亚州法。

③ Kathleen M. Sullivan & Gerald Gunther, *Constitutional Law* (14th Amendment), Foundation Press, 2001, pp. 794-862.

欧伯格费案多数意见并不认为同性性倾向是可疑或准可疑分类。多数意见采取的是基本权利思路，运用平等保护条款下的严格审查标准去捍卫基于实质正当程序而创设的婚姻权。既然同性伴侣和异性伴侣同样享有婚姻权，那么对这一基本权利进行区别对待的法律无法满足严格审查标准的考验。

多数意见将未列举权利平等保护拓展到同性婚姻领域，这导致了保守派法官的激烈反对。其实最高法院在一系列先例中，已经将未列举权利的平等保护拓展到家庭领域的各个方面。多数意见不过将其进一步推衍到同性婚姻，同时运用正当程序条款和平等保护条款这两个条款作为论证的基础，来证明自由和平等保护之间具有一种相互促进对彼此意义理解的功能。多数意见指出，"在解释平等保护的时候，新的洞察和社会理解可能结束我们的基本制度中存在的一度为人们习焉不察，认为理所当然的无法证成的不平等"[1]。罗伯茨首席大法官主笔的反对意见对第一个问题并没有不同观点。罗伯茨并不反对美国宪法存在婚姻权这一未列举权利，但他反对将这一权利平等适用于同性伴侣。

罗伯茨主笔的反对意见的立场无法在逻辑上自恰。在未列举权利问题上，保守派的法官们采取了司法能动主义的态度。他们和多数派站在了同一战线，认可最高法院采取积极的态度，基于正当程序条款发现新的权利类型，因为这种权利和他们一贯的政治立场吻合。但在婚姻权的身份建构上，少数派法官反对同性伴侣获得配偶的身份及其相关法律权益，少数派固守他们心目中的婚姻"传统"，和多数派坚决死磕，认为多数派的判决在摧毁美国社会的稳固基础，消灭美国社会的核心价值，僭越法官的职权，就公共政策直接立法，破坏了联邦主义。在这

---

[1] 576 U.S. _(2015).

个问题上他们采取了捍卫州权、对各州立法予以高度尊重的态度，不遗余力地抨击多数派法官的立法者心态。保守派的法官们认为，多数意见实际上是用最高法院关于婚姻的认知统一了各州在这个问题上的立场和看法。这是用联邦政府的意志代替了各州人民的意志，破坏了联邦主义尊重各州差异的意图。而且诉诸历史可知，在美国南北战争之后制订的《宪法第十四修正案》的目的就是要用民权去限制州权，新政革命之后，管制性国家成为常态，公民身份的扩张及其定义实质上已经联邦化。而同性婚姻合法化是这个进程的最新进展。保守派的法官们采取了司法消极主义的态度。保守派法官在同一案件中游移于司法能动与司法克制之间，司法哲学上左支右绌，但他们保持了价值选择的一贯性：捍卫传统家庭价值观。家庭价值是美国保守主义的王牌之一。为了这一王牌，不惜牺牲逻辑的融会贯通。

欧伯格费案的少数派法官在反对同性婚姻的时候，在方法论上基本上是秉持着原旨主义或称文本主义的进路，和多数派采取的活的宪法或称体系解释进路形成了巨大的差异。但原旨主义在理论上很难成立。如果宪法解释以立宪或者宪法修正时的宪法规范含义为依归，那么最高法院必须要放弃民权革命以来的诸多人权成就。《宪法第十四修正案》制定的时候，国会议员们显然无意通过该修正案去废除公共领域的种族隔离制度。[1]而当代美国最高法院中最保守的大法官也不会认为应当要推翻布朗诉教育委员会案，从而回到普莱西诉弗格森[2]所确立的种族隔离时代。

---

[1] 亚利山大·M·比克尔在关于《宪法第十四修正案》的经典研究中，基于国会的辩论记录和当时北方广泛存在的种族隔离的实践指出，当时的国会显然无意通过《宪法第十四修正案》来取消种族隔离制度。Alexander M. Bickel, *The Original Understanding and the Segregation Case*, 69 Harv. L. Rev. 1 (1955).

[2] Plessy v. Furguson, 163 U. S. 537 (1896).

三、宪法解释方法与同性婚姻

（一）原旨主义（Originalism）和活的宪法（Living Constitution）

原旨主义是美国宪法解释的一个重要流派，它奉行宪法规范的含义在规范制定的时候就是已经固定的（fixed）政治哲学。一般认为这一解释方法在 20 世纪 80 年代的兴起和罗伯特·H. 博克[①]有极大的关系。在里根总统提名博克（Bork）为大法官被参议院否决之后，美国政治左右对立更趋严重，原旨主义的解释方法和政治哲学在政治保守派中获得相当市场。原旨主义有两个支流：原初意图派和文本主义者。原初意图派主张宪法的解释应当和宪法制定者和批准者的意图相一致。而文本主义者认为宪法的解释应当和宪法通过时普通人对于宪法文本的一般意义的理解相一致。

欧伯格费案判决时，美国最高法院的九位大法官中克拉伦斯·托马斯（Clarence Thomas）和安东宁·斯卡利亚（Anto-

---

① 罗伯特·H. 博克（Robert H. Bork）是美国著名的保守派法学家，1987年被里根总统提名为大法官候选人，但其原旨主义的立场在美国国会和美国社会引发极大反弹，导致其提名最后被联邦参议院所否决。这一事件的后果是使美国最高法院大法官的提名和任命变得更为政治化，党派政治对最高法院的影响表面化。当事人对该事件的描述，参见 Bork, *The Tempting of America*: *The Political Seduction of Law*, Touchstone, 1990. 来自自由派的观点，参见 Ronald Dworkin, *Freedom's Law*: *The Moral Reading of the American Constitution*, Harvard University Press, 1996, pp. 265-305. 在该书中，德沃金用了三章的篇幅讨论博克任命事件。德沃金认为在任命大法官的时候，应该要检视他以往的法律哲学，而基于此，不应任命博克为大法官。

nin Scalia)① 都是原旨主义的捍卫者。托马斯在欧伯格费案的反对意见书中认为，多数法官明显违背了制宪者关于什么是自由的教诲。"早在 1787 年之前，自由就被理解成免于政府行为的干预，而不是获得政府利益的赋权。制宪者制定宪法以维护对自由的这一理解。但是，多数派法官以'自由'的名义用一种制宪者不会承认的方式去引用我们的宪法，实际上是破坏了制宪者试图保护的自由。"② 在判决结果上和托马斯一个阵营的斯卡利亚也具有明显的原旨主义色彩③，斯卡利亚的司法哲学坚持宪法是用来延缓进步，乃至于阻止进步的。不过，和托马斯的原初意图解释相区别的是，斯卡利亚是文本主义解释的代表。④ 斯卡利亚基于对原初意图进路的弊病的洞察⑤，强调他要探究的是宪法文本的原初意旨，而不是立宪者的原初意旨。⑥ 原初意图的根本缺陷在于它追求的是立宪者的主观意图。⑦ 文

---

① 安东宁·斯卡利亚（Antonin Scalia）是里根总统提名的大法官，1986 年就职以来的三十年中，在一系列司法判决中展现了其保守主义的政治立场。他不赞成控枪和平权措施，反对堕胎权和同性婚姻。他主笔的意见书多姿多彩，个人风格鲜明，文本主义立场突出，经常不乏讥讽和嘲弄。在本文写作之时，斯卡利亚大法官已于 2016 年 2 月 13 日逝世。
② 576 U. S. _(2015) Thomas J. Dissenting Opinion.
③ 在 Antonin Scalia, Originalism: The Lesser Evil, 57 *Cin. L. Rev.* 849（1989）。斯卡里亚认为，相对于非原旨主义，原旨主义是种更小的恶。非原旨主义的困难在于无法在用何种主张取代原旨主义的问题上取得共识。非原旨主义以"基本价值"作为合宪性的试金石带来的问题在于，它会导致以法官个人的意志取代法律的意志，我们无法对法官个人认为重要的政治价值和我们社会中最重要的政治价值进行区分。
④ 斯卡利亚文本主义司法哲学观，可以参见 Antonin Scalia, *A Matter of Interpretation*, Princeton University Press, pp. 23-29。
⑤ 斯卡利亚曾经指出，就寻求原意的任务而言，历史学家比法律人更为胜任。Ibid, at. 856. 他同时揭示了原旨主义背后的法哲学——原初宪法构建了一个完美的世界——而这一哲学和历史事实相离背：1787 年美国宪法接受了奴隶制。
⑥ Ibid, p. 38.
⑦ 亨利·保罗·莫纳汉（Henry Paul Monaghan）从遵循先例原则揭示了原旨主义无法成立，参见他的经典论文 Stare Decesis and Constitutional Adjudication, 88 *Colum. L. Rev.* 723（1988）。

本主义区别原初意图的第二个方面在于文本主义者并不诉诸立法史。斯卡利亚特别指出："在解释任何法律的时候，诉诸立法史都是非法和不明智的。"原初意图派和文本主义者由于奉行宪法规范的含义是固定的政治哲学，所以在判决结果上往往殊途同归。这也是它们常常被置于原旨主义而不加区分的重要原因。

和原旨主义形成鲜明对比的是活的宪法。[①] 这一进路认为宪法与其胶柱鼓瑟探求立宪意愿，不如反映时代精神、社会变迁和民众需求。活的宪法解决了成文宪法的安定性和社会发展的变动不居之间的紧张。这一解释方法背后隐藏着进步主义的历史观，给人以希望与鼓舞。由于在修辞上采取了尊重当代人的立场，就策略本身而言也比较容易获得公众舆论的支持，同时也解决了原旨主义以制宪者或制宪者同代人的理解来约束当代人的"死者之手"的统治中隐含着的不民主因素。欧柏格费案多数意见书以社会变迁的观念作为活的宪法的论证基础。

欧柏格费案多数意见书指出，"婚姻的起源说明了婚姻在人类社会制度中的中心地位，但它不能孤立于法律与社会而存在。婚姻的历史既有延续，也有变迁。即使是在异性婚姻领域，改变也非罕见"。婚姻作为人类社会和谐稳定的基础、亲密关系的结合和生命延续的制度，具有漫长的历史和悠久的传统。在很长一段时间里，婚姻主要肩负着种族绵延的重

[①] 耶鲁宪法学者杰克·巴尔金（Jack Balkin）试图调和原旨主义和活的宪法之间的紧张，认为它们是一个硬币的两面，并在此基础上建立解释框架重述美国宪政实践。参见 Jack M. Balkin, *Living Originalism*, Cambridge, Mass.：The Belknap Press of Harvard University Press.（中译本参见杰克·巴尔金. 活的原旨主义. 刘连泰译. 厦门大学出版社，2014.）最近，丁晓东基于宗教视角对巴尔金活原旨主义予以介绍和批评，参见丁晓东. 宗教视野下的美国宪法解释——评巴尔金的《活原旨主义》. 政法论坛，2015（5）.

◆ 绿竹猗猗

任。种族绵延是指在这个世界上一种生物的持续存在。生物个体都有一定的寿命，尽管寿命长短有差异，但它们都有死亡的时候。因此，一个种族要在这个世界上存续下去，就必须有新个体不断地产生出来，替代旧的个体，就像接力赛一样。所谓"绵绵瓜瓞，民之初生"①。这样的种族绵延依赖于生物的生殖功能。又因为人类有能力跳出从性爱到生殖到抚养的生物链条，种族绵延失去了自然的保障，所以需要一种文化的手段。而生育制度就是人类种族绵延的人为保障。② 但是，随着社会道德的宽容、女性地位的提高和避孕技术的发展，婚姻和生育之间的相关性一直在降低。如果法律并没有把异性的婚姻权和生育挂钩，那么法律不能以同性无法实现生育目标为理由而将其排除在结婚权之外。

"如果今天的婚姻和两千年前一模一样，那么你可能可以娶一个你没有见过的十二岁的小女孩，把妻子作为财产随意处理，把跨种族婚姻的夫妇投入监狱，离婚也成为不可能的事情。"③ 因此，我们应当以变迁的眼光来看待社会，同样与时俱进地解释宪法。套用一下弗兰克福特大法官当年对布朗案的评论，"同性恋获得公平对待的那些因素要远远比忠诚于历史更为重要"④。欧伯格费案多数意见书在论证婚姻的形式不应局限于异性之间的时候，直接诉诸活的宪法。"第十四修正案并不认为它［制定时就］了解自由的所有面向，因此他们授予未来世代的人保护所有人的权利的宪章，其含义为每个世代的

---

① 《诗经·大雅·绵》。
② 费孝通. 乡土中国生育制度. 北京：北京大学出版社，1998：105、109.
③ Evan Gerstmann, *Same-Sex Marriage and the Constitution*, Cambridge University Press, 2004, p. 22.
④ 弗兰克福特大法官的原话是，"黑人获得公平对待的那些因素要远远比忠诚于历史更为重要"。转引自 Bernard Schwarz, *A History of the Supreme Court*, Oxford University Press, 1993, p. 298.

人所领会。"①

(二) 文本主义和体系解释

作为最高法院中保守派的代表和文本主义的旗帜性人物,当以异议者的姿态出现的时候,斯卡利亚大法官对于最高法院在社会道德领域的宽容和纵容总是抱着一种不可遏制的愤怒。斯卡利亚在欧伯格费案反对意见中指出,无论九位大法官的教育出身、地域分布还是宗教信仰都使得他们不具有广泛的民主代表性。九人都是成功的法律人,不是哈佛就是耶鲁毕业。九人中有四位是纽约市人,只有一位大法官不是来自东海岸或者西海岸的州,来自西南州的大法官一位都没有。如果不算加州,则一位来自西部的大法官也没有。没有福音派的基督徒(这个群体构成了美国人口的1/4),也没有隶属任何清教徒教派的。②斯卡利亚的反对意见可以说充满了情绪,乃至于愤怒。一些表达充满了反讽和嘲弄,比如说在引用了多数意见"婚姻的性质就是通过长久的纽带使两个人获得一切能够发现的诸如表达、亲密关系和精神方面的自由"之后反问,"Really?"③ 比如说讽刺"多数派的意见在风格上装腔作势,在内容上自我中心"。并直斥多数派法官的哲人王立法者心态。但这似乎并没有影响到他论说的逻辑和思想的一贯性,即同性婚姻没有任何宪法文本依据。"我们没有任何理由去推翻一项不被第十四修正案文本④

---

① 576 U. S. _(2015).
② 576 U. S. _(2015),Scalia J. Dissenting Opinion.
③ 斯卡利亚的反对意见书中对多数派的意见夹叙夹议,颇多此类轻蔑、不屑的口语化表达,比如说"Huh?""What say?" 576 U. S. _(2015),Scalia J. Dissenting Opinion.
④ 着重号为本文作者所加。

所禁止的实践［指婚姻限于异性之间］，该实践还受到自该修正案批准以来就是公开的、广泛的而且未受到任何挑战的漫长传统的支持。"①

斯卡利亚基于文本主义对多数意见予以激烈批判，而多数意见则以体系解释证成婚姻权应当要拓展到同性婚姻。未列举权利的创设，就规范基础而言，或者求助于正当程序条款，或者诉诸平等保护条款，或者同时诉诸它们；有时甚至诉诸权利法案各个具体条文的相关模糊地带。② 在宪法解释方法上往往要借助于结构解释，或者体系解释。③ 欧伯格费案多数派的意见反复穿梭于《宪法第十四修正案》的正当程序条款和平等保护条款之间，以体系解释的视角强调二者之间的实质连接。婚姻关系涉及个体所能享受的权利、利益和责任的方方面面，比如说：税收，继承和财产权，证据法中的夫妻特权，手术签字资格，收养的权利，作为未亡人的权利，出生和死亡证明，职业伦理要求，职工福利，医疗保险，子女监护以及抚养探视权，等等。如果同性婚姻无法受到与异性婚姻同等的保护，那么，同性伴侣的上述权利就会未经正当法律程序而被剥夺。

（三）政策辩论和原则主张

在罗伯茨首席大法官看来，多数派将婚姻的权利拓展到同

---

① 576 U. S. _(2015), Scalia J. Dissenting Opinion.
② 格里斯沃尔德案中，最高法院诉诸权利法案中的多个条文，运用体系解释的方法发明了隐私权。
③ 马歇尔首席大法官主笔的卡洛克诉马里兰州案堪称最高法院结构或称体系解释的经典案例。See M'c Culloch v. Maryland 17 U. S. 316 (1819). 马歇尔指出，由于该案涉及的"必要和适当"条款所在的《宪法》第 1 条第 8 款本身是授予国会的权力，所以当国会依据"必要和适当"条款进行立法时，应当采取扩张主义的支持国会立法的解释。

性婚姻的时候，实际上是在进行一个政策判断。而政策判断应该要留给立法者来决定。很多同性婚姻反对者持有一种滑坡理论，认为如果同性可以结婚，那下一步是不是应该允许人和物体结婚？近亲之间是否也可以结婚？因为同性婚姻认为婚姻可以不受历史、传统和宗教的影响，这必然使得婚姻制度陷入无政府主义的泥潭。① 罗伯茨并没有这么极端，他的立场是：同性婚姻的问题留给立法机关去决定吧，我们司法部门不要包办替代。

罗伯茨更进一步引用《联邦党人文集》中关于司法的定位来证立法官必须要恪守其位。批准宪法的人授予法院的是判断的权力，而不是武力，也不是意志。② 政治的决断属于人民，而人民通过代议机关来展现其决断。③ 当最高法院攫取本该由人民和立法机关来进行判断的社会事务机会的时候，他们是用自己的价值观强加在那些和他们价值观不同的人身上，将最高法院变成实现社会变革的通道，并且终止了正在进行中的政治辩论。在罗伯茨的眼中，欧伯格费案多数意见并非建立在中立的宪法原则的基础上，而是建立在这些持多数派意见的大法官关于自由应当何为的偏见之上。

当我们引入德沃金的政策辩论和原则辩论之后，我们对于多数意见说可能会获得一种新的视角。④ 事实上，疑难案件中，法官既不应该是，实际上也不是代理立法者。有一种人们耳

---

① 关于同性婚姻面临的来自传统、菲尼斯的新自然法和滑坡理论的质疑，可以参见郭晓飞细密而思辨的类型化讨论，参见郭晓飞. 中国法视野下的同性恋. 北京：知识产权出版社，2007：183-192.

② C. Rossiter ed., *The Federalist Papers*, No. 78, Mentor, 1961, p. 465.

③ Larry Kramer, *The People Themselves*,. Oxford University Press, 2004. pp. 73-92.

④ Ronald Dworkin, *Hard Cases*, *Taking Rights Seriously*, Harvard University Press, pp. 14-80, esp. 22-28.

熟能详的假定,即法官在立法者已经作出的政治判断之外进行判断的时候,法官们是在立法。这种假定是误导性的。原因在于论者忽略了原则和政策之间的区别。政策性主张(arguments of policy)是这样来正当化一个政策决定的,因为该决定推进或者保护了作为一个整体的共同体的某些集体目标。比如应当支持航空业,因为对航空业的资助有助于加强国防。政策是描述目标的命题。原则性主张(arguments of principle)则是这样来正当化一个政策决定的,因为该决定尊重或者保障了个人或者团体的权利。比如赞成有关少数群体享有平等尊重和关切(equal respect and concern)的权利的反歧视法规,就是一种原则性主张。法官在处理原则性主张的时候具有立法机关和行政部门所没有的优势。法官能够考虑长远价值,而代议政治则受短期利益的左右。"法院在处理原则问题时具有立法机关和行政部门所欠缺的独特能力。法官们有闲暇、专业的训练以及与民意的区隔保障他们以一种学者的方式去探究政府的目的。"[1] 既然婚姻权是一种基于权利的原则性主张,那么法官比立法者更有能力对这一问题作出审慎的决定。

---

[1] Alexander Bickel, *The Least Dangerous Branch*, Yale University Press, 2nd, 1986, p. 25. 中译本见比克尔. 最不危险的部门. 姚中秋译, 北京大学出版社, 2014. 关于比克尔违宪审查权正当性的全面梳理, 参见黄昭元. 抗多数困境与司法审查正当性. 台湾"宪法"之纵剖横切. 台北: 元照出版有限公司, 2002: 300-342. 比克尔和德沃金在原则问题上有类似主张, 但也存在细微差异: 比克尔认为法院宣示原则的时候, 也会有政策考量, 德沃金坚持法院不应当考虑政策因素; 比克尔主张法官优势在于能够顾及长远价值, 而德沃金从个人主义批判功利主义和集体目标; 两人都认为法官像学者乃其优势, 比克尔着眼于法官的制度性功能, 如独立、时间和专业性等有助于发现原则, 德沃金则以法官的超级论证能力来建构法院的地位。参见黄昭元. 抗多数困境与司法审查正当性. 台湾"宪法"之纵剖横切. 台北: 元照出版有限公司, 2002: 339.

四、司法能动主义溯源与再审视

(一) 司法能动主义的经验考察

司法能动主义(Judicial Activism)指的是司法机关在对立法和行政行为的审查中,创造性地解释宪法,回应社会的关切,以社会价值受托人的身份,扮演社会政策制定者的角色。以此言之,司法能动主义关涉司法和立法、行政分支之间的关系,而无关于法官的价值选择。[1] 波斯纳更是直接将司法能动定义成"司法相对立法和行政而言扩张了自身权威的行为"[2]。同为联邦上诉法院法官的弗兰克·伊斯特布鲁克(Frank Easterbrook)给出的司法能动的定义是,如果法官宣布国会制定的法律无效,这就是一个能动主义的判决。[3] 司法能动的反面是司法谦抑(Judicial Restrain),司法谦抑意味着尊重先例,在宪法模糊的地方尊重政府部门政策形成的自由。[4]

以保守——自由作为自变量,司法能动——司法谦抑作为

---

[1] 克里斯托弗·沃尔夫著,黄金荣,译. 司法能动主义. 北京:中国政法大学出版社,2004:3. 沃尔夫强调,司法能动主义的宗旨是法官不应拒绝裁判,并且应广泛运用其权利,尤其是通过扩大平等保护和个人自由的手段去实现公平——保护人的尊严。在国内众多关于司法能动主义的研究中,对美国司法能动主义的一个简洁然而准确的描述,参见范进学,冯静. 司法能动主义在中国:司法哲学之可能走向. 云南大学学报,2010(2).

[2] Richard A. Posner, *How Judges Think*, Harvard University Press, 2008, p. 287.

[3] Frank Easterbrook, Do Liberals and Conservatives Differ in Judicial Activism, 73 U. Colo. L. Rev. 1407 (2012).

[4] *Id.* at 1401.

应变量，形成四组关系，即保守派的司法能动主义、保守派的司法谦抑主义、自由派的司法能动主义、自由派的司法谦抑主义。

自由派司法能动主义的代表判例有格里斯沃尔德案①（隐私权）、米兰达案②（沉默权）、贝克案③（一人一票）。沃伦大法官时期可以说是自由派司法能动主义的巅峰时期，在沃伦大法官的领导下，美国人民的权利借助最高法院的判决而得以实质性地增加，最高法院成了民权革命的旗手。④ 自由派的司法能动主义判决背后的理念是活的宪法，这种司法哲学其实是对成文法本身局限性的一种克服与补充。文字客观局限与社会不断变迁之间一直存在紧张关系，而成文宪法的修改又极其困难，因此成文宪法对社会的规范无法跟上社会发展的步伐。⑤ 自由派的司法能动主义可以说是应运而生，这不过是对于成文宪法回应社会发展捉襟见肘内在焦虑的外在缓解。

正因为自由派和能动主义曾经有过这么一段浪漫而快乐的时期，自由派往往被贴上了司法能动主义的标签，而司法谦抑则成为了保守派法官的专利。应该说，这是一场美丽的误会。实际上，既存在自由派的能动主义，也有保守派的能动主义。既有保守派的司法谦抑，也存在自由派的司法谦抑。

---

① Griswold v. Connecticut, 381 U. S. 478 (1965).
② Miranda v. Arizona 384 U. S. 436 (1966).
③ Baker v. Carr 369 U. S. 186 (1962).
④ Bruce Ackerman, *We the People: Volume 3, Civil Rights Revolution*, Harvard University Press, 2014. 莫顿·霍维茨. 沃伦法院对正义的追求. 信春鹰, 张志铭, 译. 北京: 中国政法大学出版社, 2003.
⑤ 这也是最近几年在美国主流宪法学界宪法文本之外的研究大为风行的深层原因，代表性作品有哈佛大学法学院宪法教授劳伦斯·却伯. 看不见的宪法. 田雷, 译. 北京: 法律出版社, 2011. 耶鲁法学院教授 Akil Amar, *Unwritten Constitution*, 2012, Basic Books, 以及斯坦福法学院教授 Larry Kramer, *The People Themselves*, Oxford University Press, 2004.

司法能动主义并不总是建立在进步主义哲学的基础上。当保守派的法官持有能动主义立场的时候，它所捍卫的就是往昔的秩序。比如，1905年的洛克纳判决，作为保守派能动主义的代表判例，它宣告了纽约州保护面包工人的福利立法无效。这和当时进入大工业时代工人权利保护、社会福利制度等社会客观需求是不相吻合的。20世纪90年代，伦奎斯特法院兴起新联邦主义原则，以州权为由宣告国会基于州际贸易条款的各项立法因违宪而无效。这实际是对传统的联邦主义的回归，在经济领域里试图取消联邦政府的优势地位，恢复州权及其州立法的应有地位。伦奎斯特法院也被自由派学者指控为"保守的能动主义"典型。在涉及枪支管制的洛佩兹（*U. S. v. Lopez*）[①]案件中，伦奎斯特法院推翻了国会制定的《校园及其周边无枪支法》。在涉及保护女性人身自由的莫里森（*U. S. v. Morrison*）[②]案件中，伦奎斯特法院推翻了国会制定的《防治针对女性暴力犯罪法》。司法能动并不是自由派法官的专利，伦奎斯特法院时期保守派的司法能动相较于沃伦时期有过之而无不及。拉里·克雷默（Larry Kramer）不无愤怒地指出，伦奎斯特法院时期的五位保守派大法官通过撤销或者削弱关于控枪、环境保护、版权以及女性和残疾人权益保障等领域的联邦规制而篡夺了管理社会的权力。[③]伦奎斯特法院保护州政府不受民权诉讼的侵扰，保护州的官员免于联邦规制命令，保护财产所有者免于环保规制，保护白人免于补偿行动的不利后果。[④]与此形成鲜明对比的是，在脚注四以后的美国宪法制度的建构中，自由派的大法

[①] 514 U. S. 549 (1995).

[②] 529 U. S. 598 (2000).

[③] Larry D. Kramer, The Supreme Court v. Balance of Powers, *N. Y. Times*, Mar. 3, 2001, at A13.

[④] Peter M. Shane, Federalism's "Old Deal": What's Right and Wrong with Conservative Judicial Activism, 45 *Vill. L. Rev.* 201 (2000).

官们在涉及因隔离而孤立的少数、民主程序等问题上采取的是严格审查的能动主义哲学，而涉及以州际贸易条款为基础的立法，一直采取的都是司法谦抑态度。

弗兰克·伊斯特布鲁克法官以"宣告国会法律无效以及和行政部门关于成文法的解释不同"作为司法能动的指标，对伦奎斯特法院1999年和2000年审期的所有案件进行统计，发现在这两个审期，总共有50个案件（占所有判决的1/3）至少有一位法官持有"司法能动主义"的判决意见。首席大法官伦奎斯特投下了23票司法能动的判决。斯卡利亚、肯尼迪和托马斯大法官投下了30票。斯蒂文斯大法官28票，奥康纳、苏特和金斯伯格大法官各26票，布雷耶大法官24票。所有的九位大法官都是司法能动主义者。他们中的任何一位在一个审期中宣告无效的联邦法规比首席大法官马歇尔34年司法职业生涯中宣告无效的还要多。保守派的法官和自由派的法官在能动主义的问题上没有显著差别。①

既然如此，保守派的法官或者保守派的人士指责欧伯格费案的多数意见以司法能动主义进行篡权就没有什么实质意义。在伊斯特布鲁克的统计中，斯卡利亚大法官可谓是保守派法官中最不惮采取能动主义立场的。在欧伯格费案的反对意见书中，斯卡利亚大法官对多数意见能动主义立场的攻击也是最为尖锐的。以子之矛，攻子之盾。矛尖，盾厚？就此而言，司法能动主义的批评并不能对欧伯格费案的多数意见构成实质上的有意义的挑战。

---

① Frank Easterbrook, Do Liberals and Conservatives Differ in Judicial Activism, 73 U. Colo. L. Rev. 1401 (2012). 伊斯特布鲁克认为，除非存在适用宪法推翻国会立法的清楚的理由，也就是说宪法具有传统法律而不是道德或者政治哲学的说服力的时候，我们应该承认民主制定的法律的合宪性。Ibid, at 1405. 伊斯特布鲁克的立场接近于国内宪法学界的合宪性解释说。关于合宪性解释的一个综合性研究，可以参见王书成. 合宪性推定论：一种宪法方法. 北京：清华大学出版社，2011.

（二）遵循先例与司法能动之间

罗伯茨首席大法官的反对意见认为同性婚姻应当由民主议程来决定，而非由司法机关越俎代庖。[①] 司法机关的越位实际上已经违反政府不同机构功能分离的要求。他进一步强调，他本人并非出于对同性婚姻的反对而不同意多数意见，而是因为同性伴侣能否结婚本来就不属于司法机关的职责和范围。他的观点中隐含了宪法解释应当要遵循"司法中立、政治问题不可司法"的思路。该原则是马歇尔首席大法官在马伯里诉麦迪逊案件中最早提出来的。所谓的政治问题，是指这样的一些问题：存在明确的宪法文本将此问题委托给其他部门处理；不存在解决这类问题的司法上可以发现或者可以操作的标准；如果行政部门不提供一个事先的政策决定司法部门将无法裁判；法院如果裁决必然表现出对其他政府分支的不尊重；对已经作出的政治决定的毋庸置疑的遵守有非同寻常的需要，以及不同机关对同一问题相互冲突的见解将带来不可避免的尴尬。除非一个案件中存在上述情形之一，否则它就是可以司法的案件。[②] 在保守派法官看来，同性婚姻显然应该由立法机关来处理，它属于政治问题。如果法院通过判决的形式去确认已经存在的社会共

[①] 关于罗伯茨首席大法官在欧伯格费案反对意见中阐述的民主和司法关系的全面讨论，参见姜峰．同性婚姻、宪法权利与民主审议．法学评论，2015（6）．另外还有从正面论述法院的民主性质的，参见何海波．多数主义的法院：美国联邦最高法院司法审查的性质．清华法学，2010（3）：103-135．何海波认为，最高法院的判决具有强烈的多数主义色彩，和民选机构一样反映了民意。司法审查能够在较长的时段里和主流民意的变迁保持一致。美国联邦最高法院既受制于民主过程，又塑造了民主过程。另外还可参见杰弗里·罗森．最民主的部门：美国最高法院的贡献．胡晓进译．任东来校．北京：中国政法大学出版社，2013．

[②] Baker v. Carr 369 U. S. 186 (1962).

识。那么，法院将变成第二个民意机关，其存在的价值和理由将大打折扣。

欧伯格费案无疑是具有司法能动后果的判决，但它本身并没有创设新的权利类型。它只是把此前最高法院已经明确为宪法未列举权利的婚姻权平等适用于同性伴侣而已，这是法律续造的一种典型形式。保守派的大法官们承认婚姻权而拒绝其平等适用。这一保守派的立场在逻辑上无法自洽。保守派的人士也往往攻击欧伯格费案司法能动，这一攻击实际上是偷梁换柱的。并不是欧伯格费案司法能动，而是此前创设了宪法上婚姻权的法院能动。在形式意义上，从遵循先例的角度来说，欧伯格费案甚至是司法谦抑的，它尊重最高法院此前的判决，展现了审慎的美德。[①] 如果说欧伯格费案在法理基础上仍然薄弱，这不是欧伯格费案本身的问题。这是所有以未列举权利为基础的判决都会面临的处境。大量进步主义的司法判决在宪法文本上都相对薄弱。这也是此类判例出台以后引发争议经久不绝的原因。除非我们彻底拒绝未列举权利，否则斯卡利亚式的法律形式主义的指责无法对最高法院进步主义事业构成原则性的否定。

五、结语

欧伯格费案是身份政治在法律领域的新突破。保守派人士批评美国左派操纵身份议题，认为无论是性别、种族还是性取

[①] 和一般认识不同，遵循先例不仅会带来对于法律稳定性的维护，它也会赋予法律变迁以合法性。关于这一问题的经典讨论，参见 Henry Monoghan, Stare Decesis and Constitutional Adjudication，88 *Colum. L. Rev.* 723 (1988).

向都是身份议题的外在表现。然而，人民不分性别、民族、种族、性取向等因素受法律的平等保护不过是现代法治的应有之意，而且它的内涵已经从普遍的形式平等逐渐演进到衡平的实质平等。司法更多地介入到传统上由民主过程、立法机构决定的社会问题，不过是这种平等观范式转移的必然应对。

就同性婚姻的合法化问题，多数意见和反对意见表面上的分歧在于对其宪法规范的不同认识。持反对意见的大法官认为，如果没有宪法规范的基础，最高法院就没有权力为当事人创设新的权利。而多数意见认为，宪法规范并没有穷尽所有的权利类型，存在最高法院基于宪法规范扩展权利类型的必要性和现实性。对于宪法规范的不同认识其背后隐藏的是对宪法解释方法的各自坚持。认为规范就是规范，如果没有规范基础，司法爱莫能助的大法官采取了文本主义和实证主义的进路，而认为规范的确是规范，规范的不完整需要司法补充的大法官采取的是"活的宪法"的主张。更进一步，多数意见和反对意见的冲突是司法哲学上的。欧伯格费案中多数意见和反对意见争议的核心问题涉及司法在国家整体性政治结构中的定位，也就是司法与民主关系的问题。法院应当严格遵守司法和民主的分际、对民主过程的缺陷视而不见，还是说应当借助司法审查来弥补民主的缺陷，进而夯实民主基础，从而使司法审查摆脱反多数的难题？如果国会的实际运作已经被政党政治所控制而长期空转，民众的意见已经无法经由代议过程转化为法律的时候，法院不应对民主的赤字视而不见，而是要扮演一个它未曾预期的民主角色。

当我们仔细探究民主制度的弱点的时候，我们就会发现司法审查不仅无损于民主，它还是民主的不可分割的部分。司法审查是民主过程健全运作的制度保障。约翰·伊利在《民主和不信任》这一关于司法审查民主性迄今最为有力的辩护中指出，司法审查不仅因其消极美德而获得证立,更因为其能动主义而不可或缺。司法在疏通意见管道、削减民主赤字、避免政治僵局等领域具有重要功能。① 伊利以沃伦法院时期的司法能动主义判决作为分析的起点,成功建构了程序主义的司法审查理论。该理论不仅有效回应了对司法审查非民主性的责难,解决了宪法文本开放性问题带来的空隙填补问题,而且为民主制度内在弊病——多数人暴政问题提供了拯救之道。伊利主张一种参与导向、强化代议制(participation-oriented, representation-reinforcing)的司法审查进路。据此,司法审查不仅是符合民主制原则的,它还是防止民主制弊端的切合实际的、有效的保障机制。司法能动很多时候是疏通民主通道淤塞的必要途径。民主为法治提供合法性和公共价值基础,而法治为民主提供了纠错机制和少数者权益保护。② 就此而言,欧伯格费案是美国最高法院以司法能动主义哲学为指引,基于实质正当程序对未列举基本权利进行平等保护,拓展美国公民身份含义的里程碑案件。它再次确认了美国最高法院的民主促进功能。

(本文原载《浙江社会科学》2017 年第 1 期)

---

① John Hart Ely, *Democracy and Distrust*, Harvard University Press, 1981.
② 德沃金曾经指出,"如果让一群非民选的专家来取代立法决定,即使专家的决定比立法者的判断更好,比如专家们制定出更公平的所得税制度,这仍然是民主的毁灭,也是民治的损失。但如果说问题事关一项规制或者政策本身是否破坏或弱化了社群的民主特征,而我们将该问题交给法院处理……这时,法院的决定就不是反民主,而是促进民主的。" See Ronald Dworkin, *Freedom's Law: The Moral Reading of American Constitutional Law*, Harvard University Press, 1996, p.32. 关于德沃金的这一观点的引述最初见于黄昭元. 司法审查正当性争议——理论基础与方法论的初步检讨. 台湾大学法学论丛:第 32 卷第 6 期,111-112. 谨此致谢,此处译文有所改动。

浅谈人工智能伦理与治理

郭　锐*（中国人民大学法学院副教授）

这一波的人工智能热潮可谓一个偶然的事件。几乎没有人预测到最近几年人工智能技术的突飞猛进，后面发展会怎样其实也是见仁见智。我见到的技术专家，通常没有投资机构那么看好——对人工智能技术只识皮毛的人才通常会对它有不切实际的幻想。谈论人工智能伦理与治理，与其说是基于技术发展的紧迫性，不如说是一些老问题在新的技术语境下的展开。

人工智能伦理的必要性，来自人类对未知、强大之物的恐

---

* 作为一个法律学人，作者有幸从去年开始参加《人工智能标准化白皮书（2018）》的写作——这是我们中国政府第一个官方发布的人工智能白皮书。写作过程中，我开始和一些科学家讨论什么是人工智能？它的应用场景是哪些？它要遵循什么样的伦理？它会产生什么样的社会影响？在这过程中，我认识到人的主体性是探讨人工智能伦理的核心问题。白皮书从三个方面来思考人工智能的伦理问题、算法决策相关问题、数据与隐私相关问题和社会影响相关问题。白皮书也讨论了各种各样的具体的问题。在完成白皮书之后，我在国家标准委设立的人工智能标准化总体组作为项目负责人作人工智能伦理和社会影响的报告。这个报告参与者是我们国内大部分人工智能的公司，已于 2019 年 1 月向社会公布。

惧。在艺术作品中，人们创造了弗兰肯斯坦的形象——一个在雷电中诞生的人和机器结合的怪物。人们对这些强大却并不良善的力量，通常会感到恐惧。我们害怕我们所创造的东西最终带给我们的是毁灭。有了原子弹之后，我们第一次有了可以把整个族类毁灭的力量。之前，在冷兵器时代，即便大规模的战争，也并不能毁灭全体。原子弹的出现，在人类历史中发挥着巨大作用，也要求人类对技术进行伦理的反思。人工智能会不会和弗兰肯斯坦这个怪物一样呢？我们会不会创造一种技术最后毁灭了我们人类？包括埃隆·马斯克在内的一众技术领袖，公开提出了这个问题。这当然引起了媒体和公众的注意。

人工智能伦理最有名的雏形来自科幻小说。大家常常会提起阿西莫夫三定律：第一条定律是机器人不得伤害人类个体，或者目睹人类个体将遭受危险而袖手不管；第二条定律是机器人必须服从人给予它的命令，当该命令与第一定律冲突时例外；第三条定律是机器人在不违反第一、第二定律的情况下要尽可能保护自己的生存。这三条定律思考缜密，可谓发人深省。今天，是不是我们把这三条定律写进人工智能系统，就万事大吉了？大家需要知道，三定律内部也会出现矛盾。其实，从阿西莫夫三定律问世，就有不少人质疑三定律的有效性。当然，今天我们不能依靠三定律来完成对人工智能的治理。

那我们今天回顾三定律有什么价值。在我看来，阿西莫夫三定律真正的价值，并不是作为一套可以帮助人类一劳永逸地约束人工智能的规则，而是提出了一个新的可能性。这个可能性就是我们所创造的技术——在处理某些问题上比我们要迅速，在机械、物理力量上要比我们强的技术——不仅不会伤害人类，反而能够造福人类。阿西莫夫三定律让我们至少看到努力的方向，就是让人和机器和谐共处的新的可能性。

三定律所要解决的核心问题是人的主体性问题，这也是探讨人工智能伦理和治理的核心问题。关于人工智能伦理和治理，无论是算法决策相关的问题、数据与隐私相关的问题和社会影响相关的问题，都关涉人的主体性问题。这些问题中有一些是非常切近、需要立即应对的问题，有一些是非常长远、但对人类未来影响深远的问题。本文通过两个例子来说明：一个是性爱机器人的管制问题，另一个是自动驾驶汽车的管制问题。

康德曾非常明确地提出：人任何时候都应该被当作目的，而不是手段。在人工智能语境下，越来越多的数据可以让我们去训练算法，越来越多的算法应用在我们的社会中，人越来越被嵌入这样一个算法统治的社会环境中，在这样的社会，人的主体性越来越受到挑战，人被工具化这个特性越来越突出。这是我们考虑性爱机器人管制问题的基础。很多工作都是通过人工智能完成的时候，我们就让机器去做很多决定。这些决定过去都是人来做的，然而现在由机器来决定会不会产生问题？人工智能技术对于人的主体性的挑战，很多时候展现在我们对于机器决策的一些反思。

当代不少商业机构有兴趣研发、推广性爱机器人。网上不少提出性爱机器人可能带来的"好处"：降低犯罪率、提高安全性、可定制化、可随时满足人的性需求等等。但是，我们先要提醒大家的是，性作为人类生理、心理的一个现象，是如此的复杂，甚至没有科学家敢说已经洞悉其中的一切。与人的情感、意志和理性如此相关、特别是和人的亲密关系相关的性，真的可以被性爱机器人满足吗？当我们听到有厂商宣称他们的产品可以去满足大家的需求时，我们首先要知道的是，性的需求和欲望没那么简单。

性爱机器人的出现并不是第一次人类用物体来满足身体欲望。在人工智能的技术条件下，如果它真的可以用到人工智能，我们也许可以把它看成一个控制系统。它有传感器收集人的反应信息、有处理器处理这些信息,还有动作反馈,这三部分构成一个控制系统。这个控制系统需要我们好好反思一下。

反思这个控制系统,我们要用到哲学家黑格尔提出的一个非常有趣的思想,就是主奴辩证法。黑格尔在他的《精神现象学》里讲到这么一个简单主奴关系:最初主人指派奴隶去劳作,他要奴隶去做什么奴隶就得去做什么;但随着奴隶在他的工作实践中获得实践知识,这种关系开始变化。最初是主人在控制奴隶,但当奴隶获得了足够的知识之后,主人实际上需要依赖奴隶的知识完成生产。在这个意义上,他反过来摆脱了主人的控制。换言之,主人的控制变成了幻象。这样一种主奴关系发生了易位。

我们用主奴辩证法的模式来看看性爱机器人,来探讨一些比较深入的伦理与设计问题。如果你是一个设计者,你要设计性爱机器人的时候,你的目的是什么?为了满足人的性需求,也许让使用者获得最佳的使用感受、最大的性满足。如果你真的实现了这一点,那这样的一个产品到底让人成为主人,还是奴隶?如果这个产品如此之好,以至于人只有在这里才能够获得你想要获得的满足和享受,人究竟是主人还是奴隶?

我们也许可以用其他所知道的事实来看待这个新的关系。我们知道吸毒——比如使用海洛因——会让人的大脑获得前所未有的兴奋感受。但是当人离开这个感受之后,就会对毒品有生理和心理上的依赖,也就是成瘾。到底是人使用海洛因,还是海洛因控制了人?假如人要是用性爱机器人的话,如果它像毒品一样让人成瘾,让人天天不想干别的事情就想使用这个产品,是否会对人造成成瘾一样的伤害?假如是一个已婚的人,他使用性爱机器人会不会对他的配偶造成影响呢?会对子女有什么影响?比如说,假若一个人使用了性爱机器人之后,他发现上瘾了,认为自己受到了伤害,于是在法院起诉生产和销售性爱机器人的厂商，认为是产品质量问题，在法院可不可以得到支持？假如管制者发现厂商本来知道用户使用后有人可能会深度上瘾，放纵这样的结果发生，难道不应该承担责任？假如夫妻双方离婚是因为丈夫使用性爱机器人，在分割财产和孩子的抚养权方面，法院是否应考虑这个因素？假如孩子去起诉性爱机器人的厂商，说是性爱机器人导致家庭破裂，法院又该怎样做呢？

这看起来是一个遥远的问题，但是它有可能成为现实。更值得我们担心的事是未来——这个产品的广泛使用。有没有发现一个特征，99.99%的性爱机器人都是女性形象，这是为什么？当性爱机器人越来越常见，对于女性形象会有什么样的影响？对社会上的人际关系会产生什么样的影响？是否有可能因为性爱机器人而影响到人们对女性的尊重？

在现代社会，人们的结婚意愿已经非常低了，中国已经是大概四到五个适龄男女中有一个是没有结婚的。性爱机器人的使用会不会对这样的趋势造成加速下滑的后果？会不会影响生育率？中国人口老龄化加重，机器人的使用如果影响结婚、生孩子的意愿，长此以往对社会会产生怎样的影响？

第二个例子是自动驾驶汽车的管制问题。在伦理学上，有一个古老的"电车难题"（Trolley Problem）。其内容大致是：一辆电车正在撞向五个在电车轨道上的人，片刻后就要碾压到他们。幸运的是，你可以拉一个拉杆，让电车开到另一条轨道上。然而问题在于，另一个电车轨道上也有一个人。考虑以上状况，你是否应操纵电车转换轨道？从一个功利主义者的观点来看，明显的选择应该是拉拉杆，以杀死一个人为代价拯救五个人。但是功利主义的批判者认为，一旦拉了拉杆，你就成为一个不道德行为的同谋——你要为另一条轨道上单独的一个人的死负部分责任。然而，其他人认为，你身处这种状况下就要求你要有所作为，你的不作为将会是同等的不道德。这是一个艰难的选择。传统的伦理学中还有人会改变条件，比如五个人都是 90 岁的人，活不了多久的，另外一个人则是健康的小伙子。这样会改变你的想法吗？又假如这五个人都是十恶不赦的罪犯，另外一个人是我们这个社会的英雄，那你的想法又会是什么呢？

伦理学设定这类困难的讨论，是为了让我们清楚，我们到底是基于什么样的原则或理由来作出最后的决策。所以这是古老的电车难题。

现在我们要讨论的是在自动驾驶汽车上，一个现代版本的电车难题：假如有一种紧急情况，它必须要在车内的乘客和路上的行人的生命安全之间做一个选择。这个系统应该保护车内的乘客，还是保护路上的行人？在千钧一发之际我们作出的选择，不是真正深思熟虑，而是人在紧急情况之下作的决策。也许我们会想，计算机能不能产生一个随机选择呢，我们就让命运决定吧。但是你真的愿意把你的生命交给命运决定吗？当你有能力去做干预的时候，要不要放弃你作决策的权利？心理学家弗罗姆，曾提出著名的"逃避自由"的命题。现代人在名义上是自由的，你可以作任何决策。然而在当下，人们都不愿意去作决策，因为他们害怕承担责任。在这种场景下，我们要不要作一个被弗罗姆所批评的，放弃作决策的人？

如果不是，我们就得作一个决定，而且承担作这个决定的后果。有一个真实案例，奔驰公司开发了自动驾驶汽车，有人问产品负责人：你的自动驾驶系统是保护行人还是车内乘客？他说，当然是保护车内的乘客。从厂商希望卖车的角度，这可以理解。但这是不是一个好的伦理决定？这是否意味着出钱的人可以作决策？但这也同样影响到公共安全。该事件经纽约时报报道之后舆论大哗。很快奔驰公司的负责人出来说，这不是我们公司的立场，我们收回我们之前的说法。但这件事情应该怎么解决？如果交由汽车厂商决定，由于他们处于一个互相竞争的地位，可以预期最优解是保护车内的乘客，但以损害路上行人的安全为代价。这类似囚徒困境。这种困境怎么打破呢？只有通过管制立法。

即便决定自动驾驶的"电车难题"由公共权力机构通过管制来解决，我们也需要警醒公共权力是否为利益集团所俘获。我们并不希望金钱去扭曲伦理决策。在管制语境中商业利益和社会利益的平衡，需要好的民主讨论和决策。

实际上最有可能出现的情形是对自动驾驶汽车限速。自动驾驶汽车到底要以什么样的速度行驶？假如跑 30 公里/时以下，估计全国部署 100 万辆车，可能一个安全事故都不会出，但是你真的愿意去坐一个开得这么慢的车吗？现在的限速本身也是在一个人的生命安全、社会的需求与经济效率之间的平衡。其中有很多的经济利益在里面。那我们怎么样来保证这样的决策是一个合乎伦理的决策？

通过上述两个例子，我希望帮助大家用一种更清醒的头脑去看待人工智能伦理和治理问题，而不是被浅薄的大众传媒讨论所左右。我们有没有可能在利用科技让个人和社会受益的同时，不会受到科技的威胁？阿西莫夫的思考是让人类创造的机器人遵循人类的伦理。今天，当人工智能得到进一步发展的时候，我们有必要跟随前代思想家思考的脚步进一步思考。社会必须信任人工智能技术能够给人类带来的利益大于伤害，才有可能发展人工智能。而这种信任，需要我们认识和探讨人工智能领域的伦理和治理问题，并且在发展人工智能技术发展的早期就有意识地加以运用。

中美一流法律专业学位研究生培养模式比较
——以北京大学和哈佛大学为例

郭　雳（北京大学法学院教授）

作者说明与致谢：有幸结识安守廉老师、沈远远老师源于20年前。沈老师在当时的北京大学法律系担任客座教授，讲授中美经贸法律，我是其学生之一；经恩师吴志攀先生介绍，亦逐渐与安老师熟识。2003年至2004年间，我前往哈佛大学攻读LL. M学位（国际金融法方向），在安老师的课上和东亚法研究中心的活动中得到他的很多指导和帮助。回国任教后，我配合安老师开展了北京大学与哈佛大学法学院之间的不少合作，继续受教，有着诸多美好回忆。本文也来源于在两院学习工作中的一些感悟和思考，所述仅代表我的个人观点。如文中所述及，安老师对于推动哈佛大学法学院国际化法学教育、中美两国法律研究和实践的广泛合作交流，堪称居功至伟。写作过程中，哈佛大学法学院夏颖（亦是北京大学法学院校友）、赵海柏给予大力协助，北京大学法学院宋悦、苏林潞、刘力帆、黄雅冰等同学担任了出色的研究助理，这也象征着两院传统友谊的凝聚和传承，一并致谢。谨此向一直教育培养我的两所母校、安老师尊伉俪、吴老师尊伉俪，致以由衷的敬意和感激！

摘要：哈佛大学和北京大学在法律专业学位研究生的培养模式上有许多相通之处，均以培养实践型人才为主要目标，以层层递进的培养方案帮助研究生系统性地成长，并兼顾国际化与本土化，积极回应时代发展的要求。通过对比，以北京大学为代表的我国高校法学院在法律专业学位研究生培养中，仍存在课程、方向设置等方面的优化空间，资源投入也需要进一步跟上，同时对办出"中国特色、世界一流"应有信心。

关键词：法律硕士；专业型研究生；教学改革；人才培养；哈佛；北大

法律硕士（非法本）教育在中国已走过二十多个春秋[①]，学界对这一人才培养项目有许多关注和反思。[②] 1996 年，北京大学（以下简称北大）法学院在全国首批开展法律硕士招生，自此紧紧围绕该项目的设立初衷——"培养知识结构合理的应用型高

---

① 1995 年 4 月国务院学位委员会第 13 次会议全票通过了《关于设置法律专业硕士学位的报告》，这标志着我国法律硕士教育制度的创立。法律硕士分为法学本科和非法学本科。本文的研究针对非法学本科的法律硕士，为了叙述方便，下文所称的"法律硕士"均指非法学本科的法律硕士。

② 法学界作为直接参与者，就这一项目发展进行过不少反思，积累了一定的经验。近年来比较有代表性的包括：邓海峰，杨如筠，张召怀. 法律硕士培养中的精耕细作与彰显风格——清华法学院法律硕士教育改革的新探索. 研究生教育研究，2017（5）：73-78；冀祥德. 以诊所法律教育统领法律实践教育：可行性及制度设计. 山东大学学报（哲学社会科学版），2017（5）：55-62；梁德东，于爱国，吕欣，蔡立东. 我国法律硕士培养存在的问题与对策研究——以吉林大学法律硕士培养模式改革为例. 高教研究与实践，2016（4）：18-21；徐胜萍，田海鑫. 法律硕士（法学）培养的现状与思考——基于对北京 9 所高校问卷调查的分析. 学位与研究生教育，2014（12）：10-14；等等。

层次法律专门人才",不断积极探索。观察国际教育前沿,法学院研究生教育的完善其实从未停步。哈佛大学(以下简称哈佛)法学院作为国际一流法学教育的引领者,在其法学博士(Juris Doctor,下文简称"J. D.")项目中就展现出很多成功经验并仍在不断革新。本文拟就两院专业型研究生人才培养的实践和特色进行对比分析,为我国法律硕士教育的改进提供一个参考维度。

一、两院项目比较的基础和意义

(一) 专业型法学研究生项目的相似性

首先,两家法学院在整体发展水平上具有可比性。例如 QS 世界大学排名法学专业 2018 年榜单上,北大法学院以总成绩 81.1 分(包括学术声誉、单位教员的论文引用数、雇主评价、H 指数引用等四项指标)排在全球第 21 位,连续四年稳居我国第一名、亚洲前三名[1],而同期哈佛法学院均列该榜单全球第一。因此,两院可以说是中美法学教育各自的排头兵。其次,中国的法律硕士和美国的 J. D. 学位具有相似性。两者都是针对非法律本科背景的学生所开展的研究生教育,都侧重职业训练——强调适应法律专业人才需求,学制均为 3 年。[2]再次,两院近年来都开展了比较受关注的教学改革。例如哈佛法学院课程改革(以下简称"哈佛课改")启动于 2003 年前后,2006 年由该院

---

[1] QS 世界大学排名由英国教育及学术资讯信息企业 Quacquarelli Symonds 每年发布,其向全球范围内的学者、企业雇主进行问卷调查,根据学术领域同行评价、基于雇主的学生就业评价、学术成果引用比率、师生国际化水平等评价标准推出,该排名是全球三大最具影响力的大学排名体系之一,也是唯一提供分专业榜单的排名。

[2] 方流芳. 法律硕士教育面临的三个问题. 中国政法大学学报,2007(1):101.

教师以全体赞成票通过，适用于 2010 年后入学的学生。

(二) 时代背景下共同的挑战和机遇

教育模式的跨文化比较根植于日益全球化的时代背景。一方面，法律、法治思想和法学教育的相互借鉴和交融日益深化。[1] 另一方面，全球化的背景为各国法学教育带来共同的机遇和挑战。信息化、网络化的快速发展便利了知识传播，也对知识的更新迭代提出更高要求，这些变化促使法律人才的培养目标和手段作出适当调整。

符合时代需要的法律人才应能适应国际化的服务需求，具有团队协作能力，注重公共意识、职业和个人道德。同时，法学院教育应为法律之外的领域输送人才，包括政治、商业、国际组织等。这对毕业生分析和解决问题的能力及创造性思维提出了更高要求[2]，需要其培养"客户导向"思维。[3]

二、人才培养路径的共性与特色

(一) 系统性成长——层层递进的培养方案

人才培养的渐进性规律要求建立层层递进的课程体系和培

---

[1] 邓肯·肯尼迪. 法律与法律思想的三次全球化：1850—2000. 高鸿钧，译. 清华法治论衡，2009 (2)：47-117.

[2] William P. Alford, Experience Generated from Legal Education Reform in Harvard Law School (at the 60th anniversary of the law faculty of Renmin University).

[3] JF Manning. M Stephenson. *Legislation & Regulation andReform of the First Year*. Ssrn Electronic Journal，2015，65 (1)：45-69.

养模式。尤其是对于本科没有系统接受过法律训练的学生，要在三年内完成搭建基础知识架构、寻找定位兴趣点、磨砺形成自身优势并向职场转型等诸多任务，必须进行前瞻性设计，形成每学年各有侧重、逐步递进的培养方案。两院在这方面呈现出共性。

1. 第一学年：核心课程打牢地基

第一学年的重点在于构建法学知识基本框架，学校需要挑选一批核心课程作为必修课，不仅传授基础知识，更着手塑造法律思维。传统上，哈佛法学院的一年级课程包括六门必修课、一门选修课以及参与模拟法庭比赛。必修课分别是合同法、侵权法、物权法、刑法、民事诉讼法、法律推理和辩论，其中法律推理与辩论重在培养执业技能。[1]课改后则新增了三种类型的必修课：立法与规制、国际法/比较法、问题与理论（下文详述）。

北大法学院法律硕士研一以基础必修课为主，目前有 11 门；此外，学生须在研一或研二从学院开设的两门法律写作课和四门案例研习课中，各择一门修读。基础必修课旨在搭建理论框架，夯实基础知识，培养较为扎实的法律逻辑思维。科目的设置与法学本科的必修课区别不大，但完成时间变短。

2. 第二学年：划分方向精细培养

经过第一年对于法学院教育模式的适应和基础知识体系、思维模式的初步形成，学院开始引导学生找到自己的兴趣点，并持续投入以形成优势。在人才分流培养上，哈佛法学院划分出"法律与政府""法律与社会变革""法律与商业""国际与比较法""法律、科学与技术"等 5 个方向。同时为各方向提供后续的培养支持机制，各方向配套有复合型的课程及模块，包括[2]：（1）一门左右的初

---

[1] 张沪宁. 哈佛大学法学院的课程设置. 清华法学，2006（3）：327.

[2] 汪习根. 美国法学教育的最新改革及其启示——以哈佛大学法学院为样本. 法学杂志，2010（1）：36.

级课程，给之前没有基础的学生提供知识背景、分析视角技巧和引导性材料；（2）两门左右的进阶课程，包括法律诊所（Legal clinical program）和其他课程，在具体的领域或者特定的政策问题上进行熏陶；（3）一次左右的顶级（capstone）学习机会，包括研讨、高级诊所、其他院系学习历练；（4）其他培养方式，如研究项目、暑期工作机会、志愿者服务等。

在第二和第三学年中，哈佛法学院学生需完成52个选修课学分。其选择的灵活度较高，可跨专业在经允许的其他学院进行选修，不过每学期至少要有8学分来自法学院。法学院会建议学生选修会计学、公司法、税法、宪法等课程，因为这些课程构成理解现代商业社会的基础。

北大法学院在全国率先实行了分方向培养，目前共开设了18个方向，即宪法与行政法、刑法、诉讼法、民法、商法、财税法、金融法、房地产法、市场竞争法、公司证券法、电子商务法、知识产权、卫生法、国际公法、国际商法、法律与公共政策、人权与人道法、环境资源与能源法等，分别依托相应的研究中心培养。各方向均设有个性化的培养方案，所开设的课程强调专业性、实务性和应用性，经常外聘知名教授、实务部门专家授课，采取专题研讨、案例分析、模拟法庭、现场观摩等多种形式教学。

3. 第三学年：结合就业突出特长

职业能力的提升是在三年内逐步完成的，无法一蹴而就，第三年直接对接就业，是前期综合努力的落地阶段。北大法学院的做法是将专业实习纳入培养计划中，并制定有专门规范。具体而言，学生须在法律实务部门进行至少4个月的毕业实习，完成实习报告，鉴定合格方能毕业。2015年起学院进一步强化了实习的过程管理，同时与实务部门合作，共建了一批教学实践基地，提供了大量高品质的对口实习机会。

哈佛法学院没有在教学计划中设置专门的毕业实习环节。学生主要通过第一和第二学年的暑期进行实习，与用人单位双向选择达成雇佣意向。学院在就业咨询、实习机会获取等方面提供了不少支持。

（二）突出专业训练——以实践能力综合提升为中心

三年的培养体系提供了一个基础框架，要实现高水平就业目标，关键还在于有针对性地加强职业能力训练。在就业竞争日趋激烈的环境中，这一点越来越受重视。哈佛和北大作为法学教育领先者，对此都作出了明确安排和积极应对，尽管在具体形式上有所区别。

1. 哈佛法学院：系统成熟，课程丰富

受到现实主义法学的影响[1]，美国的法律教育比较倾向于实践化。哈佛课改通过改革兰德尔模式，增加实践性法律课程，意在使法学回归实用之学。这些职业能力训练课程包括法律研究和写作、律师分析方法、谈判、法律职业等[2]。（1）法律研究和写作（Legal research）训练学生如何找到可适用的法律，并以书面或口头形式加以呈现，主要是撰写法律意见书或分析简报、掌握法律检索方法、参与模拟法庭。（2）律师分析方法（Analytical methods for lawyer）包括几项内容：决策分析、博弈规则与信息、合同、财务会计、统计、法律经济学。（3）谈判课（Negotiation）帮助学生掌握诉讼或非诉业务中的各种谈

---

[1] 吕世伦，付池斌. 现实主义法学对美国法学教育的影响. 东岳论丛，2006（2）：179-181.

[2] 汪习根. 美国法学教育的最新改革及其启示——以哈佛大学法学院为样本. 法学杂志，2010（1）：36. 具体课程列举全部来自哈佛法学院官网课程表，最后访问时间2018年5月2日，以下网络资源最后访问时间亦同。

判技巧，提高达成交易的能力。（4）法律职业课程（Legal profession）强调律师职业的伦理规范，除一般原理介绍，还涉及商业、公益及刑辩律师业务中的具体要求。

2. 北大法学院：整合资源，效果显著

北大法学院较早认识到法律硕士实践能力提升的重要性，借助区位优势和品牌资源，主动与法律实务部门对接，同时引导动员师生投入教学改革，多管齐下，成果显著。典型举措包括开设案例研习课、高端实务课、法律检索与写作课等，同时积极开拓第二课堂和实践基地。

（1）案例研习课——超越案例，重在思维

针对以往课程教学中对学生法律思维、逻辑能力的训练较少且缺乏系统性的问题，北大法学院尝试通过开设与三大部门法及诉讼法相配套的案例研习课程，承担起方法论传授的功能。该系列课程的重点不是某一部门法知识的讲授或重温，而是放在解题能力的训练和方法的养成上；既非以法说案，也非以案说法，而是训练学生运用理论解决案例和论证说理的基本能力。通过高强度的、反复的、阶梯式的训练，使学生解决案例问题的思维方法得到充分锻炼，进而在法律领域中，培养出一种娴熟的技艺，最终达到举一反三、应用自如。[①]

对该类课程，学院确立了以苏格拉底式教学法为主、由两位授课老师共同负责、总分式上课的模式，提出高难度、重责任的规范化教学要求，按 1∶20（甚至更高）的比例配备助教，教师须布置作业并带领助教及时批改给学生反馈。同时给予特殊支持，以保证课程顺利开展，如大力度提供助教经费、在教材资料购置上优先满足等。这种教学模式有效地调动起每位选

[①] 《关于〈刑法案例研习〉的选课通知》，载北京大学法学院官网：http://www.law.pku.edu.cn/jx/jxpy/kcjs/10810.htm。

课学生的主观能动性，使他们从通常的围观式课堂角色转变为深度参与者；经过十几次课的高强度训练，学生更能深刻领悟法律思维，掌握法律适用的方法。调查问卷结果显示，75%以上的参与同学认为案例研习课使自己的法律功底更为扎实。[①] 目前，北大法学院已开设"民法案例研习""刑法案例研习""民事诉讼案例研习""刑事诉讼案例研习"四门案例研习课程，新的课程也在加速孕育中。

（2）高端实务课——开启行业法律专家之门

为培养高层次应用型、复合型法律人才，北大法学院开设了一批精品实务类课程，目的是让学生接触特定行业的发展现状，结合学科基本的原理和方法，发现问题并培养解决问题的能力。这些课程使学生对真实业务中的热点和难题有了更直观的认识，包括：合同法实务、刑事辩护实务、司法实务与前沿、民事执行法理论与实务专题、专利信息利用、专利代理实务、知识产权法律实务、"天元"律师实务等。课程融合了校内外优质师资，一般采取校内外专家携手打造，由本院教师主持、精选实务部门专家合作授课，契合实践性人才培养目标，学生认同度高。

（三）紧扣时代需求——人才培养再升级

有了系统性的培养方案作基础，加上对职业能力塑造的强调，北大法学院和哈佛法学院的毕业生在职场上具备了很强的竞争力。但两院并未就此停步，而是因应现实的发展，在提高国际化水准、创造性解决问题和探求现实性法律真知等三方面持续投入，不断创新。

[①] 郭雳. 北大法学院怎么改革法科研究生教育. 光明日报，2016-11-01 (13).

1. 全球化现状要求国际化的人才

现代科技支撑下的全球化已成为常态，高端法律人才必须具备国际化的视野和能力。世界一流学府应主动为有潜质的学生提供跨文化交流和学习的机会，克服个体或地域的局限，实现全面发展。

（1）哈佛法学院的变革

哈佛法学院在国际化法律教育上最具特色的贡献是丰富的海外法律诊所。[①] 例如通过国际人权法律诊所调查巴西的监狱状况，通过谈判和仲裁法律诊所评估亚洲开发银行的争端解决系统。此外，该院有超过90门课程或阅读小组专注于国际法、外国法和比较法，课改后更成为美国首家在J.D.项目第一年新增"国际法/比较法"系列课程的法学院。正如主持改革的时任院长Minow教授所指出，如今没有国际化的视角，学生就不可能为未来从事法律实践、人权工作或商务活动等做好准备。[②]

课改后，哈佛法学院一年级学生要在五门国际法/比较法课程中选择一门：国际公法、国际经济法、宪法与国际秩序、中国法以及各国私法系统和学说。Blum教授认为，在一年级开设这类课程是使学生们就某一感兴趣的领域，对国内和国际机构、制度的复杂性，法律或习惯的形成和关联，法律与社会、经济、历史、政治等的互动，以及法律在不同社会的演变和发展等问题开展学习。中国法课程中，Alford教授会要求学生对中国历史上正式或非正式法律制度所扮演的角色进行思考。[③]而经过一

---

① 哈佛法学院官网：https://hls.harvard.edu/dept/ils/。
② 哈佛法学院官网：https://today.law.harvard.edu/feature/a-curriculum-of-new-realities/。
③ 哈佛法学院官网：https://today.law.harvard.edu/the-new-curriculum-embraces-laws-increasingly-transnational-nature/。

年级的学习,这些学生可在接下来的两年内,更好地从学院近80门国际法相关课程中选修深造,他们当中的不少人还会利用哈佛法学院提供的交流项目海外访学。①

(2)北大法学院的拓展

北大法学院对学生的国际化培养,也从课程设置和对外交流两方面展开。课程设置上,一是由本院教师讲授国际法的相关课程,如基础必修课中的国际法学,以及国际商法、国际法方向的许多课程②;二是增加境外教师直接授课的比例,提供原汁原味的外文教学。近年来,学院聘请三十多位海外著名学者、实务专家担任访问学者,开设了"Global & Comparative Law"系列课程、"普通法精要"课程等,引导学生参与各类模拟法庭竞赛。学院还签约设立"众达全球化与法治讲席教授",著名宪法学家、耶鲁法学院葛维宝(Paul Gewirtz)教授成为该讲席首任教授。这些英文类课程旨在拓展国际视野,实现专业知识、技能与语言表达的结合,培养北大学生在全球化环境下理解、运用法律的能力。

对外交流上,法学院通过多种方式提供海外留学和海外实习机会。不同地域和时间跨度的交换项目近百项,此外还有暑期学校、博士生会议、创新计划、联合培养等多种跨境访学渠道。学院与欧美、亚太、港澳台等地区的国际组织、高校研究

---

① 哈佛法学院官网:https://today.law.harvard.edu/the-new-curriculum-embraces-laws-increasingly-transnational-nature/。

② 在现有的17个专业方向中,主要是国际商法和国际法方向会在必修课之外接触较多国际法方面的课程。例如国际商法方向的专业必修包括"国际货物运输法律与实务""国际投资法""国际商事融资与税收""国际贸易法专题"等,专业限选包括"WTO法律制度研究""国际私法""国际商事仲裁"等。国际(公)法方向的专业必修包括"国际法基本理论""国际司法判例""中国国际法实践""国际组织法"等,专业限选包括"国际环境法""国际人道法""国际法英文原著选读""欧盟法"等12门。

机构、律所企业等签订合作协议，加快推进海外实习这一国际化培养途径。例如，与日本住友化学、香港大律师公会、爱尔兰 A&L Goodbody 律所等均有合作，表现优秀的实习生还有可能直接获得工作机会。

2. 创造性解决实践问题

这一维度是对此前"突出专业训练，综合提升实践能力"的升华，更加强调在特定情境中培养创造性解决问题的能力。不同于一般的职场环境，这种训练过程需要人为创设和加以特殊引导，呈现结构上的复杂性。法律诊所等创新性活动是其中典型。

（1）哈佛的传统与革新

哈佛法学院具有悠久的法律诊所传统，也是目前诊所教育最发达的法学院，主要包括校内法律诊所（In-house clinics）和外部法律诊所（Externship clinics），其中外部法律诊所遍布全美数百家机构，涉及 30 多个法律领域。2018—2019 学年共有校内诊所 13 个，外部诊所 11 个，以及其他诊所项目 11 个。诊所项目面向二、三年级 J.D 学生，其可以由此提升多方面技能，包括接受咨询、代理出庭、法律检索和写作、政策文件起草、调查分析、谈判等。[1]

除了诊所教育，哈佛课改还新增一门"问题与理论"课程，以增强学生知识运用的能力。它旨在弥合课程学习与律师实践之间的差距，学生将从客户和律师的角度分析实践性问题。相比抽象地学习法律，该课程更倾向于这样发问：律师要解决怎样的问题，如何解决？他们需要什么样的知识结构，有哪些实践性考量？课程需要学生相互合作并提交小组作业，形式包括法律意见书、法律分析简报等律师日常文件。作业的频次很高，

---

[1] 哈佛法学院官网：https://hls.harvard.edu/dept/clinical/clinics/。

正如律师需要及时回应客户的问题。①

（2）北大：中国特色的实践性法律教育

北大法学院推出的诊所式法律实验教学体系，分为教学环节和实践环节，包括法律诊所课程、模拟法庭教学等。② 诊所式法律实验教学中心开办过如下课程：民事行政诉讼法律诊所、立法建议诊所、公益法律诊所、非营利组织诊所、环境法诊所、社区法治建设诊所、高等院校学生权利保护诊所、法律援助研究诊所、谈判诊所等。例如，诉讼法律诊所以民事、行政案件的代理咨询为主要内容，立法建议诊所则主要起草并推动法律和其他规范性文件的建设和完善。李克强总理、英国最高法院首席大法官托马斯爵士等在视察北大法学院时，都对法律诊所课程的探索表示了兴趣和肯定。

除了日益丰富的诊所教育，北大法学院还鼓励学生积极参与富于创造性的模拟法庭，并为此开设了以模拟法律实务为导向的专门课程，为学生参加国内外各种专业赛事提供理论辅导和赛前训练。近年来"Jessup 国际法模拟法庭比赛""Willem C. Vis 国际商事仲裁模拟辩论赛""国际刑事法院模拟审判竞赛""亚太地区企业并购模拟竞赛""理律杯"等大赛中，北大学子连续在全国、在亚太区拔得头筹，并在全球决赛中取得中国大学历史最佳战绩。

3. 探求现实性法律真知

法律内生于国家的权力架构之中，这决定了要掌握一国的法律，首先要了解该国的权力结构，包括外在的制度结构和内部的运行机理。各国的历史发展和国情实际不同，因此必须加

---

① 哈佛法学院官网：https://hls.harvard.edu/dept/academics/winter-term/problem-solving-workshop/。

② 北京大学诊所式法律实验教学中心网址：http://www.legalclinic.pku.edu.cn/index.htm。

强对本国法律与政治、与司法以及与国家权力之间配置的理解。处在中美不同的环境，哈佛法学院和北大法学院分别根植本土，帮助学生更深入地探求法律真知。

（1）哈佛：美国——规制型国家

哈佛课改后新增了"立法与规制"（Leg-Reg）课程，意在从本质上拓展一年级 J.D. 学生的视野。该课程不限于讲授法律法规的执行层面，更关注立法过程、机构间关系、促进法律形成和解释的政治动力等方面。研一学生因此可以很好地理解国家机构框架和规制国家的模式，为高年级其他课程，如环境法、证券法、电信法乃至宪法的学习，打下坚实基础。①

（2）北大：中国——政法难分家

国情教育也是北大一年级硕士生的必修课。"马克思主义法理学"作为思政课在法学院的特色版本，实际上也是探讨中国的权力结构、政治与法律间关系等重大问题的课程。以侯猛老师 2017 年的课程大纲为例，主题涉及阶级、革命、国家、权利、农民、中国、治理、法治、政法等。这些主题的研讨涵盖了中国语境下的政法关系，不再静态刻板地复述纸面上的权力分配与法律运作，而是帮助学生理解中国特色下的权力运行和治理方式，对于培养解决中国问题的人才具有突出意义。

三、北大法硕教育的反思与展望

通过上述比较可以发现，北大法律硕士培养模式在彰显本

---

① 汪习根. 美国法学教育的最新改革及其启示——以哈佛大学法学院为样本. 法学杂志，2010（1）：34.

土特色的同时，充分借鉴国际成功经验，在课程设计和培养思路上取得了显著发展，自身的科学性和前沿性并不逊色于国际顶尖法学院。当然，基于实现教育资源与生源、生源与市场需求双重匹配的目标，持续地总结积累经验，不断反思和改进，是必要的。首先，课程和方向设置上仍有可斟酌完善之处；其次，对发展的制约因素需要进一步厘清，资源投入应当加大。

（一）课程设置

从第一年的课程来看，北大法硕的必修课较多，与本科相应课程的区分度整体上也不大。一方面这具有现实原因，也基于多数学生的要求，因为相比哈佛J.D学生，国内法硕学生在就业、通过司法考试等问题上面临的压力更大些。学生们普遍希望在第一年就尽可能修完基础必修课，以便较快进入专业学习，同时也为司考、实习做准备；而基础课的多设，也为减轻用人单位常见的对于法硕学生法学根基不够扎实的顾虑。另一方面，以一年时间密集安排几乎所有的基础必修课，容易造成课业庞杂繁重，同时方式上也不得不多采取类似本科生阶段的、以教师讲授为主的大课模式，学生疲于应付课程考核，参与、兴趣和深入程度均受影响。这一对矛盾如何更好地处理，是否对课程总数做适当调减，可否根据不同学生实际开展一些差异化分流，仍需师生们认真地沟通研究。

哈佛课改新增的一年级三类新课，从入学伊始就引导学生从较宏观、较具统合性的视角审视法律问题。北大课改的拳头项目——系列案例研习课程，也有这方面的意味，例如前述提及哈佛"问题与理论"课程中的许多做法，甚至是苏格拉底式教学法，在北大案例研习课上都得到体现。不过，总分结合、精耕细作的案例研习课，一般需要必要的学科基础知识打底，因此目前多在研二、研三来进行。从培养效果来看，案例研习课较之哈佛课程亦不遑多让，在某些方面甚至更符合我国大陆法系的传统和现实。习近平总书记要求扎根中国大地办大学，不应把北大办成"第二个哈佛"，而是要办成"第一个北大"。就课程创新而言，北大法学院案例研习课程办出了特色，是很好的尝试。

（二）方向整合

哈佛法学院在其J.D项目二年级起，设置了5个方向，分别与政府、商业、国际、科学技术以及社会变革相挂钩，比较综合和抽象，重势胜于重术。相形之下，北大法学院现有的18个方向和具体学科、未来执业领域结合程度更高，但稍嫌细碎，各方向的发展情况也存在差异。应当说，划分方向总体上有利于人才的专业化培养，但实际效果的发挥还有赖于持续性配套保障体系，包括师资投入、课程安排、实践机会等。目前一些较为新兴和冷门的方向，在教学资源和教育方法上仍有待充实积累，和传统部门法的关系可以进一步加以论证。

与此同时，教学质量、就业状况、同侪评价等都会影响学生们的选择，某种程度上也提供了方向设置合理性方面的指针。当然，学生和市场的反映并不总是理性的，新兴学科和方向在起步时也往往面临理论支撑不足、实践经验欠缺的短板，需要予以平衡把握。北大法学院综合学生需求、市场需求、教学资源和发展潜力等因素来确定培养方向，并尝试建立了动态调整机制，对于某年份报名录取人数过少的方向，由学院和相关中心商定是否当年暂停招收。整体上，北大法硕的诸多方向似有必要做一定的集中整合，对发展长期不够理想的部分方向加快改革，使学生在具备精细专业能力的同时对法律有一个更好的全局把握。

(三) 资源投入

无论是开展法律诊所教育、聘请校外专家讲授高端实务课程,还是提升国际化培养水平、支持学生参加国内外模拟法庭,都需要大量的资金和人员投入。以北大课改中的案例研习课为例,小班化教学不仅需要授课教师的加倍付出,也使助教需求有了五倍到十倍的增长。对勇于开拓创新、教学任务加重的教员,北大法学院想方设法给予了一定的激励,同时尽最大可能增配了助教,并明确了其职责,使他们通过新角色继续学习。毕竟优质的教育离不开物质基础的保障,这对于学生和教员个人发展都具有重要意义。

近年来,国家加大了对教育事业的支持,双一流建设令中国大学的发展进入一个新阶段。各法学院也在积极地多方寻求捐赠、合作开发来筹集资金,改善软硬件水平,提高培养质量。值得注意的是,作为办学经费重要来源的学费标准已经十多年没有调整,包括北大法学院在内的国内法硕项目每学年收费仅2万元人民币左右。哈佛法学院2018—2019学年J.D项目每学年的学费达63 800美元(约合40万元人民币),而国内其他专业型研究生的学费也常见5万~20万元/年。对于一个有着良好就业前景的项目,适当调涨学费以帮助覆盖成本上升、帮助其可持续地发展,是合理且急迫的。与此同时,应加大奖助学金支持,梳理现有多条线的奖助体系,增加学费弹性,提高法硕学位项目中家境一般同学的受惠度。

2018年5月2日习总书记在北大师生座谈会上发表重要讲话,谈到"学生在大学里学什么、能学到什么、学得怎么样,同大学人才培养体系密切相关",要求形成更高水平的人才培养体系。通过比较哈佛法学院和北大法学院的专业型研究生培养体系,有理由对建设"中国特色、世界一流"充满信心。同时,中国的法学院应继续秉承求真务实的精神,通过不断完善项目设计、优化资源配置,更好地解决法硕项目发展中的不充分、不平衡问题。

(本文原载《学位与研究生教育》2018年第11期,感谢该刊及编辑赵清华老师对本文集项目的大力支持,文章略有修改)

吴经熊法学思想的中西之辨[*]

聂　鑫（清华大学法学院教授）

20 世纪 90 年代以来，大陆学界关于吴经熊其人其学的研究成果已有不少。[①] 在英语世界，安守廉教授与沈远远教授所著《法律是我的神明：吴经熊及法律与信仰在中国现代化中的作用》[②] 一文，对于吴经熊的法学思想与法律实践做了很好的诠释，本文仅仅是对以上大作提供一个小小的注脚。

一、"全盘西化"的吴经熊

在近代中国留洋归来、"学贯中西"的法学家中，吴经熊

---

[*] 2007—2008 年，承蒙安守廉教授的邀请，受国家留学基金委公派联合培养博士生项目资助，笔者在哈佛大学法学院学习；在此后的学术生涯中，也常常得到安教授的指导与惠助。谨将此文献给安教授七十大寿，聊表寸心。

[①] 笔者检索中国知网，以吴经熊为题的期刊论文有 51 篇，硕博士论文有 20 篇，未收录的研究成果应该还有不少。

[②] William P. Alford &. Shen Yuanyuan. "Law is My Idol"：John C. H. Wu and the Role of Legality and Spiritualty in the Effort to "Modernise" China. *Essays in Honour of Wang Tieya*, ed. R. St. J. Macdonald (1993).

(John C. H. Wu）可能是最为西方人所知也最有魅力的一位，堪称"法学界的林语堂"①。吴经熊（1899—1986）毕业于上海东吴大学法科，后赴美留学获密歇根大学法学博士，他与美国最高法院大法官霍姆斯（O. W. Holmes）是忘年之交。作为近代中国法律人的代表人物，吴经熊的经历非常丰富，他曾任东吴大学法学院教授、院长兼法律系主任，巴黎大学、柏林大学、哈佛大学研究员，夏威夷大学教授。他又历任上海特区法院法官、院长，南京国民政府立法院委员兼立法院外事委员会主席，立法院宪法起草委员会副委员长、中华民国宪法起草人，驻外公使。②其间，他还成功开办过律师事务所。他是著名的法学教授、重要的立法者、成功的律师、出色的法官，还是文学家和哲人。③

与近代中国的留学欧美归国的大部分法界精英（如王宠惠、王世杰、钱端升）相较，吴经熊似乎更加"西化"；作为一个坚持个人主义的天主教徒，在"救亡压倒启蒙"的大时代，他显得特立独行，甚至有些"玩世不恭"。吴经熊为人为学是如此"西化"，以至于有学者得出如下结论：吴经熊著作的理论范式"无一不是西方的"，"很难当得上一个'中国法学'的代表人物的头衔"；吴经熊早期作品《法律哲学研究》所收其中国法制史的文章，"更像是一个'汉学家'的手笔"；"事实上，隐其姓名，瞒称作者乃英美某国人氏，也不会招致太大疑问。"④

---

① 在耶鲁大学取得法学学位的王宠惠的政治生涯比吴经熊的要显赫得多，也有英译《德国民法典》的美谈；但是王宠惠谈不上著作等身，也没有如吴经熊一般得到霍姆斯（Oliver Wendell Holmes, Jr.）、庞德（Roscoe Pound）、魏格莫（John Henry Wigmore）、卡多佐（B. N. Cardozo）、斯塔姆勒（Stammler）等众多西方法学巨擘的青睐。

② 吴经熊于1946年欣然赴罗马就任国民政府驻梵蒂冈公使，尽管梵蒂冈只是一个微型国家，但对于天主教徒吴经熊来说，其意义异乎寻常。

③ 王健. 超越东西方：法学家吴经熊. 比较法研究，1998（2）：221.

④ 许章润. 当法律不足以慰藉心灵时——从吴经熊的信仰皈依论及法律、法学的品格. 月旦民商法杂志，2004（3）：82.

二、吴经熊法学思想的"中体西用"

吴经熊的法学论著固然十分西化，但吴经熊本人对于法律、法学上中/西的划分似乎有不同的看法。20 世纪 30 年代国民政府民法典颁布，有人将其条文与德国、瑞士等国法典逐条对校，发现"倒有百分之九十五是有来历的，不是照账誊录，便是改头换面"，这是否意味着民国的立法工作毫无价值呢？对此，身为立法委员的吴经熊解释说："世界法制，浩如烟海；即就其荦荦大者，已有大陆和英美两派，大陆法系复分法、意、德、瑞四个支派。我们于许多派别当中，当然要费一番选择工夫，方始达到具体结果。选择得当就是创作，一切创作也无非是选择。""立法本可不必问渊源之所自，只要问是否适合我们的民族性。俗言说得好，无巧不成事，刚好泰西最新的法律思想和立法趋势，和中国原有的民族心理适相吻合，简直是天衣无缝！"① 欧美各国法制有所差异、西方法学流派众多，根据中国的实际对于西方制度有所选择，基于自身的文化背景对于西方法学中的某一或某几流派"择善而从"，这或许也是"中体西用"的表现。吴经熊这么一个看似"全盘西化"、秉持"个人主义"的人物，其法学思想依然是融汇中西。吴经熊本人的法学思想深受霍姆斯和庞德的影响。而这两位法学家在当时美国法学界都可谓特立独行之辈，霍姆斯被称为最高法院大法官中"伟大的异议者"，庞德与当时美国主流的形式主义法学也是格

---

① 吴经熊. 新民法和民族主义//吴经熊. 法律哲学研究. 北京：清华大学出版社，2005：172-173.

格不入。不过霍姆斯和庞德所代表的"泰西最新的法律思想",倒是与中国传统文化有"会通"之处。

霍姆斯的名言是"法律的生命不是逻辑,而是经验",其所代表的法律实用主义拒绝建立一个哲学系统,因为任何系统都不能持久;把握其法学思想必须从具体的生活中、只言片语中抽丝剥茧出来,以便从片段的洞察与透视中建立起他精神世界的整体。① 在霍姆斯看来,"系统思想是贫乏空洞的,洞见才是有价值的,而洞见易受系统的扼杀"②。霍姆斯充满"禅意"的法学观,与中国人的思维习惯可以说十分接近。③ 美国实用主义哲学(包括实用主义法学)在中国的流行,一方面源于胡适、吴经熊等留美精英的鼓吹;另一方面也源于其与传统中国哲学有"会通"之处,易于中国学人理解和接受。吴经熊所谓霍姆斯在思想上比自己更像东方人,并非无因。④

庞德作为现代社会法学派的领军人物,提出"法律是社会控制的工具",强调法律的社会目的、效果与作用;他发展了耶林的功利主义法学,提出"社会利益保障说",强调司法中应对社会利益加以衡量、实现社会利益,而不是机械地依照法律实现所谓"正义"。吴经熊于先后在美国学习、讲学的时代(1920—1930),法律形式主义(类似于今天所谓的"法教义学")仍然在美国大行其道。吴经熊尽管先后做过法官、律师,可他本人对于技术化的形式主义法学毫无兴趣,甚至心怀抵触。

---

① 田默迪. 东西方之间的法律哲学:吴经熊早期法律哲学思想比较研究. 北京:中国政法大学出版社,2004:161-185. 吴经熊本人在其自传中也认为他与霍姆斯相比,后者更加"东方化"。

② 吴经熊. 超越东西方. 周伟驰,译. 北京:社会科学文献出版社,2002:104-105.

③ 尽管试图调和霍姆斯和斯塔姆勒(旧译斯丹木拉)的法学思想,但吴氏首先还是一个实用主义者。

④ 同②148.

◆ 绿竹猗猗

1930年他再次来到哈佛大学访学而大失所望:"我在那里不是很快活,因为庞德离开了那儿","我与约瑟夫·比尔相处得很好,但他对我助益不大,因为他更算一个法律技术员而非法哲学家。我的精神不振,我的心灵一片空白,我多少有点觉得离开中国是个错误……"① 吴经熊将以庞德为代表的西方法律社会化思潮与传统中国的"王道""大同"思想相类比,并在立法中贯彻这一思想。与欧美近代资本主义崇尚个人主义与自由竞争的理念不同,中国传统文化中历来有"不患寡而患不均"的财富观与"大同"的理想。吴经熊对于20世纪以来西方法律社会化的潮流"心有戚戚",认为"泰西的法律思想,已从刻薄寡恩的个人主义立场上头,一变而为同舟共济、休戚相关的连带主义化了。换言之,他们的法制与我国固有的人生哲学一天接近一天!我们采取他们的法典碰巧同时也就是我们自己的文艺复兴中重要的一幕,也就是发挥我们的民族性!胡汉民先生曾说过新《民法》为我们民族性中根深蒂固的王道精神的表现。"②

三、"超越东西方"的法律"文艺复兴"

关于吴经熊在20世纪30年代后逐渐远离法学与法律职业,从"将法律作为神明"转而虔信天主,并将研究重心转向宗教与哲学的缘由,有学者认为是其参与中国法制建设的过程中遭遇挫折所致:本想做中国法律的"文艺复兴"中的"孟德斯

---

① 吴经熊. 超越东西方. 周伟驰,译. 北京:社会科学文献出版社,2002:140.
② 吴经熊. 新民法和民族主义//吴经熊. 法律哲学研究. 北京:清华大学出版社,2005:176.

鸠","而现实总是残酷的,这或许可以解释为何'吴博士'终皈依耶门,埋首译经中接送晨钟暮鼓。"① 关于吴经熊中年职业、学术兴趣与信仰的转向,安守廉教授与沈远远教授的相关论文则与上述看法有所不同;他们不赞成将吴经熊的为人为学前后截然两分的观点,尽管不少学者甚至吴经熊本人的自传都认为其前后段泾渭分明。也许正是在移植欧美制度与思想、推动中国法律彻底西方化的过程中遭遇挫折,才让吴经熊认识到现代法制建设的本土资源问题。②

与林语堂所谓"两脚踏中西文化,一心评宇宙文章"的自我评价类似,吴经熊将其英文自传命名为《超越东西方》(Beyond East and West),这不仅是其自我定位,也是对中国未来发展的一种期许。从25岁留学归国到50岁离开祖国,吴经熊担任了法学教授、法官、律师、立法者、制宪者、外交使节等多个职位,很少人有机会从这么多个角度重新认识中国文化与中国的法律问题。作为法理学的研究者,他在人生的后半段并没有远离法律与法学;他自觉不自觉地致力于东西方宗教与哲学的研究,或许正是为了从头做起、真正"超越东西方",最终实现中国法律的"文艺复兴"。

---

① 许章润. 书生事业、无限江山——关于近世中国五代法学家及其志业的一个学术史研究. 清华法学: 第四辑. 北京: 清华大学出版社, 2004.
② William P. Alford & Shen Yuanyuan. "Law is My Idol": John C. H. Wu and the Role of Legality and Spiritualty in the Effort to "Modernise" China. *Essays in Honour of Wang Tieya*, ed. R. St. J. Macdonald (1993).

刑事司法中的公民个人信息保护

程 雷（中国人民大学法学院副教授）

本文的创作在很大程度上归因于笔者与安守廉教授在哈佛大学法学院的两次交流。2016 年与 2017 年夏天，笔者两次访问哈佛大学法学院，第一次系参加中国人民大学教师发展中心与哈佛大学法学院共同组织的青年教师培训班，为期一个月的培训让自己有机会重新成了一名法学院的"学生"，近距离地与安教授及其同事进行细致、深入的交流；第二次系随中国人民大学法学院代表团参加"日内瓦—人大—哈佛—悉尼大学"四校法学院年度研讨会，在研讨会上，安教授和笔者就中国刑事司法中的个人信息保护问题面临的困境以提问的方式进行了交流。

安教授在培训班上为我们讲授的主题为"中美关系与法律发展"，在研讨会上对我提出的问题为"如何看待中美经济深度融合的背景下刑事司法中的信息保护"。笔者在撰写本文的过程中愈发感觉到安教授的授课与提问背后蕴藏的真谛，特别是其据广阔的观察视野所预见到的中国刑事司法中个人信息保护所面临的真正问题。在他的视野中，法律是在社会生活与国际关系中存在的，"世界的也是中国的，中国的也是世界的"，即使是刑事司法这一极具司法主权的传统性法律事务，最终也会面临国际化的挑战，也不得不适应国际化的基本趋势。

笔者在本文中所讨论的刑事司法与公民个人信息问题进一步凸显了安教授的上述判断，因为信息社会的到来进一步加速了核心生产要素在不同国家间的流动速度，外国企业在华的生产经营方式与核心业务，也逐步转变为信息的收集与利用过程。刑事司法领域对信息的管控与信息跨国自由流动之间的冲突与角力，会对刑事司法的传统发展轨迹产生重大影响，为刑事司法的国际化趋势增加新的动力。

在与安教授进行的数次学术交流过程中，笔者深深地感受到在他的研究中，其对中国法的阐释与理解。政治、经济、文化与法律之间存在密不可分又相互作用的紧密联系，而发现上述诸多因素对法律的影响方式与程度，恰恰是学术研究的核心问题所在。在他那里，问题永远比答案更重要，问题意识代表着观察社会实践的法律视角之独特性，而交叉学科的知识以及对中国传统文化的理解，恰恰是发现问题能力的重要基础。这种思维方式与学术方法特别值得我们这些后生细细品味、理会、践行。

一、问题的提出

传统刑事司法过程中，为抗制犯罪，政府主要通过讯问、询问、搜查、扣押等常规侦查手段获取案件事实信息。伴随着社会发展形态由工业社会向信息社会的转型，信息成为社会发展,尤其是政府管理中最为宝贵与重要的资源。刑事司法执法程序作为社会控制的重要机制,必然要顺应信息社会发展的浪潮,客观上必然要求作为信息资源最大持有者的政府管理部门最大化地收集与利用个人信息。与此同时,人类社会逐步迈向文明与进步,刑事诉讼程序的逐步正当化对传统侦查行为也施加了越来越多的适用条件与限制。上述两方面因素叠加,政府部门获取信息的主要方式正在经历"由强制到监控"的转型,政府监控特别是秘密监控,由于其强大的信息收集功能,逐步成为刑事司法与执法过程中侦查取证的主要工具。

秘密监控系政府部门在公民不知情的情况下对公民的各类个人信息实施的截取、分析、使用行为。在刑事司法、情报信息、国家安全三大领域中,针对公民个人信息的监控自古有之,但伴随着信息社会的深入发展,秘密监控与信息社会之间存在相互融合、彼此促进的关系。秘密监控已经成为获取与利用公民个人信息最为广泛、最为深刻的领域,特别是伴随着大数据科技浪潮的兴起,公民在社会生活的方方面面留存的海量数据日益成为秘密监控的重要对象,许多公开获取公民信息的媒介所储存的大数据,也被应用到刑事司法、情报信息与国家安全领域,公民信息被干预的规模与概率呈现几何倍的增长。

一方面,从公民个人的角度观之,上述刑事司法的转型过程事实上也是"用隐私换安全""用信息换安全"的过程,公民让渡部分个人信息由政府加以利用以获得更为安全、稳定的生活状态,以及更为正当、文明的刑事司法程序,这一"交易"过程实属信息社会发展之必然。然而,交易是有对价的,公民让渡个人信息权的前置条件是推定刑事司法系统能够正当化利用公民个人信息,政府监控应当受到正当程序的法律规制。

另一方面,当我们回顾人类信息保护的发展历史,必须警醒地认识到对公民信息自由与安全的最大威胁莫过于政府。回首上世纪的短暂历史进程，信息滥用导致的沉重灾难无不与政府滥权有关：无论是第二次世界大战时期德国纳粹政权利用人口普查获取的信息对犹太人进行系统、集中的迫害，还是美国政府将美籍日裔集中移送至类似集中营的重新安置中心，再到20世纪六七十年代我国"文化大革命"浩劫当中，基于档案而制造了一系列冤假错案。① 21世纪以来，9·11事件后的全球反恐局势及各国政府相应地顺应信息社会的发展，在情报收集与刑事执法领域开展的大规模信息收集工作，已经成为全球社会对信息安全与隐私保护的最大隐忧。美国斯诺登事件的持续发酵，进一步加剧了全球对于多个国家开展大规模信息监控的担心。

从各国个人信息保护法的角度来看，侵权风险最高的国家安全与刑事侦查领域中的个人信息保护多处于被遗忘的角落。许多国家的个人信息保护法均将国家安全作为一项常见的适用例外加以排除，以保证执法机关的活动不受外界的干预和影响②，刑事执法领域的个人信息保护也被多数国家部分或者全部排除在个人信息保护法之外。③ 与民法领域的个人信息保护、

---

① 姚岳绒. 宪法视野中的个人信息保护. 北京：法律出版社，2012：5-6.
② 多数国家的个人信息保护法都将国家安全与刑事司法领域的个人信息保护排除在法律适用范围之外。周汉华.《个人信息保护法》（专家建议稿）立法研究报告. 北京：法律出版社，2006：57.
③ 这一状况伴随着2016年4月27日欧洲委员会与欧洲议会通过关于刑事执法司法中保护公民个人数据的专门指令而出现变化。在该指令中欧洲立法机关首次将刑事执法司法中的个人数据保护问题纳入规范视野，并开始尝试将个人数据保护的基本原则与范式部分移植到刑事司法领域。由于该指令尚需两年左右的时间才会内化为欧盟各成员国的国内法，关于实施效果与影响仍需进一步观察，关于该指令详见 Directive (EU) 2016/680 of The European Parliament and Of The Council of 27 April 2016 on the protection of natural persons with regard to the processing of personal data by competent authorities for the purposes of the prevention, investigation, detection or prosecution of criminal offences or the execution of criminal penalties, and on the free movement of such data, and repealing Council Framework Decision 2008/977/JHA.

个人信息保护法对政府行政行为的约束相比，基于国家安全、社会安全的例外事由遮蔽下的刑事司法、执法领域中的个人信息保护，已经成为个人信息保护整体制度的短板。[①] 这一状况在我国刑事诉讼法的法益保护体系中显得尤为明显，中国刑事诉讼仍处于重人身权、轻财产权、严重忽视隐私权保障的传统刑事诉讼法时代[②]，此种状况严重滞后于当下飞速发展的信息社会演进趋势。

刑事司法与执法中的政府监控依托最为强大的信息资源与信息技术，对公民个人信息的干预广度、深度都远远超越公民个人、商业机构、社会机构。更为重要的是，政府对个人信息的使用本身就是"双刃剑"，一旦滥用，为祸尤烈。对其信息使用的规制既关系到信息社会的健康发展，更与公民的人格尊严、个人自治等一系列基本权利息息相关，显属法律规制的重点领域，理应加以认真研究与对待。

本文的主要目的是探求在信息社会背景下"用信息换安全"的发展态势中，如何实现"公平交易"，即如何通过制度设计确

---

① 就我国目前的法律保护状况而言，2009 年通过的《刑法修正案（七）》、2015 年通过的《刑法修正案（九）》及最高人民法院、最高人民检察院 2017 年 5 月 9 日发布的《关于办理侵犯公民个人信息罪刑事案件适用法律若干问题的解释》，对刑法中侵犯公民个人信息行为进行了初步规范；2017 年 3 月通过的《民法总则》（第 111 条）也将个人信息保护纳入民事基本法律的保护视野范围内。总体上看，实体法上个人信息保护的相关规定已经得到立法者的明文肯定，尽管在法律的解释与适用中存在争议与完善的空间，但相较于程序法上的规定与实践而言，已属领先。

② 比较典型的例证为刑事诉讼中非法证据排除规则保护的范围，非法证据排除规则的制度安排集中体现了立法者对刑事诉讼法程序利益的保护重点。现行《刑事诉讼法》（第 61 条）规定的非法证据排除规则主要适用于刑讯逼供获得的言词证据，在例外的情形下适用于针对物与财产权的搜查、扣押等收集物证、书证的取证行为，而干预隐私权或个人信息权的技术侦查措施，则根本就没有被列为证据排除的范围。通过排除范围的立法安排，我们可以清晰地看到，刑事诉讼法对人身权、财产权与隐私权三类主要程序法益的重视程度是依次递减的。

保公民合理让渡个人信息权后，能够实现刑事司法执法程序的高效与正当。在这一过程中刑事程序法中的规制工具是本文探讨的主要问题。规制政府监控对公民信息的收集、使用过程与保障公民个人信息权无疑属于一个硬币的两面。笔者将首先梳理当下我国刑事司法与执法中秘密监控与个人信息保护的相关规范与制度安排，旨在揭示目前该领域内个人信息保护的失衡状态；接下来，笔者将从比较法的视角，整理国际范围内代表性的规范进路，集中介绍与分析联合国、欧盟以及德国、美国等代表性国家与地区的主要做法与利弊得失；最后在完善建议与结论部分，笔者提出坚持刑事司法传统规范工具与适度引入个人信息保护法律制度的双重路径，作为"用信息换安全"这一交易的基本规范。其中刑事司法传统法律规范工具主要是指合法性原则与比例原则，同时个人信息保护法律制度的基本原则与重要权能在刑事司法领域可以有限适用，而不能完全作为例外一揽子排除适用。

二、我国刑事司法执法中的秘密监控与个人信息保护状况

秘密监控（covert surveillance）是指使用技术手段秘密获取公民信息的各种措施。① 政府使用秘密监控措施收集公民信息依干预目的的不同，大致分为情报信息与追诉犯罪两大方向，情报信息主要服务于国家安全事务和犯罪的预防，犯罪追诉则包括对犯罪的侦查、起诉与审判。秘密监控主要是学理概念，

---

① 陈卫东. 理性审视技术侦查立法. 法制日报，2011-09-21.

我国的法律体系中使用"技术侦查"或"技术侦察"这两个近似但又略有区别的法律术语指代秘密监控。①"技术侦查"是指刑事诉讼法中的一种侦查措施，《刑事诉讼法》第150条规定技术侦查只能在刑事案件立案后采取，《刑事诉讼法》第152条规定技术侦查只能用于对犯罪的侦查、起诉和审判；反间谍法与反恐法中的"技术侦察"是在刑事案件立案前的调查阶段采用的，主要目的是搜集情报信息与犯罪的预防控制。② 依照法律体系的这种区分方式，笔者分别对犯罪追诉和情报信息收集两个领域中技术侦查措施与个人信息权保护的关系进行阐释。

（一）刑事诉讼法中的技术侦查措施

2012年《刑事诉讼法》第二次修正时通过新增"技术侦查措施"一节，使用四个条文将长期处于法外之地的技术侦查措施纳入法律轨道，开启了技术侦查法治化的重大历史进程。由于立法之时受制于技术侦查措施本身的敏感性、保护公民隐私

---

① 我国法律体系中的相关规范及术语使用方式，依法律通过的时序可分别参见1995年的《中华人民共和国人民警察法》第16条所规定的"技术侦察措施"；2012年《中华人民共和国刑事诉讼法》（以下简称《刑事诉讼法》）第二次修正时新增加的侦查章第八节"技术侦查措施"一节的规定；2014年通过的《中华人民共和国反间谍法》（以下简称《反间谍法》）第12条规定的"技术侦察措施"；2015年通过的《中华人民共和国反恐怖主义法》（以下简称《反恐法》）第45条规定的"技术侦察措施"。

② 全国人民代表大会常务委员会法制工作委员会刑法室. 中华人民共和国反间谍法解读. 北京：中国法制出版社，2015：66-67；全国人大法工委刑法室. 中华人民共和国反恐怖主义法解读. 北京：中国法制出版社，2016：182-183. 在上述两部立法释义书中，立法机关的工作机构进一步说明"技术侦察"是广义的概念，既包括立案前调查阶段的技术侦察措施，也包括立案后的"技术侦查措施"，笔者认为立法者区别情报信息与犯罪侦查两项事务中的技术侦查措施是符合执法、司法实践的正确举措，但通过两个术语的甄别技术仍有进一步完善的空间，很显然"技术侦察"一词在同一法条中广义与狭义的两种语义并存，有自相矛盾之嫌。

的需要以及防范反侦查的要求，刑事诉讼法对于技术侦查措施的规范密度较低，使用的法律术语过于宽泛，这给保护公民信息权带来了不少挑战，主要集中在以下几个方面。

第一，法律并未明确技术侦查措施的内涵，换句话说侦查机关可以采取哪些干预公民信息权和隐私权的具体措施是不明确的。立法者的主要考虑是技术侦查手段会不断发展变化，因此在立法中不宜具体列明技术侦查的种类和名称。[①] 尽管立法机关的工作机构在其立法释义书中部分列举了"技术侦查措施"的具体手段形式，包括电子侦听、电话监听、电子监控、秘密拍照或者秘密录像、秘密获取某些物证、邮件检查等专门技术手段[②]，但这种列举并未揭示技术侦查措施的内涵，也没有完全划定技术侦查措施的外延。

公安部在《公安机关办理刑事案件程序规定》第255条对技术侦查措施的内容进行了类型化的概括，即技术侦查措施包括记录监控、行踪监控、通信监控、场所监控等措施。但这种类型化的概括只能大致勾勒出规范的对象，并未明确具体的措施内容及边界，法律规范的明确性严重不足。依据现有规范，公民对于个人信息会受到何种侦查措施的干预，无法获得明确的预期。从侦查机关内部规范执法的角度来看，关于具体的监控手段的界定、分工及适用程序等内容，一般通过内部规范性文件加以规定。这些内部文件通常对外严格保密，尽管足够详尽，但仍然属于依据政策而非法律。

即使从现有的列举性分类来看，也存在两大明显疏漏值得特别关注。一方面，《公安机关办理刑事案件程序规定》中在四

[①] 郎胜. 《中华人民共和国刑事诉讼法》修改与适用. 北京：新华出版社，2012：277；全国人民代表大会常务委员会法制工作委员会刑法室. 中华人民共和国反间谍法解读. 北京：中国法制出版社，2015：67.

[②] 同①.

◆ 绿竹猗猗

类技术侦查具体措施之后加了"等"字，显属不完整列举。如果结合立法机关工作机构的设想，这里的"等"字显然是为未来信息监控技术的发展预留了空间，但关键问题是此种立法技术严重违背了法律保留原则，这种留白式的立法授权等同于立法权的放弃与不作为，不符合人权保障与依法治国的基本精神。另一方面，值得特别关注的是第一类技术侦查措施"记录监控"，因为信息社会已经进入大数据时代，大数据所处理的主要内容就是记录，且该种措施干预的必然是所有公民而非单单是被追诉人的记录，其对公民个人信息权的干预远比后三类措施更为广泛、深远。①

从公安机关使用数据库查询、比对、分析各种记录的发展状况来看，自1998年公安部启动"金盾工程"开始，各类数据库的建设与应用就逐步成为重要的侦查手段。2008年起公安部进一步开始了公安大情报系统的建设，当前公安机关内网联网运行的各类信息系统已达7 000多个，已建成以全国人口信息库为代表的八大全国公安基础信息库（全国重大案件、在逃人员、出所人员、违法人员、盗抢汽车、未名尸体、失踪人员、杀人案件），存储了数百亿条基础数据。② 此外，公安机关还积极运用各类社会管理中建设的数据库，利用各类信息资源开展侦查，包括互联网信息资源、视频监控信息资源、通讯信息资源、银行卡信息资源、各类社会服务中的信息，如保险、民航、工商、税务、邮政、社保、劳务、房产、公路、出租车、二手

---

① 尽管公安部现行法律解释将记录监控列为技术侦查措施的一种，但记录监控主要是对已经留存于各个数据库中的信息进行比对、挖掘，这与技术侦查措施所应当具备的即时同步性特点存在抵牾。关于记录监控与大数据侦查的问题，容留笔者另行撰文加以详细分析。在本文的研究中笔者暂且参照现行法律解释的规定，将其放在技术侦查措施的语境下讨论。

② 艾明. 新型监控侦查措施法律规制研究. 北京：法律出版社，2013：169-170.

车交易、物流、出版印刷、房屋交易等。① 上述各类数据库中的海量记录涵盖了信息社会中人们生活、工作、社交等方方面面的信息，对这些大数据进行比对、分析，已经成为当前侦查实践中破案率提升的主要驱动力。②

第二，对于适用案件范围，《刑事诉讼法》第 150 条分三款加以规定，其中前两款分别规定了公安机关立案侦查的案件和检察机关自侦案件中可以采取技术侦查措施的罪名，通过罪名列举的方式体现了重罪原则和比例原则的要求。③《公安机关办理刑事案件程序规定》第 254 条不仅进一步通过补充罪名的方式细化了重罪的范围，还从法定刑的角度规定了 7 年有期徒刑作为重罪的标准。公安部的补充解释对刑事诉讼法规定的"其他严重危害社会的犯罪案件"这一兜底条款作了封闭式的规定，从而更好地体现了比例原则的要求，即干预公民隐私权的技术侦查措施只能针对重大犯罪适用。

尽管在适用案件范围上体现了重罪原则，但法律对于具体的适用对象并未明确规定，实务界的困惑是对第 150 条规定的案件，是否意味着只要符合上述案件范围就可以对案件有关的所有对象采取技术侦查措施，抑或在上述案件范围之内仍需明

---

① 艾明. 新型监控侦查措施法律规制研究. 北京：法律出版社，2013：171-172.

② 记录监控与数据库侦查对于破案率的贡献并无官方统计数据。艾明教授在 G 省开展的针对 93 例个案的小样本实证研究显示，超过三分之二的案件中侦查机关使用了记录监控类的侦查手段，进而破获了相应的案件。艾明. 新型监控侦查措施法律规制研究. 北京：法律出版社，2013：175-179. 也有学者认为，在近年来犯罪形势逐年恶化，诱发犯罪的社会条件逐步加强的背景下，杀人、抢劫等重大恶性案件反而逐年下降，背后的原因恰恰就是公安机关充分利用信息平台开展数据库侦查。江涌. 数据库扫描侦查及其制度建构. 中国人民公安大学学报（社会科学版），2013（2）：78.

③ 刑事诉讼法第 150 条第 3 款规定了追逃过程中技术侦查措施的适用，以该款目的适用技术侦查措施无案件范围的限制。

确具体的适用对象。适用对象上的模糊直接导致公民个人信息保护的边界模糊。问题是，在对重大案件采取技术侦查时，适用对象是具体的可识别的个人，还是各类监控措施的载体，包括场所、通信设备使用者、物品经手人、记录载体等。显然以具体的人为监控对象，可以大幅度降低监控的干预密度与广度；而以载体为监控对象，则意味着接触或使用载体的所有人均可能成为监控对象，二者所获得的信息量差别巨大。恰恰是在这一事关信息保护的重大问题上，法律并未作出明确的规定。《刑事诉讼法》第151条与第152条都明确要求批准技术侦查措施时，需要确定技术侦查措施的适用对象，执行技术侦查措施时必须严格按照批准的适用对象执行。而法律对于何为适用对象并无具体的规定，显然侦查机关在执行技术侦查时必将陷入困境。为了更好地执行法律，公安部在《公安机关办理刑事案件程序规定》第255条将适用对象明确为被追诉人以及与犯罪活动直接关联的人员。这一界定的进步之处在于明确了适用对象是人，而非案件，换句话说，即使是符合法定范围的重罪案件，在适用技术侦查时也只能针对具体的个人，不得扩张至与犯罪无关的人。当然这一规定也有两点不足之处：一是以人为中心的适用对象，是否意味着对该人的各类信息与活动都可以一网打尽式实施全方位监控？现有的规定对此似乎并未禁止；二是何为与犯罪活动直接关联的人员，其范围没有明确的细化规定，是有一定证据表明参与了犯罪活动或者协助实施了犯罪活动，还是与被追诉人存在密切关系的人；被害人、证人是否属于与犯罪活动直接关联的人员？举例而言，在对犯罪嫌疑人进行排查时，侦查实践中经常需要对案发地点附近在作案时间段出现的手机号码进行广泛提取与逐一甄别，在这一过程中记录监控的适用对象，辐射到所有与作案人所持手机位置临近的人或者在同一时间段同处于作案地点附近的人，其中绝大多数人是基于合法的理由或偶然的原因与犯罪侦查发生了关联，其本身能否被认定为与犯罪活动直接关联的人员？

第三，法律对于技术侦查启动条件规定得相当模糊和笼统，仅在《刑事诉讼法》第150条将其表述为"根据侦查犯罪的需要"，《公安机关办理刑事案件程序规定》中也并未解释何为"侦查犯罪的需要"。现有的启动条件既未要求具备一定的事实证据根据，也未要求实行最后手段原则，即在采取其他侦查手段无效或不可能时方可启动技术侦查措施。如果作简单化的理解，侦查部门可以认为所有重罪案件都需要采取技术侦查措施，这显然极易造成技术侦查措施的扩大化适用。

第四，技术侦查的审批程序在法律中也规定得极为含混，《刑事诉讼法》第150条规定"经过严格的批准手续"，但并未细化规定何为"严格"[①]。《公安机关办理刑事案件程序规定》第256条将"批准"明确为"设区的市一级以上公安机关负责人批准"。应当看到公安部解释中规定的审批级别是刑事诉讼法中所有侦查措施中最为严格的，但目前的审批程序仍然存在两大问题：首先从审批模式看，仍属自我审批而非外部审批，更谈不上中立的司法审查机制；其次，在审批程序中未设置紧急审批程序，违背侦查规律，执法实践中全部案件都实行事先书面审批程序根本无法执行。

第五，在程序保障方面，刑事诉讼法相关条款没有规定针对当事人的事后告知程序。干预公民权益的侦查行为不履行告

---

① 立法起草部门对此规定的缘由解释为，"经过严格的批准手续"是《人民警察法》第16条、《国家安全法》（1993年的《国家安全法》已经为《反间谍法》所取代——笔者注）第10条的表述，在刑事诉讼法修改过程中有意见建议明确具体的审批手续，由于实际情况较为复杂，针对不同的适用对象、不同的犯罪情况采取的技术侦查措施种类是不同的，要经过的批准手续也不尽相同，所以法律上采取了目前的原则表述的方法。郎胜. 《中华人民共和国刑事诉讼法》修改与适用. 北京：新华出版社，2012：277.

知程序严重违背了自然正义原则,这一重大瑕疵导致被追诉人及社会公众在技术侦查实施过程中,因知悉权的欠缺而救济途径严重受限。《刑事诉讼法》第154条虽然规定了采用技术侦查措施获得的材料可以作为证据,但并不是必须作为证据使用。2013—2016年的法律实施实践已经表明在极其例外的案件中,技术侦查措施获得的证据才会作为证据使用①,在绝大多数的案件卷宗内根本不会显示曾经进行过技术侦查,当事人的救济权利、对错误或违法的技术侦查要求国家赔偿的权利更是无从谈起。

第六,从公民个人信息权保障方面来看,《刑事诉讼法》第152条分两款作出了规定,第2款明确了对涉及公民个人隐私的内容,侦查人员应当保密,对与案件无关的信息材料,必须及时销毁;第3款设定了在技术侦查获得的材料用途上实行目的特定原则,即只能用于对犯罪的侦查、起诉和审判,不得用于其他用途。这些规定值得充分肯定,体现了立法对公民个人信息权或隐私权的关注,但仍存在进一步完善的空间,比如关于销毁程序缺乏明确的规定,也缺少必要的监督与检查程序;对于"与案件无关的材料"范围仍需进一步厘清。

(二)犯罪预防与情报信息领域的个人信息保护

大陆法系国家的传统理论在对警察权控制机制上,始终坚持区分犯罪预防与犯罪打击两个领域,二者的界限在于只有出现具体的犯罪嫌疑或者犯罪即将发生的即刻危险时,警察才能

---

① 笔者对中国裁判文书网2013—2016年四年间总计3 880 958份刑事裁判文书,以"技术侦查"为检索关键词进行了检索,共检索到1 433例裁判文书,逐一检视1 433例裁判文书,技术侦查措施用作证据的裁判文书仅为73件,检索网站为中国裁判文书网 http://wenshu.court.gov.cn,[2017-05-03]。

干预公民权利，警察的行动方式被认为是回应型警务模式（reactive policing）。① 这种警察职权模式可以将警察权严格限制在不得已方可使用的必要范围内，有助于防止警察权的滥用。从传统民主理论的观点出发，警察只有针对公民的举报和具体控诉行使权力，才被认为是最具责任约束性的，如果警察自己对何时、何地、何人启动侦查程序具有不受限制的自由权的话，这就应被认为是一种专制色彩的实践模式。② 这种古典自由主义思想下的警察权控制模式自20世纪60年代起逐渐发生变化，警察不再仅仅被视为"执行工具"，而应当成为智能化、主动型的犯罪抗制机构。在这种理念变更的指导下，警察的调查方法发生了很大变化，一些被法律界称为"预防性犯罪控制手段"的侦查方法开始在侦查实践中推广，包括计算机数据库检索、拉网缉捕、电子监控等。③ 通过运用这些新型侦查手段，警察可以发现并用以确定初步怀疑的各种信息，从而正式启动侦查程序，如此一来，警察所承担的预防犯罪与打击犯罪两大截然不同的功能开始混合。相对于公开侦查，秘密侦查越来越受到偏爱，这反映了一个国际上可以确定的人们根本不能阻止的趋势，以前严格维护的犯罪预防和刑事追诉之间以及秘密警察的信息收集和查明犯罪之间的界限，变得模糊了。④

预防犯罪的警察职能与情报信息收集的功能、维护国家安全的职能多有交集，情报既可以成为发现犯罪的线索来源，也

---

① Funk，A. Polizei and Rechatsstaat，转引自 Fijnaut，C. and Marx G. T. eds，Undercover: Police Surveillance in Comparative Perspective，the Hague: Kluwer 1995，p. 58.
② Marx G. T. , Undercover: Police Surveillance in America，Berkeley，University of California (1988)，p. 68.
③ 同①.
④ 托马斯·魏根特. 德国刑事诉讼程序的改革：趋势和冲突领域//陈光中. 21世纪域外刑事诉讼立法最新发展. 北京：中国政法大学出版社，2004：246.

可以为国家维护核心利益提供重要的决策参考。在信息社会中各类秘密监控手段是情报信息的主要来源,与其他情报来源相比,具有成本低、安全性强、辐射范围广等优势,并且同步植根于信息社会的兴起以及人们生活方式的信息化转型,具有极大的情报效能。

在我国的法律体系中较长一段时间内,对于公权力机关搜集情报信息与维护国家安全事务中的秘密监控,几无法律规范。伴随着十八大以来党中央提出的总体国家安全观战略,情报信息与国家安全领域的法治化程度开始受到越来越多的关注。在落实总体国家安全观的相应法律体系中,情报信息与国家安全事务中的秘密监控也初步具备了一定的法律依据。

首先,2015年7月1日公布的《国家安全法》第52条规定公安机关、国家安全机关、军事机关依法搜集情报信息;第53条规定充分运用各种现代科学技术手段,加强对情报信息的鉴别、筛选、综合和研判分析。作为总体国家安全观的基本法律,《国家安全法》列明了情报搜集的机关,并对情报收集工作设定了合法性原则,即"依法"搜集,此处的"依法"应当主要是指立法机关2017年6月27日通过的《中华人民共和国国家情报法》。①

其次,2015年12月27日全国人大常委会通过的《中华人民共和国反恐怖主义法》(以下简称《反恐法》)第45条规定,公安机关、国家安全机关、军事机关在其职责范围内,因反恐怖主义情报信息工作的需要,根据国家有关规定,经过严格的批准手续,可以采取技术侦察措施。依照前款规定获取的材料,只能用于反恐怖主义应对处置和对恐怖活动犯罪、极端主义犯

---

① 仅二读就迅速通过的《国家情报法》,囿于条文过少且内容过于宏观,并未详细规定情报信息的收集方法,仅在第22条第2款概括性授权国家情报工作机构应当运用科学技术手段,提高对情报信息的鉴别、筛选、综合和研判分析水平。

罪的侦查、起诉和审判，不得用于其他用途。本条规定首次在我国的法律体系中明确了情报信息工作中技术侦查措施的应用，并明确限定了在情报信息工作中搜集的各类信息的特定用途，这一规定有助于公民信息的保护。

当然本条规定只能被视为概括性授权，因为对于情报信息收集过程中的秘密监控所应当遵循的一系列程序规范、适用对象及范围、救济与监督机制等，仅靠一条规定难以细化，而"根据国家有关规定"到底是指哪些国家规定，值得进一步追问。立法机关认为，这里的"国家有关规定"是指宪法、刑事诉讼法、反恐法和其他法律、行政法规以及有关国家规定，这一列举并未清楚地划定"有关规定"的范围，属于不完整列举。① 显然，长期以来技术侦查部门所遵照的各种不对外公开的各种政策文件、内部规范性文件，似乎也属于"有关规定"。

同时《反恐法》第18条还明确规定了电信业务经营者、互联网服务提供者应当为公安机关、国家安全机关依法进行防范、调查恐怖活动提供技术接口和解密等技术支持和协助；第20、21条规定了交通运输服务提供者、物流运营单位在查验客户真实身份、实行实名制以及物品信息登记制度方面承担的法律义务。这些规定进一步为大数据背景下的记录监控提供了支撑条件。但值得关注的是，各类运营商、服务提供者的义务适用范围是全部客户，而非仅仅限于有恐怖活动嫌疑的人员，换句话说，基于《反恐法》，公安机关与国家安全机关对于数据记录的收集是针对全社会范围的大规模监控，这种缺乏适用范围与适用条件的监控措施是否符合法治的要求，值得进一步研究。

最后，2016年11月7日全国人大常委会通过的《中华人

---

① 相比较而言，《刑法》第96条对"国家规定"的界定是封闭式的、确定无疑的，仅指全国人民代表大会及其常务委员会制定的法律和决定，国务院制定的行政法规、规定的行政措施、发布的决定和命令。

民共和国网络安全法》一方面规定了网络运营者不低于 6 个月的留存用户网络日志的义务,以及对公安机关、国家安全机关开展技术侦查与其他信息监控工作提供技术支持与协助的义务。① 另一方面,该法进一步增强了网络空间公民个人信息的保护,比如明确界定了"个人信息"的概念与范围。个人信息是指以电子或者其他方式记录、的能够单独或者与其他信息结合识别自然人个人身份的各种信息,包括但不限于自然人的姓名、出生日期、身份证件号码、个人生物识别信息、住址、电话号码等。该法规定网络运营者收集、使用个人信息应当遵循合法、正当、必要的原则,事先告知收集信息的目的并经被收集者同意等。②

值得进一步研究的问题是网络运营者对公安机关、国家安全机关在维护国家安全和侦查犯罪时提供技术支持与协助的内容,比如《反恐法》第 18 条将"技术支持与协助"的内容界定为提供技术接口和解密等技术支持和协助。当然两部法律中都未穷尽所有的技术支持措施,而且对于技术接口问题的授权也过于宽泛,如果技术接口意味着执法部门可以获得全部网络运营商的数据,此种监控行为以必要性与比例原则的视角观之,显属过度监控。

三、国际社会的主要发展趋势

面对日新月异的信息技术发展给个人信息与隐私权保护带来的挑战,国际社会仍然坚持运用既有的法律工具与权利保障

---

① 详见该法第 21 条、第 28 条的规定。
② 详见该法第 41 条、第 76 条的规定。

工具对该问题予以回应。这方面的主要国际性法律文件是联合国《世界人权宣言》及联合国《公民权利与政治权利国际公约》中关于隐私权的保护条款。《世界人权宣言》第12条规定："任何人的私生活、家庭、住宅和通信不得任意干涉，他的荣誉和名誉不得加以攻击。人人有权享有法律保护，以免受这种干涉或攻击。"自《世界人权宣言》对隐私权的保护作出正式确认后，一系列的国际公约、地区性公约与准则基本上都沿着《世界人权宣言》指明的道路，遵循相同的规范框架，推进隐私权与个人信息权利的保护工作。1950年通过的《欧洲人权公约》第8条、联合国1966年通过的《公民权利与政治权利国际公约》第17条都作出了相似甚至相同的规定。

根据上述国际公约与准则的规定，公民的隐私权不受任意、非法干预，联合国大会及联合国人权事务委员会将政府干预公民隐私权的正当性原则归纳为合法性原则与必要性原则两项主要内容：首先，政府对公民隐私权进行干预应当依据法律的授权方可进行，且作为依据的法律应当是公开、清晰、具体的法律规范；其次，干预隐私权必须遵循必要性原则与比例原则，即干预措施对于实现干预目的而言是必要的，干预的目的具有正当性，同时干预隐私权的行为与追求的结果之间应成比例，奉行最小侵犯原则。[①]

合法性原则与法律保留原则相近似，要求限制公民隐私权不仅要有法律依据，且更为重要的是该原则对依据的法律的质量提出了明确的要求，即法律必须是良法。[②] 良法的基本要求

[①] The right to privacy in the digital age, Report of The Office of the United Nations High Commissioner for Human Rights, 30 June 2014, Para 23 and Para 28.

[②] American Civil Liberties Union, Submission of Amnesty International USA and the American Civil Liberties Union to Public Hearing on Section 702 of the FISA Amendments Act, March 19, 2014, p.9, http://www.ohchr.org/Documents/Issues/Privacy/ACLU3.pdf，[2017-04-11].

是法律依据必须向公众公开，规定的各项执法干预措施应当被准确、具体、清晰明确地加以界定①，唯有如此社会公众对于法律的实施才能具有清楚、稳定的预期。围绕着《公民权利与政治权利国际公约》第17条的适用，全球范围内隐私权保护与干预的立法、司法实践大体都按照上述路径展开。②

基于上述路径与规范工具，联合国人权理事会认为，部分政府进行的大规模监控，即使是为了维护国家安全或者反恐的正当目的，但从比例原则的角度来看，也属对公民隐私权恣意、过度的干预，这种类似于在干草堆里找针的操作模式明显违反了比例原则。③ 同时人权理事会在报告中也提醒各成员国，在政府内设部门的不同数据库间进行数据共享，也可能违反了合目的性的基本原则。④ 法律对每个数据库收集公民信息的授权是特定目的的授权，一个部门的数据库如果开放给其他部门共享，其他部门利用公民信息的目的极易超越原有的特定授权目的，进而构成违法干预。

在信息社会快速发展的背景下，为回应国际社会对个人信息保护方面的忧虑，联合国人权理事会在2014年提交联合国大会的专题报告中概括了21世纪以来全球面临的隐私安全挑战：公开与秘密的监控做法与事例正在不断激增，政府开展大规模监控（mass surveillance）已经成为危险的常态性、习惯性做

---

① American Civil Liberties Union, Submission of Amnesty International USA and the American Civil Liberties Union to Public Hearing on Section 702 of the FISA Amendments Act, March 19, 2014, p. 7.

② 就《欧洲人权公约》与欧洲人权法院的司法实践情况而言，台湾地区学者林钰雄教授将其归纳为法律保留、正当目的与比例原则三个方面，与联合国人权公约的思路基本一致。林钰雄. 刑事程序与国际人权（二）. 台北：元照出版公司，2012：246-251.

③ The right to privacy in the digital age, Report of The Office of the United Nations High Commissioner for Human Rights, 30 June 2014, Para 25.

④ 同③27.

法，而不再仅仅作为例外手段。① 由于数字化时代对隐私权的干预方式主要是通过收集电子通信的形式要素，再通过大数据的挖掘、分析技术深描出个人的完整信息，在传统观点下，这些通讯形式方面的信息与通讯内容不同，不是隐私权保障的对象。联合国人权理事会报告呼吁各成员国与时俱进地摒弃上述传统思维，在新信息技术背景下树立全新的信息保护理念，即区分通讯形式与内容从保护隐私权的角度来看是不具有说服力的，信息的合成，通常称之为元数据（metadata），能够显示个人行为、社会关系、私人嗜好、身份等方方面面的信息，甚至比通讯内容更能全面地揭示一个人。②

从具体国家的做法来看，德国作为欧陆法系的重要代表性国家，其刑事执法系统对于公民信息的保护，既承继了联合国国际公约以及欧洲人权公约所设定的审核标准③，也基于自身法律传统与基本法的规定，发展出以个人信息自决权为核心的规范体系。④ 整体上看，对于各类信息监控手段，德国均通过持续性更新刑事诉讼法典的规定将其及时纳入法律规制框架内，

---

① The right to privacy in the digital age, Report of The Office of the United Nations High Commissioner for Human Rights, 30 June 2014, P3. http://www.ohchr. org/EN/HRBodies/HRC/RegularSessions/Session27/Documents/A. HRC. 27. 37_en. pdf，[2017-04-06]。

② 同①。

③ 德国法中基于法律保留原则与必要性原则、比例原则对于秘密监控措施的审查、控制情况，可参见艾明. 新型监控侦查措施法律规制研究. 北京：法律出版社，2013：83-93。

④ 关于德国与美国在隐私权观念上的差异及历史成因的分析可参见 James Q. Whitman. The Two Western Cultures of Privacy: Dignity Versus Liberty. 113 Yale L. J. 1151 (2004)；关于德国选择个人信息自决权而非隐私权作为规范工具的成因分析，可参见 Paul M. Schwartz, *REGULATING GOVERNMENTAL DATA MINING IN THE UNITED STATES AND GERMANY: CONSTITUTIONAL COURTS, THE STATE, AND NEW TECHNOLOGY*, William and Mary Law Review, 354, November 2011.

同时德国联邦宪法法院基于德国基本法中对于个人信息自决权与通信自由权的保障条款，不断地对刑事执法与犯罪预防中的各类新型监控手段作出逐案审视，这也引导着德国刑事诉讼法典逐渐前行。德国的立法机关与宪法法院面对日新月异的新监控技术，始终坚持娴熟地运用合法性原则与比例原则，基于个人信息自决权的法律价值，设定政府监控干预公民个人信息的具体边界。

与德国的做法和价值立场不同，美国的立法与司法更倾向于鼓励信息技术产业的发展，在保护公民个人信息与规制政府监控问题上，主要依赖传统的隐私权这一概念工具。隐私权更偏向消极性的防御权，与积极性的公民个人信息权相比，对公民个人信息的保护力度显得更为有限。美国联邦最高法院通过1976年的 Miller 案和1979年的 Smith 案分别确立了标杆性判决[1]，联邦最高法院认为对于公民自愿交给第三方机构保存的记录信息，公民个人不存在对隐私的合理期待，不受联邦宪法第四修正案的保护。面对日新月异的科技发展态势，自愿交与第三人理论愈发显示出局限性。2012年美国联邦最高法院在 United States v. Jones 一案中，开始对第三人理论进行反思，大法官索尼娅在该案的协同意见中指出，过去的传统定律认为对于公民个人自愿公开给第三方的信息，本人并无隐私的合理期待，对于这一认识有必要进行反思了，因为这一思维方式已经无法适应电子化时代的发展，在这个时代里当我们完成许多普通日常的工作时，我们需要公开大量的信息给第三方，我并不认为基于特定使用目的而自愿公开的这些信息不应当得到第四修正案的保护。[2]

---

[1] Miller v. United States, 425 US 435 (1976); Smith v. Maryland, 442 US 735 (1979).

[2] United States v. Jones, 132 S. Ct. at 957 (2012) (Sotomayor, J., concurring).

国际社会面对政府监控对公民个人信息保护的挑战既形成了不少经验，也走过相应的弯路。总体来看，信息社会的发展要求对公民个人信息既要积极合理利用，更要充分、审慎保护，实现政府监控与个人信息保护之间的平衡。从宏观层面看，个人信息的合理利用对于一国发展大数据、人工智能、物联网等现代信息技术产业至关重要，同时也应当考量过度、无序收集公民个人信息最终会导致公民主体资格的丧失，公民成为信息社会的客体，从而严重抑制开放、创新的社会发展动能。从微观层面上看，保护公民权利的传统法律原则——合法性原则与比例原则，仍然可以发挥应有的规制作用，同时在传统的隐私权基础上，个人信息权作为一种新型权利，也日益成为应对现代信息社会发展的重要法律规范工具。

四、个人信息权的保护与秘密监控的规制思路

信息社会最为宝贵的资源就是个人信息，这是信息社会的本质所在。信息不仅成为经济社会发展的核心驱动力，也日益成为公民个人维持其独立人格、行使各项公民基本权利的必要条件。从这个角度来看，规范政府监控行为应当以个人信息权保护为基本着眼点，审视我国政府监控在个人信息保护方面的不足，更新保护理念与机制。

（一）传统规范工具的严格适用

长久以来各国规范秘密监控手段的传统法律规范工具，无外乎为合法性原则与必要性原则这两大约束公权干预私权的基

本原则，这也是联合国《公民权利与政治权利国际公约》保护公民隐私权的基本路径，体现了国际社会在这一领域中的基本经验。

从合法性原则审视我国现有的秘密监控立法，尽管随着2012年修改刑事诉讼法以及2014年以来陆续颁布《国家安全法》《反间谍法》《反恐法》《网络安全法》，政府监控的规范性程度实现了长足的进步，无法可依的局面得到了部分改善。然而，合法性原则不仅仅是简单地要求有法可依，更要追求良法之治。在该原则对法律质量上所要求的公开性、明确性、清晰性、可接近性等方面，我国现有的法律规范仍然存在较大的不足。比如，刑事诉讼法中的技术侦查措施一节对于措施的具体类型与干预内容、具体的批准程序、适用对象等规定过于模糊；在刑事诉讼法之外，对于刑事侦查中适用技术侦查措施还存在大量的内部规范性文件，这些规范性依据仍然受传统思维的影响，处于保密状态，社会公众无从知悉，与法治社会的基本要求明显抵牾。再比如，对于立案前的技术侦查措施与其他信息监控措施，在情报信息与国家安全领域的法律规范更加稀疏，《国家安全法》《反间谍法》《反恐法》《网络安全法》《国家情报法》中都仅有一到两个概括性授权条款，法律规定的明确性、清晰性程度远不如刑事诉讼法关于技术侦查措施授权的程度。比如《国家安全法》第52条规定的"依法"和《反恐法》第45条规定的"根据国家有关规定"都是法律过于宽泛的例证。情报信息与国家安全领域规范秘密监控的多数规范都未达到法律保留原则的要求，仍然是以内部的、不公开的文件规定作为执法依据，法治进程更加滞后。游离于法治轨道之外的情报信息与国家安全事务中的秘密监控对公民信息权的干预，更易违背法治的要求，容易造成大规模、无节制的滥用。

总体上看我国在秘密监控的立法完善方面还有较长的路要

走,围绕着法律规范的公开、清晰、具体与明确的基本要求,应当完善刑事诉讼法技术侦查措施一节的相关规定,将各类处于保密状态的政策与内部规定写入法律,进一步提升技术侦查措施的合法性程度;同时还应当进一步制定情报信息与国家安全领域中的秘密监控规范,细化《国家安全法》《反间谍法》《反恐法》《网络安全法》《国家情报法》中的既有规定,明确以搜集情报信息和维护国家安全为目的的各类秘密监控手段的内容、对象、程序等规定。

基于必要性原则与比例原则的视角,无论是刑事诉讼法中关于刑事司法中秘密监控的应用,还是其他关联法律中关于情报信息与国家安全事务中的各类信息监控手段,都存在一定的完善空间。从刑事诉讼法的角度看,比较突出的问题包括:四大类技术侦查措施内部并未根据干预隐私权或公民个人信息权的严重程度进行分层规制,笼而统之适用相同的审批程序,有违比例原则;技术侦查措施的适用并未明确遵循最后手段原则,而是根据侦查犯罪的需要,凡是符合重罪案件范围的对象均可直接启用;在适用对象方面,如何将技术侦查措施限定在与犯罪活动直接相关的人的应有范围内,需要进一步的细化规则;在记录监控与数据库查询、比对、分析的适用过程中,目的合理性与正当性存疑,于大海捞针式的海量数据处理过程中卷入大量的无辜公民的个人信息,即使能够最终锁定犯罪嫌疑人,此种执法方式的目的合理性存疑,执法目的与达成目的的手段、最终侵权结果之间严重不合比例,直接违反比例原则的要求。

同样对于《反恐法》《反间谍法》中在立案前的情报信息收集过程中适用技术侦查措施,也应当谨守比例原则的要求,禁止开展撒网式的大规模监控,在启动条件方面应当具备一定的嫌疑根据;《网络安全法》与《反恐法》附加给网络运营者为公安机关、国家安全机关提供技术接口与协助的义务，根据比例原则的要求，应当是逐案提供该技术协助，如果将网络存储数据全部交由公安机关、国家安全机关，则意味着执法机关对网络空间及其存储的信息实施了大规模监控，即使能够发现零星的犯罪线索或情报，其大规模干预公民权利的手段与最终结果之间也显失平衡，违反了比例原则。

从完善立法、执法的角度来看，立法规定应当进一步精细化，目的正当的手段也应受到规范。必要性原则与比例原则首先要求干预公民个人信息权的执法、司法行为应当具备一定的嫌疑条件或者具备一定的可能性，实现相应的执法目的，干预规模与范围应当限制在嫌疑人群范围内，截取与使用的公民信息应当具有范围限制而非扩展至通信、交通、金融消费等各类数据库的全部。在各类干预手段的体系内，应当根据干预公民信息的强度不同，根据个人信息受保护的重要性上的差异，设计分级干预程序，体现手段与干预对象之间成比例的基本要求。

（二）适度引入个人信息保护的法律原则与机制

以维护国家安全、公共安全与惩治犯罪为目的的利用公民个人信息的政府行为，历来是各国公民个人信息保护法适用的例外，也是国际社会公认的干预公民个人信息权的正当化事由。但进入21世纪以来，特别是为应对全球恐怖主义、极端主义引发的严重挑战，不少国家的安全机关、侦查机关在国家安全、反恐侦查过程中大规模收集公民信息，引发了世界各国国民与国际社会的普遍担忧。个人信息权的保护呼声与力度逐步加强，对于国家安全与刑事司法领域中的个人信息保护的传统例外也在被重新进行审视。最佳的例证是2016年4月27日欧洲议会与欧洲委员会在通过旨在全面保护公民个人信息权的《通用数据保护条例》(General Data Protection Regulation) 的同时[1]，专门通过了《以犯罪预防、调查、侦查、起诉或者刑罚执行为目的的自然人个人数据保护指令》[2]，从而将个人数据保护的法律原则与机制部分引入刑事司法领域。

总体上看，参酌上述欧盟个人数据保护指令的经验，如下重要的个人信息保护的法律原则与机制在刑事司法、执法中应当得到尊重与贯彻：（1）个人信息收集与处理的目的应当是合法且特定的，只能为具体而特定的执法或司法目的收集与使用公民个人信息，不得超越收集个人信息时的合法目的使用相关个人信息。（2）信息主体具有法定的信息权利，包括知悉权与更正权，即被告知信息被司法机关收集的目的及用途，有权查询、修改、更正不准确、不客观或过时的数据信息。当然基于刑事司法顺利进行的合理理由，司法机关可以推迟告知，但推迟告知信息主体的例外应当是明确而具体的事由。（3）刑事司法机关对信息的处理过程应当体现安全性，包括建立监控日志并做到操作留痕，同时应当确保收集到的信息与数据的质量。（4）对于公民信息应当实行分级管理，对于个人家庭生活、健康状况、宗教信仰等敏感信息，即使是在刑事司法与执法活动中也应当重点保护。（5）对个人信息的处理应当设置相应的监督与救济程序，包括独立监督机构、定期报告机制与行政、司

---

[1] Regulation (EU) 2016/679 OF THE EUROPEAN PARLIAMENT AND OF THE COUNCIL of 27 April 2016 on the protection of natural persons with regard to the processing of personal data and on the free movement of such data, and repealing Directive 95/46/EC.

[2] Directive (EU) 2016/680 of The European Parliament and of The Council of April 2016 on the purposes of the prevention, investigation, detection or prosecution of criminal offences or the Execution of Criminal Penalties, and on the free movement of such data, and repealing Council Framework Decision 2008/977/JHA.

法等救济渠道。

上述法律原则与机制基本上属于个人信息保护法领域的底线规则，是尊重与保护公民个人信息权的基本要求。在刑事司法系统中，即使个人信息保护的法律制度不得不考虑刑事司法的特殊利益与价值追求，从而可以对个人信息保护法律原则的相关要求部分打折，但底线规则与基本要求应当予以适用。如果承认这一法律政策的基本立场，检视我国目前秘密监控对公民个人信息的干预程序与制度，足以发现不少亟待完善之处。首先，信息主体的知情权保护基本处于空白状态，包括刑事诉讼法在规定的技术侦查措施实施后，也未规定告知犯罪嫌疑人的相关程序，再加上技术侦查材料在司法实践中基本上不会用作证据的现实状况，秘密监控的对象基本上无从知悉信息被监控、使用的事实，信息主体地位名存实亡。因此，应当增加信息主体对于秘密监控的知悉权保护条款，要求执法机关、司法机关承担信息监控后的告知义务，当然根据国际惯例，这种告知义务的履行可以根据侦查进程的需要在例外情形下推迟告知义务的履行时间。在知悉权保障之后，与之相关的权利就是信息主体的查询、更正个人信息的权利也应当予以一并保障。其次，执法、司法机关对于信息的处理过程应当履行安全义务，建立操作日志与操作留痕机制，通过技术性回溯手段防止监控行为的滥用。最后，应当建立个人信息权遭受非法干预时的救济渠道与监督途径。关于监督途径，笔者将在接下来的部分详细阐释。关于救济渠道建设，既应当包括各类投诉处理机制，也应当包括司法救济途径，对于违法干预公民个人信息权的执法行为，信息主体应有权获得国家赔偿。

（三）建构混合监督体系

我国秘密监控措施现有制度安排中最大的缺陷莫过于外部

监督机制的空白与内部监督的乏力，无论是刑事诉讼法的规定还是晚近国家立法机关就国家安全领域通过的数部新法中，都普遍存在这一问题。在刑事诉讼中采取技术侦查措施实行公安机关内部审批，基本上没有任何外部监督机制，无论是检察机关还是审判机关，都无法进行直接或者间接的监督。检察机关虽然是法律监督机关，有权对侦查活动进行监督，但这种概括性的授权缺乏具体的执行机制，侦查实践中检察机关的侦查监督部门对于技术侦查措施的适用根本无法监督。作为审判机关的法院按照刑事诉讼法的规定，可以通过对技术侦查证据的审核或者非法证据排除规则对技术侦查措施进行间接的监督，然而由于绝大多数案件中技术侦查措施获得的材料都不会作为证据使用，通过证据运用过程进行间接监督的路径基本上也是无效的。在情报信息领域与国家安全领域，根据晚近通过的几部法律规定，外部监督体系更是完全阙如，因为在上述领域，相应的情报信息根本不会进入诉讼流程，所以也就无法受到后续司法机关的审核与监督。

外部监督机制通常表现为通过法官令状的审批机制实现的司法审查与议会设置专门机构对秘密监控机关的监督，前者为事先监督，后者是事后监督。内部监督机制主要是行政审批，但需要在行政机关内部根据干预手段的严重程度实行分级审批机制。迄今为止的世界各国经验与教训表明，没有哪一种模式是完美无缺的，没有放之四海而皆准的有效监督机制。司法审查机制也不是包治百病的灵丹妙药，多个国家的司法实践表明法官令状已经沦为橡皮图章。[①] 既然任何一种监督模式都无法单独发挥应有的效果，建立混合监督模式，多角度综合运用行

---

① The right to privacy in the digital age, Report of The Office of the United Nations High Commissioner for Human Rights, 30 June 2014, Para 38.

政监督、司法监督与立法机关的监督就成为世界各国当前相对稳妥的选择。

就我国的国情来看，建立混合监督模式可以分步骤循序渐进地推进。首先在事后监督机制上，可以结合个人信息保护法领域的立法发展情况，授权个人信息的专门保护机构对秘密监控措施的适用情况进行事后监督；另一种方案也可以考虑在全国人大常委会设置专门委员会，通过年度报告、专项工作督查等形式开展事后监督。其次应当着重推进刑事诉讼法第154条关于技术侦查证据使用的规定在司法实践中得到严格执行与适用，通过证据审核发挥法官司法审查的应有作用。最后在事前监督方面，也可以分两步走。在宪法修改或者作出宪法解释前，由于实行法官令状制度存在一定的宪法障碍，对于刑事司法中的秘密监控，可比照逮捕程序由检察机关行使秘密监控的审批权，而对于情报信息领域内的秘密监控受制于现有的司法架构，则很难实行外部审批，只能依赖于更为严格、缜密的内部审批机制。从长远角度来看，伴随着对各类强制性措施司法审查机制的陆续建立，由更为中立的法官统一对情报信息领域与刑事司法领域行使事先审批权，显然是更为合理的选择，当然这需要司法体制改革方面的配套推进，比如建立专门的情报信息法官职位与审前法官序列。

（四）积极应对第三方数据、元数据等新型规制难题

随着信息社会的深化发展，特别是大数据时代的来临，刑事司法机构获取信息的方式也在悄然发生变化。相较于小数据时代，侦查机关自行获取信息的做法正逐步改为从社会第三方机构获取信息，由过去重点是信息的内容到现在更为关注信息

的形式，即关于信息的信息，也被称为元数据（metadata）。刑事司法机关从信息收集者转为信息使用者，从收集信息内容改为收集信息形式，这些侦查行为的改变直接导致传统规范工具的失效。

如前所述，美国法上的"第三方自愿交出"理论导致联邦宪法第四修正案所确立的隐私权保障规范频频失效，公民利用各种信息服务机构参与正常的现代社会生活之后，就被法律视为向社会第三方自愿交出信息，从而对信息本身并无隐私的合理期待，政府部门的后续利用信息行为也就不再受隐私权条款的规制。元数据信息经由大数据技术的挖掘之后，也引发了传统刑事司法体系的规制难题。传统刑事司法规则更为关注信息的内容，将信息的形式置于次要位置，并认为这符合比例原则的基本要求。然而大数据挖掘技术的出现，颠覆了传统认识，因为通过对信息的形式要素进行深度挖掘并将其与各类信息形式相比对，将会产生更为全面的数字人形象，其对公民私生活的还原程度远远超过信息内容的碎片化揭示。如此一来，固守传统法律规则中对信息内容与信息形式的二分法，将势必导致规范结果的严重失衡。

笔者认为，第三方理论与元数据两个新型法律难题的产生，均与我们看待类似信息来源过程的视角有关。如果从政府获取信息的渠道与方式来看，区分直接收集与利用第三方社会机构获得的信息、区分信息的内容与信息的形式，似乎具有一定的合理性。而当我们将观察信息流动过程的视角转为个人信息权保护的话，分析的结论会大有不同。

以第三方理论为例，当个人基于参与信息社会生活的需要将信息交由社会第三方保管与使用时，其授权使用的目的总是特定的，政府基于刑事司法的目的利用第三方保管的个人信息时已经超出了公民个人最初授权目的，属于目的变更，应当遵循相应的法律规则。也就是说,侦查机关在利用第三方机构保管的信息时也应当以具备合法的目的、基于一定的怀疑作为干预基础,同时应当遵循比例原则的要求。元数据的问题从干预公民个人信息权的角度观之,也会得出类似的结论。信息的内容固然能够深刻揭示公民的某一思想或行为,经由大数据加工后的元数据经常能还原出更为全面的人性与生活方式,从保障公民个人尊严、自治的角度来看,二者不应有轻重之分,从法律规制的角度也不应区分信息内容与大数据对元数据的加工行为。这就要求在贯彻比例原则的过程中,应当令二者遵守相同的权力规制程序。

从完善具体法律适用规则的角度来看,现行法律、司法解释等法律规范当中就侦查机关从第三方社会机构获取数据与元数据的信息使用行为均缺乏足够明细、具体的规范依据。比如《公安机关办理刑事案件程序规定》第 255 条在细化解释刑事诉讼法关于技术侦查措施的规定时明确规定,记录监控属于技术侦查措施的一个子类,从名称看记录监控似乎可以涵盖侦查机关利用社会第三方数据库的行为,但实际上,这种界定方式与技术侦查措施应当具备的同步即时性从本质上直接冲突。对公民留存于社会机构的海量数据进行事后挖掘的行为与对公民行为过程中同步开展的秘密监控存在本质上的差异。此外,《刑事诉讼法》第 52 条第 1 款规定的证据调取行为,由于其行为的对象为证据材料,且仅限于与案件相关材料的少量信息或特定物品的调取,该条款也无法作为对于海量数据调取与分析的规范依据。由此看来,立法者应当为上述两类新型信息获取方式另设全新的规则程序。

如前文所述,《反恐法》与《网络安全法》分别要求电信业务经营者、互联网服务提供者为公安机关、国家安全机关依法进行技术侦查和其他信息监控工作提供技术支持与协助。[①] 根据上述两部法律的规定，网络运营者需要留存用户网络日志不少于 6 个月。这些规定为侦查机关利用社会机构的数据以及元数据规定了宽泛的授权，但对于社会机构特别是电信、网络服务提供者如何支持与协助执法、司法没有明确的规定，相应地，社会机构留存的个人信息及元数据在何种情形下以何种方式交由侦查机关使用，也缺乏明晰的规则。

由此可见，对于第三方数据与元数据的利用以及规则的完善既要完善刑事诉讼法的相关规定，也要对《网络安全法》等规范电信、网络服务提供商等社会机构的相关法律进行修改。电信、网络服务提供商等社会机构负有协助执法的社会责任与法定义务，但责任与义务的边界应当清晰，特别是应当明确信息与数据的使用权与管理方仍属第三方机构，政府部门只能使用、共享，但不能占有。侦查机关只有基于个案的调查或情报信息的收集，方可依法要求第三方提供特定范围内的信息与数据，禁止政府部门垄断式地占有、使用的全部社会第三方数据库资源。从刑事诉讼法的完善角度来看，对于侦查机关利用第三方社会机构的数据以及元数据的行为，应当创设独立的一类侦查行为，鉴于该行为对于公民信息隐私权的强干预属性与法律既有规定中的技术侦查措施相当，笔者建议对其规范强度、具体规范的设计可以参照技术侦查措施的相关规定，进行相对严格与明晰的规范。

（五）健全政府部门数据库共享中的个人信息保护机制

如前文所述，近年来公安机关在刑事司法执法过程中已经

[①] 《反恐法》第 18 条与《网络安全法》第 21、28 条的规定。

开始普遍使用其他政府部门的数据库，通过数据比对的方式挖掘情报信息与侦查线索。2015年国务院发布的《促进大数据发展行动纲要》中也提出要大力推动政府部门数据共享，形成政府数据统一共享交换平台。政府管理中形成的各领域数据库日益成为犯罪治理与治安防控工作的重要支撑力量，大数据碰撞产生的新知识、新线索极大地提升了刑事司法的效率与质量。然而，由于缺乏政府部门间数据共享的基本规则，政府部门间的数据共享常常受制于部门利益、地方利益而裹足不前，同时个人信息保护范围的法律依据欠缺，导致不少政府部门对于信息共享的范围与方式、程度存在忧虑，也影响到个人信息在刑事司法中的有效利用。

政府各部门在履行政府管理职责过程中收集公民个人信息的行为，应当统一视为服务政府公共管理的总目标，刑事司法执法部门使用其他政府部门收集的公民个人信息，尽管信息使用的具体目的与最初的信息收集目的略有不同，但仍然限定在公共管理的范畴内。因此政府部门间数据库共享与政府部门利用社会机构、企业等第三方信息进行管理两类行为之间存在本质差异，法律规范评价上应有所区分。具体而言，刑事司法执法机构共享其他政府部门管理的个人信息时，首先应当履行内部审批手续，基于一定的证据条件证明存在共享公民个人信息的必要性；其次，共享的方式应当是以个别信息或批量信息的查询为主，原则上禁止侦查机关拷贝其他政府部门的数据库资源，以防止漫无目的地大规模监控出现；最后，侦查机关对共享获得的公民个人信息履行保密义务，确保数据安全，侦查机关内部应当根据共享信息的敏感等级程度分级授权，同时侦查机关内部与共享数据的政府部门间都应当建立全程留痕的回溯性技术监督程序，监督个人信息的规范利用。

（六）厘定个人信息使用中的隐私保护范围

尽管理论界与实务界对于个人信息权与隐私权之间的界分与相互关系存在诸多争议①，两项权利涵盖范围也存在交叉与重合，但从刑事诉讼法的视角观之，政府对个人信息的使用目的主要是社会管理而非商业目的，个人信息使用与保护的焦点完全应当归结到个人隐私权的保护上，即之所以要设定政府部门使用个人信息的边界，主要出发点是保护公民的个人隐私及其承载的公民的人格尊严、个人自治、家庭私生活安宁、通信自由等一系列基本权利。厘清个人隐私信息的范畴并施以特殊保护，能够有效实现个人信息使用与保护的均衡状态。

基于隐私范围划定个人信息的保护与利用程度的做法，在国际社会个人信息保护法律制度以及国内其他法律规范中已经十分常见②，这对刑事诉讼法中在规范个人信息使用的过程中厘定隐私范围具有较强的借鉴意义。从世界范围来看，2016年欧盟《通用数据保护条例》第9条规定的敏感个人数据的范围，包括能够揭示个人的种族、政治观点、宗教和哲学信仰、商业团体资格以及能够识别特定自然人的基因数据和生物数据，涉及自然人健康或性生活、性取向的个人数据。③ 日本《个人情报信息法》第2条第3项规定了"要注意的个人信息"，包括由

---

① 王利明. 论个人信息权的法律保护——以个人信息权和隐私权的界分为中心. 现代法学，2013（7）：64．杨芳．个人信息自决权理论及其检讨．比较法研究，2015（6）：31．

② 张新宝. 从隐私到个人信息：利益再衡量的理论与制度安排. 中国法学，2015（3）；高秦伟. 个人信息概念之反思和重塑——立法与实践的理论起点. 〈法学研究〉2017秋季论坛个人信息使用与保护的法律机制学术研讨会论文集（未刊稿），2017（10）：328．

③ General Data Protection Regulation，Article 9.

于本人的人种、信条、社会身份、病历、犯罪经历、犯罪被害事实等其他可以对本人产生不当的差别、偏见以及其他不利益的在处理上需要特别注意的个人信息。[1] 我国台湾地区"个人资料保护法"规定的"个人敏感隐私信息"包括有关医疗、基因、性生活、健康检查及犯罪前科之个人资料。[2] 我国在区分个人敏感隐私信息方面也有探索性尝试,2013年我国开始实施的《信息安全技术公共及商用服务信息系统个人信息保护指南》第37条明确提出了"个人敏感信息"的概念,将其界定为一旦遭到泄露或修改,会对标识的个人信息主体造成不良影响的个人信息,各行业个人敏感信息的具体内容根据接受服务的个人信息主体意愿和各自业务特点确定,例如个人敏感信息可以包括身份证号码、手机号码、种族、政治观点、宗教信仰、基因、指纹等。2017年5月"两高"发布的《关于办理侵犯公民个人信息刑事案件适用法律若干问题的解释》第5条,基于侵犯个人信息严重程度的差异,间接划定了个人敏感信息的范围,将行踪轨迹信息、通信内容、征信信息、财产信息以及住宿信息、通信记录、健康生理信息、交易信息等归为个人敏感信息。

　　从信息使用与保护的宏观视角观之,通过"个人敏感隐私信息"的概念实现对个人信息的类型区分,这样有助于实现个人、信息业者和国家三方利益主体在利用个人信息资源上的"三方平衡"[3]。从刑事诉讼中个人信息使用正当化的微观视角观之,厘定"个人敏感隐私信息"的范围,有助于具象化地实现有效利用个人信息以实现安全价值与妥善保护公民隐私权这

---

[1] 郑超. "公民个人信息"刑法保护的法益论判断.〈法学研究〉2017秋季论坛个人信息使用与保护的法律机制学术研讨会论文集(未刊稿),2017(10):641.

[2] 张新宝. 从隐私到个人信息:利益再衡量的理论与制度安排. 中国法学,2015(3):38-59.

[3] 同[2].

一基本权利之间的平衡。划定刑事司法中敏感隐私信息的范围时，应当充分考虑到刑事司法目的的正当性，结合以往司法实践中信息滥用的危害实例，"个人敏感信息"的范围应当限于较窄的范围，这一点与一般性社会管理工作中个人信息保护工作的要求略有不同，与刑法所保护的公民人身权、财产权的法益目标也存在一定的差异。因此，笔者建议刑事司法中需要特别予以保护的个人敏感信息至少包括医疗与健康信息、基因与生物识别信息、性生活与性取向、行踪轨迹信息、住宅与家庭生活、未成年人的犯罪前科等。这几类信息一旦被滥用将给公民个人的人格尊严、自由发展带来极为不利、不良的影响，也极易成为公权力机关及个人"公器私用"的工具。将其列为个人隐私的核心区域，也符合隐私权保障私生活安宁的最初语义与价值涵摄。

在刑事诉讼中区分个人敏感隐私信息与一般个人信息，主要目的在于贯彻比例原则的精神，对于侦查机关干预个人敏感信息的行为设置更为严格的启动条件与审批程序，比如在启动条件上应当践行最后手段原则，即只有在采用常规侦查手段和收集一般个人信息之后方可例外干预公民个人敏感信息，侦查机关申请干预个人敏感信息时，应当对上述启动条件加以证明。再比如，干预公民敏感隐私信息的审批应当适用最为严格的法律程序，在当前的法律规范内应比照技术侦查措施的审批程序进行，未来随着法治化程度的提升，应当率先实行司法审查式的外部审批程序。

五、结语

在本文行将结束之时，我们仍有必要回溯性地审视下本文开头提出的"用信息换安全"这一命题。一方面信息社会的本质要素就是信息,信息的流动与共享是社会发展的主要驱动力,在这种社会发展形态中作为社会控制机制之一的刑事司法系统,必然需要发展各类秘密监控手段与能力,公民个人通过让渡一部分信息权享受了信息社会带来的便利与发展成果,包括更为安全甚至是"天下无贼"的纯净和谐的社会环境。从这个意义上讲,"用信息换安全"是信息社会的内在要求与必然结果。

另一方面,"用信息换安全"的价值权衡过程与其他交易过程一样,本身就是存在风险的,任何交易都应当适度衡量,追求平衡。在安全的价值追求之外,人类的发展还需要人格尊严、个人自治等更高层次的价值追求,个人信息权的保障在信息社会中就是人格尊严、个人自治等价值得以实现的基本前提。公民让渡个人信息后,需要一系列健全、严密的制度设计方能保证政府合法、合理地使用个人信息,信息滥用的严重后果,古今中外的历史教训比比皆是。如何真正实现"用信息换安全",除了本文提出的刑事司法既有规范工具与个人信息保护机制的适度引入两个路径之外,我们仍然需要紧随信息技术的迅猛发展而持续探索,并不断回应技术创新所引发的规制难题。

秋菊的错误与送法（律知识）下乡

缪因知（中央财经大学法学院副教授）

这篇论文所讨论的话题，并不在本人的主要研究领域内。本文也不敢说是一篇佳作。但在我眼中，却可以被视为我个人从事"社科法学"研究的代表作。

而追根溯源，我为何会写作这篇论文，完全归因于安守廉教授的中国法课堂。我在去哈佛大学前虽然读过苏力、赵晓力等学者的相关论文，但从来没有看过《秋菊打官司》影片本身，也从无就此撰写论文的考虑。

安教授不惜篇幅地在他的中国法课堂上完整播放了这部电影，不仅触动了外国人，也让我大有感悟。我记得当时先是用英文与其他硕士班同学讨论了对电影的一些观察与感悟，后来我对此话题的兴趣未减，才逐渐衍生出了这篇中文论文。安教授的课堂上师生对中国法各个方面的诸多评论，也多多少少、直接间接地影响到了我对此话题的思考，如本文提到的胡小倩的评论就来自当时的课堂互动。真所谓，在哈佛，我加深了对中国的理解。

而本文内容与我所处环境的一个结构相似性上的共鸣在于：这篇论文讨论了一个走出原有环境、走入不同环境的人对法律规则的选择及其后果，而这篇论文的作者（即我自己）在当时也是一个走出原有环境、走入不同环境的人，在研究对法律规则的选择及其后果。秋菊必须在见识过外部世界后，学会如何运用这些增加的新知在原有的环境中更好地生活，而我也是这样。

尽管我在哈佛大学法学院参加了公司治理的 concentration，毕业时提交的 long paper 获得了年度最佳公司法论文奖（Victor Brudney Prize），但那篇论文似乎是以一种按部就班的节奏慢慢堆砌出来的。而写作本文初稿时，却是一气呵成，令我难忘。

所以，如果我这篇论文在中国法律学术的宏大殿堂中能勉强够得上有半砖半瓦的价值的话，我毫不迟疑地愿意将光荣首先归功于安教授的课堂安排，希望他能接受我的这份微不足道的献礼。

摘要：作为开放的现代社会而非封闭的传统乡村的一员，秋菊主动选择走出村庄，适用外部正式的法律，就应当接受这种不以她意志为转移的更大的体系的规则。外部世界的法律的处理方式具有相当的合理性。秋菊没有从法律处得到她恰好想要的，这是秋菊的尴尬，而不是法律的。秋菊要求村长给说法/道歉未必是个合理请求，她有意无意地在试图减损村长的权威/面子，而面子这种文化资产对村长来说更有价值，给村长面子更能维护村民的利益。村民不支持秋菊的做法，正是由于秋菊的无节制破坏了村里已然存在的、并非不合理的互相预期与秩序。普法教育、送法下乡的真谛不在于强制村民改变他们处理纠纷的规则，而在于准确告知村民，他们可以从外部规则体系中得到什么，从而更好地选择适用之。

"当代法学，还没有哪部电影甚至很少有学术专著，能够像《秋菊打官司》一样，不断吸引中外学者的反复解读，而且至今势头不减"①。苏力老师借此批评现代法律的著名论文②，更是奠定了该片在学术界的地位，以至于我在美国法学院上关于中国法的课时，教授完整放映了这部影片。由于不是专业的司法研究者，我一直没有完整地看过这部著名作品，借此机会，才得以从头观赏。

电影的形象艺术颇能打动人，二十年来诸多学者前赴后继在这个问题上的开拓，充分证明了它讲述的是一个普遍性的事件或实践，即"某种类型的人或出于偶然、或出于必然而可能说的某种类型的话、可能做的某种类型的事"③。苏力开创性的声音也屡屡回响在耳边，但观毕仔细一想，他说的颇值得商榷。其中最根本的问题在于：

1. 秋菊这个具体的电影形象是否能上升为底层民众积极维护自身法律权利的典型代表，或正当的民间法律规则的维护者？④
2. 撇开前一个会受到细节纠缠的问题的合理性不论，我们可以指向一个更核心的、被"法治本土资源派"用来反复拷打

---

① 凌斌. 村长的困惑：《秋菊打官司》再思考//强世功. 政治与法律评论. 北京：北京大学出版社，2010：184.
② 苏力. 秋菊的困惑和山杠爷的悲剧//苏力. 法治及其本土资源. 北京：中国政法大学出版社，2004.
③ 亚里士多德. 论诗//苗力田. 亚里士多德全集：第九卷. 北京：中国人民大学出版社，1994：654.
④ "秋菊在中国法学的形象""是中国民间法（习惯法）的代言人". 岳林. 村庄的宪法//苏力. 法律和社会科学：第十卷. 北京：法律出版社，2012：300.

◆ 绿竹猗猗

"城里人的法律"的问题：一个处在以城市为核心的现代社会边缘、不谙现代法律规则的人，诉诸现代法律规则的救济，但结果不如她的意愿时，现代法律就该自我检讨么？

3. 与上一个问题相关的是：主要基于城市陌生人社会的规则而制定的现代法律强行介入社会边缘解决纠纷，和一个秋菊这样的边缘人通过次次"讨说法"强行把现代法律引入乡下，是两个不同的情境。因此在批判现代法律时，是否应有不同？

一、外部的法律规则未尝不合理，坚持打破山村秩序的正是秋菊

影片最后警笛长鸣进山村的镜头很容易让人顿起对"现代法律"的反感。伤也痊愈了，当事人也和好了，可"大盖帽"来了，人人错愕，"损害了社区中原来存在的尽管有纠纷但能互助的社会关系"[1]。常年来，板子大都打在舶来的城市法律之上，其被认为是粗暴简单地对待了村民的诉求。

的确，在这个对外交通不便、出行困难的山村，除了血缘上的沾亲带故外，人与人之间既是远亲也是近邻，有着较大的"抬头不见低头见""跑得了和尚跑不了庙""不靠你，还能靠谁"的互相依赖性，大不同于人际生活有更大的独立性、搬家换工作脱离原有生活圈较为容易的城市。所以在山村优先适用村民公认的、经过多年反复博弈而形成的、具有当地乡土特色的规则，而不是外部城市中盛行的法律规则，

---

[1] 苏力. 秋菊的困惑和山杠爷的悲剧//苏力. 法治及其本土资源. 北京：中国政法大学出版社，2004：30.

颇具合理性。

本人同意说在此案涉及的规则上，即便外部法律体系并无不合理之处，其合适的定位也应是备用性规则，而非强制性规则。然而，实际上各级国家机构大体维护了这一定位，并未主动"送法下乡"，是秋菊一层层地讨说法，把外部法律拉入了山村。外部法律的介入在这个过程中其实是相当被动的，是秋菊四五次上访①最终招来了法院的"大盖帽"。公权力坚持了不告不理的原则，村治安员及其领导都动用了息事宁人的基层手段来试图解决问题。② 是秋菊非要搅动春水，层层闹到中级人民法院的。

诚然，从个体的角度看，秋菊有权按照自己喜好的方式寻求各种救济。可是，权利和义务是平衡的、一体的。她有权申请启动外部的、公家的、法律的调查介入程序，可她无权一厢情愿地指望外部的正义体系的实施结果恰好符合她个人的正义观。这种外部救济并没有强加于她，在适用于她的个案时，也没有歧视性、恶意地有所扭曲，这是她自己三番五次争取来的结果。纵使她缺乏"求仁得仁"的觉悟，外部法律也无须因此感到愧疚。

换言之，秋菊凭什么要求外部世界精确地按照她的意愿来运行？"她无意伤害他人却事实上伤害了他人"③，并不是法律

---

① 借用侯猛从本文的反馈意见中提炼出的概念，我塑造了秋菊的"访民"形象，即怀着朴素的，甚至自以为是的正义观去寻求救济，而非有意识地知法用法。这当然不是说访民的诉求肯定不符合法律，而是说他们的诉求是否能得到正式法律的支持完全在未定之天。本人曾在两地兼职从事三年法律援助，见过不少访民。有不少人的诉求其实是合理不合（当时可适用的）法，有人的诉求其实既不合理也不合法。虽然这些诉求实际上没有获得正式解决的希望，但他们都坚信自己的那种正义观，"不信没有个说理的地方"。

② "李公安已经放弃了自己所代表的国家的理"。赵晓力. 要命的地方：《秋菊打官司》再解读//北大法律评论：第 6 卷第 2 辑. 北京：北京大学出版社，2005：712.

③ 苏力. 秋菊的困惑和山杠爷的悲剧//苏力. 法治及其本土资源. 北京：中国政法大学出版社，2004：33.

的错。假设一个吸毒贩毒者的母亲在无助之际通过举报希望政府帮她儿子戒毒,结果她儿子因此被处决,她是不是也有权悲鸣无意伤害儿子却事实上伤害了儿子?

　　站在客观中立的角度上讲,外面的法律无错。"踢伤人要惩罚"之规则具有合理性。把人踢成骨折了,会影响人身健康、劳动生产(第一幕中,秋菊丈夫是躺在板车上出现的)。这一个个案之结果的确不算厉害,秋菊丈夫的肋骨伤仿佛没有大的后遗症,但这或许是由于村长当时正好力气不大、庆来体质也还算健壮、踢的角度等偶然因素,谁能保证村长或别的村民下次就踢得恰到好处呢?从统一规则的角度讲,要求村民都记牢了"人踢不得",是对大家、对整个山村的长远和谐都有益的。①相比之下,山杠爷就是不幸玩过火了,即使"城里的法律"不来充任抓人的黑脸,逼死小媳妇的人命大案也不会在山村被轻易放过。城市法律和山村规则并非水火不容,其内在的理路有相通之处。我们也不妨以动态的观点看待村民法治意识的发展。毕竟,他们不会永远与世隔绝。只要愿意,土土的村妇也能自由进城,山外的法律和山内的社会规范总是会越来越融合。

　　如果说城市里的法律秩序犯了什么错,最后导致不合秋菊意愿的话,还是其不够西化。首先,本案的实际受害人是秋菊丈夫,其本人并不愿意闹到法院,也没有给秋菊授权委托书。但不是适格原告的秋菊还是成功代理了丈夫。其次,法官也没有坚持中立,而是主动要求秋菊丈夫提供证据,敦促他去拍片(在那个年代村民的眼中,这种来自"官"的敦促无疑有相当的不可抗拒性)。如果不是这种为民做主司法行政一体的思路,庆来缺乏对拍片的热情直接会消除村长被抓的可能性。再次,中级人民法院受理的是秋菊对公安局的行为不服的行政诉讼,不

---

① 桑本谦. 秋菊的困惑:一个巧妙的修辞. 博览群书,2005(12).

应骤然因在调查基础事实时发现村长的治安违反行为而启动对该第三人的行政处罚。

二、秋菊所要的"说法"和外部法律最终实现的方式异曲同工

1. 要的就是消解村长的权威

主流观点认为:"如果我们的法律真的关心西沟子村的安定团结,那就老老实实放下架子,听一听秋菊要的,究竟是什么"①。"秋菊的要求更为合乎情理和可行,而且其社会结果也好一点"②。可是,外部法律实施(拘留村长)可能导致的危害并未背离了秋菊所欲之物,而只是秋菊所欲之物的加强版罢了。易言之,如果秋菊完全得其所愿,未必不会损害"社区中原来存在的尽管有纠纷但能互助的社会关系"。

秋菊想得到的是什么?表面上是说法、"给我认个错"。可说法、"给我认个错"又为了什么?她承认"是村长,打两下也没啥",却坚持要村长道歉。李公安等人讲村长要面子时她也从来不否认。对踢她丈夫的人,她也是从来只呼"村长"而不是名字。

但她为什么坚持要村长认错?实际上她至少在潜意识中是要通过这种不寻常的方式,部分但明确地消解村长的权威。而为这件事情认错,正是村长不愿意做的。全片剧情推进的明线

---

① 赵晓力. 要命的地方:《秋菊打官司》再解读//北大法律评论:第6卷第2辑. 北京:北京大学出版社,2005:718.
② 苏力. 秋菊的困惑和山杠爷的悲剧//苏力. 法治及其本土资源. 北京:中国政法大学出版社,2004:29.

是秋菊讨说法，而暗线是村长拒绝给秋菊要的说法。

消解村长权威之目的在他被拘留15天之后实现了，谁都知道村长踢出事了。的确，村长可能因此会觉得很没面子，甚至怀恨在心，这也是秋菊和观众所担心的。可如果李公安或公安局精确按照秋菊的意愿令村长"给说法"，村长同样很可能会觉得没面子，甚至怀恨在心。进不进拘留所，区别没那么大。

秋菊一次次的上访，已经令村长觉得这是在"到县里臭我的名声"，"以后我在村里没法工作"。在影片改编自的小说原著陈源斌《万家诉讼》中，村长把钱扔在地上叫秋菊捡时，更明确地说："我仍是村长，仍管着这块地皮上的三长两短，仍不免要憋住气作践你万家。地上的票子一共三十张，你捡一张低一次头，算总共朝我低头认错三十下，一切恩怨都免了。"村长早就有气了。

当然，人们可以指责村长心胸狭窄，但从客观角度看，无论秋菊是对是错，法律都只不过是在她已然大大努力前进的方向上推了她一把。秋菊只不过是比村民、家人都后知后觉地发现"这下过了"。她直到警车声大作才有所觉悟，而其他人早就用反对秋菊的上访表明了立场。秋菊担不起"用法律捍卫权利"的荣誉，法律也担不起"办砸了秋菊的事"的恶名。

2. 村长的权威是否该被消解：海瑞定理在山村中的运用

山村是一个相对封闭又不发达的空间，难以向外部方便地征集资源，村内可用资源常年处于稀缺状态（比如秋菊难产时，人车两缺），村长为有效地协调资源的分配利用、确定特定情境下的不同使用方案的优先权顺序，客观上就必须具有相当的指挥人做事的强性权力和魄力，才能更好地保障整体村民的正当利益。比如他几乎无须解释，就能强迫村民放弃或许至少一整年才有的在灯火辉煌下表演的机会而去黑灯瞎火地送产。这实际上是一种对个人劳动力的征用、对个人自由的限制。虽说送产人命关天，可能本身足以打动村民相助，但秋菊家人硬着头皮去求和自己关系不好的村长帮忙，显然表明动用村长是更有效的策略。

而这种权力并不是国家法律赋予村长的，国家法律的权威在相当程度上依赖于国家强制力，而这正是山村里缺乏的。国家法律的权威也受到了内在合理性的支撑，而这在山村里是和乡约民俗共享的。村长的权力在很大程度上是村长的自然权威的运用。不是每个村都有这样有威信的村长，这种权威不是村长这个职位自动赋予的，而是村长这个活人在这个岗位上挣出来的。支撑这种家长式权威的是村长在山村这个艰苦环境中的治理业绩（城市里任何广受好评的区长，更不用说街道主任，都不会、不敢如此征用市民的劳力），是其本人所有的魅力，或者更通俗地说，是面子。

面子是一种无形的文化资产，会受各种象征性的举动而增减。在与天奋斗其苦无穷其乐无穷的山村，唾面自干、"别人打了你的左脸，你就把右脸给他"显然不曾被认为是一种美德。秋菊丈夫骂村长生不出儿子，村长如果忍气吞声，就会被认为认怂、丢了面子。他如果去找公家来帮助论理、向庆来讨说法，那在山村会被认为是奇谈，恐怕会进一步丢面子，所以他必须要还击。

尤其需要注意的是，此次纠纷的一个微妙之处在于：村长执行公务制止了秋菊家在承包地乱盖楼、影响公益的行为，而秋菊丈夫却直接而精确地攻击了王善堂个人的痛处（"下辈子断子绝孙，还抱一窝母鸡"）。这种回击方式在陌生人组成的城市中不多见，但在彼此熟稔的乡村却颇为常见。如果村长不作出必要反应的话，不仅意味着以后的公务执

◆ 绿竹猗猗

行将会受到各种不必要的干扰，还意味着个人人格会被随意践踏。

很多人似乎把村长看作一个类似主权国家的霸道打人者①，却没有认识到村长的这一还击虽然不符合"执法文明"的要求（毕竟他不是真正的受过培训教育的国家干部），却是对自己作为普通人的人格和乡村秩序维护者身份的双重捍卫（请注意，我在此不同意那种说因为村长可以在关键时刻帮人，所以也有一点"踢人权"的看法）。这也是为何不怕天不怕地的秋菊也同意村长可以打几下，而许多村民则更进一步认为在秋菊丈夫无理地说出那样的话的情境下，相应地踢其下身也无妨（所以他们对庆来并无太多同情）。

本案的僵局在于秋菊认为村长扳回面子的举动过火了，换言之，你村长的面子没那么值钱。而村长显然不那么认为。所以问题的焦点在于：当对于村长的面子有多值钱出现争议时，该倾向秋菊，还是倾向村长？

苏力老师不曾提出过这个问题，当然也不曾给出过答案。但他多年后总结出的海瑞定理②，似乎能给我们启示。苏力阐述了明朝海瑞的司法思路，指出：如果法律没有明文规定，在

---

① 凌斌. 村长的困惑：《秋菊打官司》再思考//强世功. 政治与法律评论. 北京：北京大学出版社，2010：184. 作者认识到了"村长的面子"具有行政体制运作和基层秩序维护的意义，村长对村民有特殊作用（如组织救人），但他把村长描绘成具有打人属性的小型利维坦，把本案涂上了无辜村民被打、村妇抗霸的色彩。正如本文指出的，村长踢庆来更多的是还击而非主动欺凌，从村公安开始的外部法律救济的实施也并无偏颇，所以不存在作者所谓"任由救人的人随便打人，会导致官逼民反"的风险。他把山村看作中国之隐喻的倾向，更是夸大了王村长在这个并不独立的王国里的权势。与此同时，那个更巨大的"村长"不会像王善堂那样必须屈服于外部法律的规制，一众"村民"也不见得对"外部法律"隔膜抵触，所以"外部法律"对"山村"来说是否恰当之宏大讨论的相关性也就减弱了。

② 苏力. 海瑞定理的经济学解读. 中国社会科学，2006（6）.

"争言貌"① 的时候，应该"强化和保护有更多文化资产的人或物"，从而"使本来稀缺的文化资产最大程度发挥其社会功能得以可能"，令其更好地承担对其他社会群体的责任，并激励其继续"投资于可积累的文化资产"②（这也是村长为何强调不认错对他以后工作的重要性）。

比起秋菊夫妇，村长的面子明显很值钱、更值钱（李公安说："又是个村长，你瞎好得给一些面子"）。这不是王善堂的面子，是村长的面子，他需要面子来执行公务，调配人力物力资源，配合国家的下乡工作。③捍卫村长的面子是为了制止庆来这种刁民违法在前、辱人在后的行径，以及庆来媳妇偏离全村共同价值观的上蹿下跳。维护村长的面子更有利于保护全村人包括秋菊的利益。如果村长道歉、认怂，就可能被村民看轻，那位业余演员拒绝放弃难得的出风头机会而不去雪夜跋涉送产，也未必不可能。

且鉴于村长的面子的公共物品性，无关第三方也会受到困扰。例如，新的遇险产妇的家人会犹豫是否还要把紧急状态下宝贵的时间用于拜托说话可能已经不那么管用的村长。此外，由于文化资产的难以转移性，破坏了村长的面子，也不见得会相应抬升秋菊的面子。秋菊这回再怎么扬眉吐气，也不会轮到她来处置乱占承包地、送产妇之类的事情。这里面涉及的问题，不仅仅是追求"平等的尊严和要求村长为人民服务"④ 的问题。

---

① 即"当时社会政治伦理结构以及意识形态以正式、非正式方式规定的不同人的社会地位、身份和尊严"，乃是一种文化资产。苏力. 海瑞定理的经济学解读. 中国社会科学，2006（6）：118.

② 苏力. 海瑞定理的经济学解读. 中国社会科学，2006（6）：122.

③ "在各类干部下乡办事时，村干部在每一个这类具体场景中都几乎不可或缺。[公家人]……进村首先要找村干部，获得他/她们的配合，然后再开始工作。"苏力. 送法下乡. 北京：中国政法大学出版社，2000：46.

④ 陈颀. 秋菊二十年：反思"法律与文学". 读书，2016（9）：164.

◆ 绿竹猗猗

三、秋菊讨说法的源动力是对合理乡村规则的排斥

诚然,即便说秋菊盲目地引入了不太合她意的城里法律,仍有可能外部规则优于山村规则。即便说村长的权威需要被维护,仍有可能他维护权威的自力救济方式有诸多不足。故而我们不妨再从实体上看一下秋菊的诉求本身是否合理,以及她拒绝接受的山村纠纷处理规则应当如何被认识。

由于经历过多年受约束的政治与社会秩序,秋菊这样的出头鸟的稀罕性在20世纪90年代不出意料地引人注目,并被塑造成了维权先锋、法律斗士。[1]可是,如前所述,秋菊并非在知法懂法地维权,而是完全盲目地在借助外力。秋菊不懈地上访不属于正常村民的正当行为。她并不了解外部规则会如何处理她的诉求,她只是不满于山村规则处理她诉求的方式。而当两个事实上的内外不同的规则体系并存时,法律人不必忙着为法律道歉来表现政治正确性。

以苏力为典型的观点正确地发现了秋菊"关于权利的界定明显不同于法学界的界定",但随即便开始批评"进口的"法律所持的观点,言下之意是秋菊这个村民代表的权利观应当得到更大的尊重。但实际上貌似憨厚的秋菊相当难缠,未必代表一个正常村民所应有的诉求。秋菊本非适格的原告/控诉人(后期其丈夫都能劳动了),却屡屡变卖本不多的农作物,在丈夫反

---

[1] "不少中国法学家和评论家的解释是","人民群众已开始越来越多地运用法律来维护自己的权利". 苏力. 秋菊的困惑和山杠爷的悲剧//苏力. 法治及其本土资源. 北京:中国政法大学出版社,2004:25;"终于拿起法律的武器来维护自己的人格和尊严了",李彦生. 喜看秋菊民告官. 人民司法,1993(2).

258

对的情况下继续带着家里另一个劳动力小姑出征。尽管身怀六甲，却为不紧急的事冒险长途跋涉，理由是她觉得胎儿是否安全是老天决定的事。真不知道万一路上流产，她会不会因此怪罪村长。特别值得注意的是，本来她的主要不满是村长的一脚可能导致丈夫不育，故而她此时对胎儿安全（及由于流产而损及日后生育能力之风险）的放任，大可以用任性来概括。

秋菊在本乡本土的李公安面前连事情的起因都扭捏不敢说，但在城里警察面前，却公然撒谎说丈夫说的母鸡不是指村长的女儿，并给村长扣上了无缘无故"拿普通群众撒气""故意杀人"的大帽子（虽然这是代笔者写的，但警察读的时候，秋菊毫无异议，故很可能是她的本意）。只要处理结果没让村长认错，在她眼里，昨天的好人严局长也就成了坏人——"你们都是公家人，谁知道你们是不是在底下都商量好了？"

故而并不令人惊讶的是，村民们早已对秋菊的行为表示出不满，这种不满并非由于他们惧怕村长的权威，或缺乏自我维权的法律意识。"在长期的共同生活中，在无数次的小摩擦里，他们陶炼出一种熟悉，建立了这样一种相互的预期"①。这种预期是什么，不就是秋菊你别这么"倔""没完没了"，不知分寸么？②

显然大家并没有觉得那是"要命的地方"，反而觉得踢下身是对庆来特定类型口不择言的合理应对（尤其是在庆来看医生回来，被证实"要命的地方"不要命之后）。这还能被认为是村

---

① 苏力. 秋菊的困惑和山杠爷的悲剧//苏力. 法治及其本土资源. 北京：中国政法大学出版社，2004：30-31.
② 这不仅是特定的西沟子村的风俗，也是中国传统政治的人情观的一个折射。韦伯. 中国的宗教与世界. 康乐，简惠美，译. 桂林：广西师范大学出版社，2004：319.

◆ 绿竹猗猗

长在自力救济地实施某种村民公认的、对特定不当言论的民间制裁方式。

值得注意的是，村长在最初的交涉中就同意让秋菊丈夫往他下身还一脚。在一定程度上，这是对庆来的缺德言论的针对性报复。庆来骂人时的优越感指向的是村长在生育的"公平竞争"中的落败，而此刻村长索性化劣势为优势，可以大方地用自己已然被证明"价值低下"的下身来承受平等的回击。抛开打击力方面的因素（如就算约时间回踢，秋菊丈夫或许也不会像村长当初在盛怒之下那么用力，且人们对村长总是有点敬畏）不谈，秋菊的断然拒绝反映了她知道这种解决方案是让自己吃了个哑巴亏。至少，双方的共识是村长实施的并非一次碰哪打哪的随机身体伤害，而是有着高度文化象征性的对特定部位的精确打击。

村民们也对此洞若观火，所以调侃"受害人"庆来，叫他"夹紧腿"，否则再被踢到的话，秋菊要去北京了。而村长在一开始就理直气壮地说"问你男人去，我为啥踢他"。他说"我不怕你们告"，显然底气不是来自自己的政治势力或背后的小动作，而是建立在常年处置村务之上、对至少在村庄中通行的公共规则的道德自信、（非正式）制度自信。实际上，如果不是意外同时踢坏了秋菊丈夫的肋骨，即使闹到市法院，村长还是会安然不动。

所以，即使村民"都知道秋菊的说法大致是什么"，却不见得都同意这是一种该被承认的权益。李公安让村长赔两百，不是对秋菊讨说法的变相实现，而是庆来"医药费、误工费"的实际损害赔偿，所以他要秋菊把医药发票收据给村长。而村长拒绝给说法时，李公安也知道无法依法强制要求他道歉，而只能自己买点心搪塞秋菊。

事实上，苏力一度承认这是"规则在统治"，"必须承认这种法律运作作为制度的合理性","任何制度性法律都不可能完满地处理一切纠纷，都必然会有缺憾之处。从这个角度看，这一法律制度具有总体上的合理性"①，但他很快就开始转向批评这种"大写的真理"是不合理的。制度性法律"必然会有缺憾之处"忽然成了"中国当代正式法律的运作逻辑在某些方面与中国的社会背景脱节了"②。如前文所述，这似乎抬高了秋菊诉求的"和谐性"，也没有认识到是秋菊把"不可能完满地处理一切纠纷"的制度性法律引入山村的。苏力文章的第五部分有意无意地把秋菊的诉求，而不是她拒绝的李公安等人的处理方式，说成是"中国社会中的那些起作用的、也许并不起眼的习惯、惯例""经过人们反复博弈而证明有效有用的法律制度"③，这就偏离了真相。

四、走出山村的人最需要被送法下乡

影片谢幕的那一刻，是违背了"有社会连带产生的集体良知"④ 的秋菊在那个小世界中声名彻底扫地的开端。这个人仅仅因为个人独有的欲求在山村内难以实现，就盲目引入外部世界的惊涛骇浪。惊悚于外部法律的威力之余，大家会意识到秋菊为人的难弄。秋菊的困境不在于现代法律。生在过去的任何一个朝代，她都会为此上访（除非迫于交通手段更为不便），

---

① 苏力. 秋菊的困惑和山杠爷的悲剧//苏力. 法治及其本土资源. 北京：中国政法大学出版社，2004：28.
② 同①29.
③ 同①38.
④ 同①32.

而县太爷也很可能不会完全顺意于她。心情好时把村长拘过来打个二十大板，倒也不无可能，但那不是拘留15日的古典版么？

"一个伊甸园失去了"①，但错不在现代法律。外面的世界可以有外面的规则，伊甸园也可以有伊甸园的规则。秋菊作为一个外嫁来的村妇②（或许来自一个交通更便利、村长面子对村民的意义略小的村落），可能并不熟悉，故而也不尊重这个"社区中曾长期有效、且在可预见的未来村民们仍将依赖的、看不见的社会关系网络"③。其茫然地看着警车远去的镜头，充分说明了她不是一个法律和权利意识的先知先觉者，而只不过是一个任性碰到不幸的冒失人。也许"正式的法律干预"对她造成了"更大伤害"④，可这不是她作为完全行为能力人自找的么？

实际上，世界和历史的各处反复上演着"法律文明的冲突"的悲剧故事。例如，一些中国人移民北美后，因为不大的家庭冲突而随意学洋人报警，结果"小题大做"的外国警察剥夺了"实施家暴"的父亲的监护权，甚至把丈夫关入大牢，令曾自称受害者的儿子、妻子欲哭无泪，他们也不过是"洋秋菊"罢了。在面临一个不熟悉的外部规则体系时，勇于冒险的性格会令不少尝试者受益，但"无知者无畏"的风险也了无悬念地吞噬了许多人。秋菊的故事只不过是一个不愿意自我克制、不愿意"各自多做自

---

① 苏力. 秋菊的困惑和山杠爷的悲剧//苏力. 法治及其本土资源. 北京：中国政法大学出版社，2004：31.

② 感谢山村出身的学友胡小倩指出这一点。

③ 苏力. 秋菊的困惑和山杠爷的悲剧//苏力. 法治及其本土资源. 北京：中国政法大学出版社，2004：30. 类似观点可见凌潇. 无需法律的秩序——《秋菊打官司》的另一个说法. 山西师大学报（社会科学版），2012（2），提出秋菊"不理智"地破坏了"乡土社会互惠体系"，"何必为了一点小事伤了和气"。

④ 同①32.

我批评"(李公安、县公安局语)、"求大同存小异、以安定团结为重"(县公安局语)的人,继续往前走却冒险失败的故事。

　　于整个中国法律体系在现代化、农村也在现代化的历史背景下,特殊的、例外的、非主流的是山村而不是城市。既然外部法律在城市中的运行基本上并无不妥,其偶然与山村不合拍也无伤大雅。所以苏力质问的"为什么要懂那些与他们的日常生活相距遥远的正式法律呢"① 和凌斌批评的法律人"没有认真倾听,更没有认真听懂"秋菊和村长的想法②,都有把局部问题扩大化、把例外抬高成常例的意味。

　　诚然,庞大古老中国的特殊性总是存在的,学自西方的现代法律也显然不会天生契合国人。但我们不应当过于强调其特殊性,特别是不要把不那么典型的特殊性看成典型的特殊性。"今天的国家法律,因其规则的普遍性和背后的惩罚机制,就能够给逐渐陌生化的乡村社会提供信任,维持基本秩序。"③ (农民)"弱势并不弱智,他们同样甚至更懂得国法莫大乎人情,法律是成年人的学问的道理,他们同样是人,同样向往现代文明,追求幸福,一切能给他们带来幸福的法治,他们都自愿且乐意接受。"④ 即使有的山村在短期内较难改变,外部的法律也很难有充分的理由仅仅为了让自己的规则不要离山村太远,而停下庞大的身躯来等等山村,其显然更应该关照更大规模的生产生活正在发生着的城市的需求。外部的法律也不需要专门为山村制定一套正式的规则(因为山村本来就有自己的规则)。

---

　　① 苏力. 秋菊的困惑和山杠爷的悲剧//苏力. 法治及其本土资源. 北京:中国政法大学出版社,2004:33.
　　② 凌斌. 村长的困惑:《秋菊打官司》再思考//强世功. 政治与法律评论. 北京:北京大学出版社,2010:184.
　　③ 董磊明,等. 结构混乱与迎法下乡:河南宋村法律实践的解读. 中国社会科学,2008(5).
　　④ 邱本. 商土中国及其法治建设. 法制与社会发展,2004(4).

◆ 绿竹猗猗

　　秋菊成为依法维权的符号，是一个历史性的误会。耐人寻味的是，中国现实中的"依法维权"，实际上往往成了"信访不信法"。更为典型的"活秋菊"是湖南唐慧，在司法机关已经超出法律标准来满足其愿望后，她仍然"不屈不挠"地强力"讨说法"。一些法律学者打着"为人民服务""为人民呐喊"的口号，却把个别刁民的呼叫当作人民的利益所在，进而富于优越感地批评本来是代表了人民公益和公意的法律，这种姿势可以休矣。

　　不过，人非圣贤，本人并不主张不顾秋菊的死活。秋菊有权追求她所希望的，即便在一些村民看来有悖公德，秋菊也有权追求对她更好的结果。的确，在这个进程中，真正的风险实际上是一个秋菊般的村民会非要走出山村，把争议相对方乃至整个村庄都拖入不测的外部纠纷处理机制中。这时，不如人意的结果是很难不发生的。从这个意义上讲，普法教育意义上的"送法（律知识）下乡"，系统地告诉民众，特别是生活在相对独立的社区中的民众，选择外部的一般法律结果会如何，还是很有意义的。①秋菊难缠的性格不会因此改变，但不愚蠢的她至少能有权衡利弊的机会。例如，本案的一个为很多人忽视的地方是，如果秋菊一开始就选择民事诉讼程序而不是找公安的话，就算不能获得道歉这个令她自己满意的结果，招致警车进村的可能性却要小不少。

　　　　　（本文原载苏力主编：《法律和社会科学》第十卷，
　　　　法律出版社，2012年；修订版被编入《秋菊的困惑
　　　　　　与解惑：法律与文学在中国》，三联书店将出）

---

　　① 更一般地说，对城市居民也在诸多领域如金融有"送法（律知识）入户"的必要。例如，本人曾亲历一个法律援助案件，银行违规高息揽存被政府叫停，该储户无理坚持要求银行支付本来约定的高息而一次次上访，并认为人民银行、商业银行就是串通一气的。

弱势群体保障法的教学与研究模式变迁
——一种"融合性"的模式可能吗?*

熊丙万(中国人民大学法学院助理教授)

一、弱势群体保障法的教学与研究模式的进步

只要简单地回顾历史,我们就可以发现,中国在弱势群体权益保护的一般社会观念和法律保护机制上都取得了长足的进步。以残障人士这个特殊的弱势群体为例,在20世纪六七十年代,我们用"残废人"这个术语来称谓这个群体;到了20世纪

---

* 在哈佛大学求学期间,安老师对本人给予了无微不至的关怀、教导和帮助;在回国以后的学术历程中,安老师继续给予了不断的启发和帮助。借安老师七十寿辰之际,学生撰写此文,向老师汇报在这一领域的领悟和实践努力,并祝老师身体健康、学术生命长青!

◆ 绿竹猗猗

八九十年代我们开始用"残疾人"这个称谓来指代这个群体；而从新世纪开始不久，"残障人"这个称谓开始在学术圈被日益广泛地使用，大众媒体也开始日益频繁地使用这样一个术语。从历史的视角来观察，这反映了中国人和中国社会在残障人士这一基本认知观念上取得了重大进步。尽管，一方面，"残障人"这个称谓的社会普及度还有待进一步提高；但另一方面，其他更加人性化的陈伟方式正在被学术界创造和使用。

在法律制度安排上，中国早在1990年就颁布了《残疾人保障法》（2008年修订、2018年修正），该法明确规定了残障人士权益保障的一般准则，残障人士的康复和教育计划，残障人的劳动就业、文化生活和社会保障要求，以及残障人士的无障碍通行环境促进计划。以无障碍通行环境的促进计划为例，我们的确能够注意到，在中国城市地区的各类公共场所，便于残障人士通行和生活的建筑设计和公共设施安排正在明显增多。马路上人行道中的盲道越来越普及，建筑大楼的出入口专设无障碍通道，卫生间的残障人士蹲位也都常见于公共场所。

这些社会观念、制度安排和公共设施能够不断获得改善，有多方面原因。其中大学法学院的相关教学和研究成果当属一股十分重要的助推力量，为这一系列进步提供了必要的知识基础。在比较法领域，我们可以注意到，哈佛大学法学院等国外高等法律院校成立了诸如"哈佛残障人士权益促进工程"（Harvard Project on Disabilities，HOPD）[1] 等专门的学术研究和人才培养机构，该机构致力于在全球范围内为与残障人士相关的法律学术研究和社会法治改善提供有效的公益服务。[2] 事

---

[1] http://hpod.law.harvard.edu/，[2018-10-09].

[2] Briefly, see Elaine Mcardke, Able Lawyering, Harvard Law Bulletin, August 10, 2011, available at https://today.law.harvard.edu/feature/able-lawyering，[2018-10-09].

实上，该研究机构自成立以来，的确为包括中国在内的大量法域的残障人士权益保护的法律研究和法治改进工作发挥了十分重要的推进作用。

在中国，很多大学和科研机构都有这方面的努力和成果。仅以我个人所在的工作单位为例，中国人民大学法学院当属这方面一个具有代表性的学术机构。早在 2007 年，在哈佛大学法学院（特别是"哈佛残障人士权益促进工程"的安守廉教授、Michael Stein 教授和崔凤鸣博士等）的支持下，中国人民大学成立了"残疾人权益保障法律研究与服务中心"①，该中心专门致力于残障人士权益保障的专题学术研究、课程讲授和社会法治促进方面的公益事业。这期间，从哈佛大学法学院毕业的 Alonzo Emery 博士应邀来中国人民大学法学院全职任教，在残障人士权益保障的研究、教学和社会公益促进方面作出了大量贡献（与安守廉教授一样，他是一位中国通，目前已经回到哈佛法学院任教）。十多年之后，该中心已经成为中国大学和科研机构中残障人士权益保障学术研究机构领域的领导机构。

在更广范围的弱势群体权益保障领域，中国人民大学开设了人权研究与教育中心，并于 1996 年被收录于世界人权研究与培训机构名录。2014 年 5 月，该中心成为教育部批准的国家人权教育与培训基地。② 该机构还承办了由中国人权研究会主办的《人权》杂志，专门致力于推进这方面的学术研究。这一机构的研究广泛涉及公民在政治、经济和文化等诸多领域的人权保障问题（包括但不限于残障人士、LGBT、老弱妇幼、穷人等群体的权益保障问题），在业内和社会各界都受到关注。此

---

① http://dpls.ruc.edu.cn/，[2018-10-09]。
② http://humanrights.ruc.edu.cn/article/？6.html，[2018-10-09]。

外，中国人民大学法学院的法律诊所也开设了多门关于残障人士权益保护的诊所课程，吸引了一部分同学专注于这个领域的学习。①

总之，在涉及弱势群体权益保障的法律学术研究和法学教育领域，中国的高等法律院校和科研机构在传统法学研究和法学教育之外开辟了一套相对独立的发展模式，专注于这个领域的研究和教学。最近一二十年的发展实践也表明，这样的一种发展模式不仅能够提高相关从业人员的专业化程度，而且能够发现和培养一批专注于这个领域事业发展的人力资源，是推动社会在这个领域进步和发展的重要贡献力量。

二、当前教学与研究模式的局限

我们在看到这些可喜的进展和成就的同时，也有必要去评估当前的教学与研究模式的作用，以寻求进一步拓展弱势群体权益保障的空间。下面，我结合自己最近6年来在中国人民大学从事教学与研究的经历对此作三点初步评论。

第一，学术辐射范围和发展速度相对有限。当前涉及弱势群体权益保障的教学与研究工作已经呈现出专门化的特点，有一批专注于这个领域的学术同行潜心治学和教学。而传统的法律教学与研究（如我熟悉的民法总论、物权、合同、侵权等领域）在这个领域的问题上通常是蜻蜓点水或者避而不谈。与传统的格局相比，当前的模式可以说是巨大的进步。但不得不承认的是，当前的模式主要还是一种小众化的路径，主要限于一

---

① http://www.law.ruc.edu.cn/flzs/，[2018-10-09].

小批学术同行的努力推进。

受此影响,在法学教育层面,只有数量非常有限的同学才真正有机会系统地接受这方面的教育,且这些人未来并不一定都会从事这方面的专门工作。在法律学术研究和推广层面,关于弱势群体权益保障的研究也主要限于这些学术同行在相关专业问题上作出的成果。

然而,关于弱势群体权益保障的现代观念(以残疾人和LGBT群体为例)是去建构一套基于社会融合的治理方案(inclusive approach)。也就是说,需要社会上的大多数人能够了解、接触和接纳这些特殊群体。考虑到这一点,当前的这种专业化发展模式的局限性是显而易见的。

我本人近年来在中国人民大学法学院的授课经历或许也在一定程度上反映了这一点。虽然如前所述,中国人民大学有专注于LGBT问题的教学和科研同事,并在这个问题上先后召开了多次大型的国际、国内学术会议,但在给各个不同年级的学生讲授民法总论、物权法或者合同法等课程时,每当我拓展到同性恋这个话题时(如私人自治是否包括性偏好的自治,房屋出租人能否以承租人的特殊性偏好而主张解除租赁合同等等),很多同学的第一直觉反应仍然是"哈哈一笑",对于这一特殊群体所持有的态度仍然是热嘲冷讽,而不是怜悯、关爱和尊重。

第二,容易导致"弱势群体权益保障事业"的标签化、封闭化和边缘化。当前的这种专业化发展模式还可能让外界给专注于这个领域的同事和事业贴上"弱势群体权益保障"的标签。尽管这种标签本身没有任何负面意义,但背后却暗含着一种严格的学术专业分工观念,认为弱势群体权益保障的学术研究问题就是这一个专业群体的工作领域,与自己关系不大。也就是说,其他领域的法律学术同行会自觉不自觉地将这个领域的学术研究，与自己的学术研究区隔开来，从而在法律人士内部造成相互的封闭与隔离。

进一步的后果是，这个群体可能被边缘化。一个典型的例子就是学术期刊论文发表率的问题。在中国，残障人士、LGBT、老弱妇幼等弱势群体不仅数量庞大，而且问题众多，有大量的学术挖掘空间。但在中国主流的法律期刊上，不太容易看到关于这个群体权益保护的专题文章。当然原因很多，一方面，是因为这个领域的专业人士数量还不够，优质学术产量还不高；但另一方面同样值得重视的是，不少学术期刊考虑到这一领域学术作品的潜在受关注程度和引证率有限，并没有为这一领域的学术创作提供应有的空间。① 一些专注于这个领域的学术同行（通常是年轻同行）常常面临"投稿无门"的困境。

第三，未能充分调动潜在可资利用的学术资源。前文提到，弱势群体的权益保障事业是整个社会群体的事业，有必要在一个大的社会范围内进行推广和发展，才可能取得规模效应。但目前，大多数学术同行（没有机会接触和了解弱势群体权益保障问题的学术同行，如民法、刑法、行政法以及新兴的电子商务法等）在这方面并未表达出明显的学术兴趣；而普罗大众有关于弱势群体权益保障的一般观念并付诸实际行动的并不多见，甚至不少时候，他们对弱势群体的权益诉求仍然秉持着直觉性偏见。

---

① 其中还有一个原因，有一些问题的讨论被大量杂志社的编辑和编辑部视为敏感性话题，因此不容易被期刊接受。涉及 LGBT 的学术发表就是一个典型的例证。目前，在中国社会广泛认可的法律学术期刊上，只有武汉大学法学院主办的《法学评论》近年来发表过多篇专题论文（且大都不是谈中国问题的）。关于这一问题的其余文章，几乎都发表在其他期刊上。这也可能与《法学评论》的主编秦前红教授的学术趣向有关（即宪法行政法，重视公民基本权利）。姜峰. 同性婚姻、宪法权利与民主审议——以罗伯茨大法官的反对意见为中心. 法学评论，2015（6）；李忠夏. 同性婚姻的宪法教义学思考. 法学评论，2015（6）.

但这并不是说，大多数人对弱势群体保障事业注定是漠不关心的。[①] 在漫长历史进程中所形成的学科和学术划分体系，决定了传统学术同行的学术兴趣范围。在现行的教学与研究模式中，传统领域的教学和研究同行的自身偏好和知识储备，决定了他们专门投身于弱势群体权益保障领域的成本比较高。受此影响，他们并没有足够的机会去接触和了解这方面的问题，并思考在既有学术范围内吸纳这方面因素的可能性。然而，这并不意味着他们完全无法发展出这方面的学术偏好并投入可能的学术精力。相反，用泰勒教授和桑斯坦教授在《助推》（Nudge）一书中的话来说，这个群体需要助推。[②] 有一些助推措施，很有可能提升数量巨大的传统板块的法律学术同行对这一特殊领域问题的兴趣和关注，并将其纳入他们既有的学术板块范围。这样不仅有助于充分利用既有的学术资源，从这些学术同行的角度来说，还可以帮助丰富既有学术板块的结构和内容。

为了说明这一点，我们转入下一题。

三、一种"融合性"模式可能吗？

今天，人们日益普遍地认识到，一个对弱势群体充满关爱的社会对其他社会同伴来说也是一个温暖的社会。无论是在一个抽象的社会观念层面，还是在《宪法》《民法总则》等实定法

[①] 令人沮丧的是，这一领域的学术工作有时被人贴上"白左"的标签，被认为这是一小部分天真的西方白人从事的平权运动。

[②] 理查德·泰勒，卡斯·桑斯坦. 助推：如何作出有关健康、财富与幸福的更优决策. 刘宁，译. 北京：中信出版社，2015.

271

层面，我们都普遍承认和尊重弱势群体的平等法律主体地位，重视这一群体的人格自由、人格尊严与人格发展。在这个意义上，弱势群体所面临的"特殊法律问题"也一定是法律世界中人的"一般性法律问题"范畴内的具体问题，有融入一般性法律问题框架下予以教学和研究的可行性。

以我自己相对熟悉的民法和电子商务法为例，将涉及弱势群体的法律问题适度融入日常的教学与研究领域不仅是可行的，而且是有益的，可以让传统的教学和研究内容更加多元和丰富。

"民法总论"是大陆法系国家法学院的必修课，在内容上包含民法的基本原则、民事主体（自然人、法人等）、民事权利、民事法律行为、代理、民事责任、诉讼时效等内容。事实上，几乎每一部分内容都与不同的弱势群体有着密切的关系。

例如，在讲授民法基本原则时，平等原则既包括形式意义上的平等，也包括实质意义上的平等。在今天这个社会，社会组织和生产方式正在发生深刻的变革，需要从法治层面追求实质平等的场景越来越多样、复杂。① 除了商场购物、工厂劳动等涉及消费者、劳动者等弱势群体的经典场景之外，各类网络交易平台的出现正在结构性地改变我们的消费方式和劳动方式。在各类复杂的格式条款面前，消费者变得更加脆弱，消费者的理性认知缺陷更容易被电商所利用；而劳动者在由网络平台所支持的零工经济时代，有可能面临更严重的劳动剩余价值被过度剥夺的问题。对这些内容的讨论，有助于丰富学生的视野，使其从一个更广阔的视角来观察和分析我们在大数据时代所面临的新问题。

在讲授"私人自治"这一私法的核心原则时，必不可少的

---

① 熊丙万. 私法的基础：从个人主义走向合作主义. 中国法学，2014（3）.

内容是，私人可以在哪些事务上享有自主决策的法律空间和机会。从一个相对抽象的层面来讲，这当然包括人格、财产、合同等方面的自主决策，以及侵权之后的责任自担。但同样是在人格自治问题上，除了生命、健康、身体、姓名、肖像、隐私等常见的人格利益之外，我们可以把"性偏好"的自主权等涉及整个 LGBTI 群体的重大人格利益的私人自治问题纳入学习的视野和讨论的范围。

与性偏好的自主权直接相关的一个问题就是婚姻自主权问题。婚姻的基础是什么？到底是男性与女性之间的性偏好匹配和社会生活组合，还是在性偏好的相互匹配性基础之上产生的强烈情感依赖？如果法律承认同性偏好者之间的家庭组合，在实现这一群体性偏好自治的同时，是否会对广大异性偏好的人群造成负外部效应或者说损及其他人的性偏好自治？或者反过来问，如果在法律上否定同性恋这一特殊群体的家庭组合，如何看待和应对这一群体为了面对社会和家庭压力所采取的性偏好掩饰，甚至欺诈行为？例如，有很多研究认为，中国目前有上百万"同妻"或者"同夫"群体。这意味着，当我们在坚守传统的婚姻观念时，每一个人都可能在不同程度上面临进入"同妻"或者"同夫"的境遇。从这个意义上讲，同性恋的问题不仅仅是同性恋群体自身的问题，而且是一个与社会普罗大众都有关联的问题。

将这些被经典民法学所忽视的问题揭示出来并予以讨论，同样有助于丰富学生（和教员）对我们身处的社会的观察和理解。尽管每个人在这个问题上的价值取向不尽相同，但通过讨论有可能达成新的共识，或者形成对认知分歧之根源的认同，至少可以避免直觉性的偏见和歧视。如前文所述，我在大一本科生的"民法总论"课堂上第一次提及特殊性偏好的问题时，很多同学的第一反应是"呵呵一笑"。但当我把这些问题介绍给大家去思考之后,在后续的其他课程上再次谈到这一问题时,同学们所表现出来的是理性的思考和讨论。我相信,类似的问题和方法启蒙,将有助于在更广的范围内帮助学生去客观地认识和理性地分析现实世界中存在的这些问题,也有助于推动法律人群体在这些问题上的认识进步。

当然,前述教学上的安排并不是说要把"民法总论"这门课程设计和讲授成一门"弱势群体民法总论"课程。毕竟,涉及弱势群体的民法问题只是民法的一部分,有时候甚至只是一小部分。相反,这是说,在讲授经典的民事交往场景和民法问题的同时,适度融入涉及弱势群体权益保护的问题,有助于让学生对市民社会的认识更加全面,同时也有助于在更广泛的人群范围内促进涉弱势群体保障的观念普及和事业发展。

法学研究同样如此。每一次科技进步都可能给社会生产和组织方式带来革命性的变化,同时也会给法律治理提出新的挑战。这种挑战就表现在,新的社会组织和生产方式在增进和保护一些群体的社会福利的同时,可能会损及另外一些群体的利益,甚至使他们被边缘化。网约车就是一个代表性的实例。网约车的大量出现,一方面大大便利了大众乘客的出行;另一方面则对带有一定公共运输服务性质的传统出租车行业造成了明显的商业冲击。这种冲击又会传导到两个特殊的群体身上:一是不会使用智能手机的人群,二是残障人群。

不会使用智能手机的人群,可能因为出租车的揽客方式由线下走到线上,难以在路边招到出租车。而残障人士等特殊群体的用车需求十分有限,不足以支撑起一个独立的租车市场。在一个纯粹的市场模式下,无论是传统出租车业还是网约车业,主动满足此类特殊群体需求的可能性比较小。事实上,与其他类别的社会服务一样,残障人士等特殊群体的相应需求主要是通过财政补贴或类似的激励方式来满足的。在北京市的传统出租车业中，只有"北汽"等大型国有出租车公司提供特殊群体所需求的车辆，且需要提前预约。问题在于，当网约车不断扩大并冲击传统出租车业的利润空间的同时，如何保证这个群体的特殊用车的供给，是这个领域的研究容易忽视的问题。在对网约车业的监管政策进行学术研究和讨论的时候，我们有必要将这样一些容易被忽视的问题同步纳入考虑范围。[1]

总之，本人有限的教学和学术研究经历告诉我，将涉及弱势群体权益保障的问题融入一般的法学教育和研究当中不仅是可行的，而且有助于进一步丰富传统法学教育和研究的框架、内容。

四、余论

在2018年秋季学期的新生开学典礼上，中国人民大学法学院院长王轶教授在致辞中，以中国哲学家冯友兰先生的思想为基础，着重谈到了法律人的"人生境界"，强调法律人的人生境界中要有"爱"。

自然境界是没有爱的境界，功利境界是爱自己的境界，道德境界是爱他人的境界，天地境界是爱万物的境界。大学以后的学习，应当注重提升自己的人生境界，积蓄爱的愿望，释放爱的力量。如果没有爱，哪怕有再多的法律，也不会造就一个文明的社会和法治的国家。

这也就是说，法律人除了需要有专业的技术和敏锐的观察和分析能力之外，关键还是内心要有爱，如此才能善用法律之

---

[1] 熊丙万. 专车拼车管制新探. 清华法学，2016（2）.

公器，造福社会同伴。这种爱不仅仅体现在普通社会同伴之间的相互理解和尊重中，而且还体现在对给予弱势群体的理解、关注和照顾上面。他们更需要被社会关爱；他们被社会关爱的程度，也反映了一个社会文明进步的程度。

而从职业法律人的角度来讲，要想更好地推进对弱势群体的关爱工程，除了继续激发专注于这一领域的学术同行的热情之外，还有必要（也有可能）通过一定的助推措施来动员更多的学术同行加入到这一关爱工程中来，以发挥集体力量，产生规模效应。

附　录

百年哈佛大学法学院，百年中国法制维新

中国法律之基石：比较法和历史

罗斯科·庞德[①]

在中国，对于法律的制定或翻新存在两种相互冲突的观点，这些观点有时教条式地体现在极端的形式中。一种观点主张模仿或者借鉴西方国家新近的法律思想、教义和制度；而另一种观点强调发展和继受中国的传统制度和学说。既然法典已被制

[①] 罗斯科·庞德（Roscoe Pound，1870—1964）系美国20世纪著名法学家，曾于1916年至1936年担任哈佛大学法学院院长。1946年，76岁高龄的庞德教授应当时国民政府邀请，前往中国担任国民政府司法行政部顾问，为当时中国立法、司法和法学教育活动提供咨询和建议。本文系庞德教授于1948年在《哈佛大学法律评论》上发表的学术论文（Roscoe Pound, *Comparative Law and History as Bases for Chinese Law*, 61Harv. L. Rev. 749），讨论历史和比较法在中国法律改革中的地位和相互关系，主要包括立法和法律适用两个方面。本文强调法律的历史性和本土性，主张立法和司法要符合本国的历史文化；比较法仅仅在立法过程中发挥提供参考路径的功能。虽然本文作于半个多世纪之前的南京，但其中的大量论述对今天我国的法治建设仍具有十分重要的参考价值。这正如安守廉教授（William Alford）所评论的那样："庞德教授的该作品富有思想性和建设性，反映了美国法学家在促进中国法制发展方面的努力"（*Unfinished business: Roscoe Pound in China*, Harvard Law Bulletin Summer 2006）。本文由熊丙万、黄哲雅、左振斌和陈振宇合作翻译校对。

定和采用①，人们有时就基于这两种观点对法典进行批评或者辩护。在通过法律解释和法律适用来发展法典的过程中，这两种观点再次发生交锋。

要想在法典的解释和适用方面实现融贯性，需要先回答一个前置性的路径问题：应当采用历史法学方法还是分析法学方法？这里的历史法学和分析法学方法路径具体是指它们在19世纪所被理解的那样，以及在1900年德国民法典制定之后诸多现代法典被解释和适用的那样。在我看来，这些曾被普遍采用的所谓"公平解释"（equitable interpretation）方法已随极权主义政权一同过去——它在这些政权中达到了鼎盛。然而现在，社会法理学所主张的功能性路径将更有利于实现法律之目的，以及达成该目的之方法，而非一味询问中国应当去哪里寻找法律资源来给中国法典和法律实施提供模板。

从19世纪历史法学理论的角度看，一个民族必须有其自己的法律。有人主张以法律来造就一个伟大的民族，该观点无疑是没有意义的。更为现实的应当是：那些施加在一个民族之上的法律，应当由这个民族去塑造，而不是反过来造就这个民族。尽管如此，如下现象值得注意：虽然中华民族并不是因为与西方世界的交往而被造就，但当今世界的交通和交流已经对中国人和西方人都产生了强烈影响；今天少有民族仅仅是建立在其古代制度和学说基础上的。此外，革命之后，当中国亟须建立一个现代法律体系时，没有时间让中国从本国过去的法律、政治和伦理准则、教条中挖掘现代法律体系的基础——虽然更好的选择本可能是根据本国传统渐进地改变现有制度，但这在当时是不可行的。在19世纪下半叶，由德国法学家萨维尼催生的历史法学派主导了整个大陆法系，并在19世纪末20世纪初被

---

① 截至1948年，中华民国国民政府已经制定了多部法典，如《民法典》。

英美法国家所广泛接受。该理论主张，法律是被发现的，而不可能是被创造出来的。法律人在当时对这一点深信不疑。法典和法令只不过是把早已存在的法律（pre-existing law）宣扬出来，提供一个权威的表达形式而已。法律被认为是一个民族精神的产物和表达，也是民族道德信仰的表达。这种道德信仰渗透进风俗习惯中，这些风俗习惯被法学家、法院和立法者进一步发展阐述，最终成为法律规范。17、18世纪的法学家曾把法律视为外在化的理性（formulated reason），把法律规范则看作运用纯粹理性挖掘出来的，即从作为理性存在的（也就是理想）的人类的本性中挖掘出来的。但19世纪历史法学派认为法律规范和法律就是由生活经验形成的。在经验生活中，人类认识到了个人自由意志的无形边界。而这种自由边界是由所有人的自由意志诉求所决定的，并借助风俗习惯和法律规范呈现出来。从萨维尼学派的观点来看，最典型的法律呈现形式就是习惯法。任何其他形式只不过是对习惯法的再表达而已。因此，对于那些认为法律不仅仅是在呈现习惯法的看法，历史法学派一律不予接受。在他们看来，那些去创制原本就不可能被创造的东西的努力都是徒劳的。

虽然对这一学说进行布道的历史法学派早已逝去，但他们这种学说的主旨却进入了这个世纪（20世纪）的社会哲学和社会学派。进一步，我们必须承认正如当时的其他学派，历史法学派的学说同样包含了诸多真理。法律不可能完全是横空出世的。一方面，人类运用理性来发展和积累经验；另一方面，当人类经理性思考发现一些可以满足人类需求的新做法时，又需要运用经验来加以检验和拓展。许多看似可行的法律改革进展缓慢，难以达成其目的，甚至不少变革最终失败，原因就在于它们或是与历史严重脱节，或是没有考虑到长期以来形成的思维方式和行为习惯。法律规范应当与其所统治的民族的社会生活相适

◆ 绿竹猗猗

应，而不是反过来，武断地要求社会生活去适应法律规范。在第一次世界大战之后，全世界对武力的狂热崇拜催生了一批放弃所有历史基础而只顺从政治权威的法学家。在他们看来，法律是官方制定的规范。当然，我们现在可能较少听到这种论调。

对中国宪法（即 1946 年中华民国宪法，以下均译为"中国宪法"）的发展而言，19 世纪历史法学派的理论能以一种不那么教条的形式发挥重要作用。虽然中国宪法在很多地方借鉴了西方的现代宪法，但其中的大量内容也深深地根植于为中国历史和中国人民长期以来所熟悉的制度与理念中。那么，我们应当如何解释中国的宪法呢？是根据其所根植的历史制度和理念来解释，还是将其与 1946 年 12 月颁布之前的历史彻底割裂开，仅视为这之后的新生事物呢？

中国当前所处的情形与美国在 1787 年制定《美利坚合众国宪法》时的情形并不相同。美国的政治制度发端于中世纪，经历了 16 世纪的发展，于 17 世纪在英国得以稳固建立。这些政治制度后来借助殖民地宪章移植到美国，并为殖民地所熟知，最终在制宪时臻于成熟。正如英国法学家布赖斯（Bryce）所说，美国宪法中几乎没有什么新鲜的内容。与此相反，中国宪法却没有类似的历史连续性。这部中国宪法中的所有条文均有其历史背景，但这些历史中只有一部分是纯粹的中国历史。那么，这部宪法的精神和理念是要从这部分中国历史中提取还是从西方比较法中提取呢？

中国其他法典也有类似的问题。20 世纪，各部法典起草完毕并获得不断完善，是出色的法典。起草时，立法者详尽地研究了现代的法典，并对它们进行了审慎的筛选、修改、规划。但是，这些法典距离实际适用到中国人民生活还有多远？有的学者认为，只要这些法典实际上没有遭到排斥，且是一个基于中国历史制度、道德习俗和人类关系之理念的新开端，那么至少法典条文的解释和适用将根植于中国的制度（institutions）、道德习俗以及中国人对正义的确信。

我们来用两个例子检验这种观点。长久以来中国自有一套关于继承的风俗习惯。相比于从现代罗马法和大陆法系民法典中发展而来的继承理念，中国的继承更像是古罗马的概括继承。中国民法典的起草者们在现代的民法典中找不到任何适合中国历史体制的模型。所以，如果我说得对，起草者们忽视了中国历史，并给继承法的执行者带来了不少困难。在这里，历史主义应当引起相应重视。而那些鼓吹在中国采用陪审制度的学者在我看来是错误的。他们有时候会引用中国古代统治者就司法问题咨询相关人员作为历史传统，但这种存在于原始血亲组织社会的制度并不是中国历史所特有的。思考杀人罪的正当构成要件的元老们被荷马记录在了阿喀琉斯之盾上。在旧日耳曼法中，社区里的自由民构成了一个审判组织。但是这些制度与法兰克国王的纳税评估制度（可能是借鉴罗马帝国统治者的纳税评估制度）并无关系。而诺曼公爵将这种纳税评估制度用于行政管理，亨利二世则将其用以替代从日耳曼法中借鉴而来的神明裁判和决斗裁判制度。这里，历史被用来作出了错误的类比，因而并没有任何指导作用。在中国的历史制度和道德风俗中，我们找不到可能发展成英美法系陪审制度的内容。目前，在中国建立陪审制度需要的是借鉴依据，而不是历史经验基础。

自20世纪以来，世界经济趋于一体化，全球通信和运输快速发展，人类彼此的距离不断被拉近，种种现象都推动我们制定一部全球化的法律。类似于联合国的政治一体化也让我们朝着这个方向迈进。这些都助力于比较法的研究。尽管这样，但在不同的地区有着不同的语言、性格、传统风俗的不同民族，他们生活在不同的经济和历史环境中。这些民族除了自身独有的法律制度和机构设置之外，有必要并可能长期拥有属于他们自己的演进规律。然而，17个世纪以前由传统罗马法学家归纳出的规则和概念，至今仍被完全不同的民族在完全不同的条件下所采用。这表明，在文明社会中社会控制存在通用的基本原则，这些原则发现自人类理性并通过实践得以检验。每个民族没有必要拥有一部完完全全区别于其他民族的法律。

为清除国家中一切外来事物，希特勒时期的德国试图复兴中世纪的日耳曼法。但其中经久不衰的基本原则已被存在于法国、德国、意大利、西班牙的现代罗马法所接受，并保留至德国的当地风俗中，最终为当地法律所吸收。在这之外日耳曼法中缺乏合适的立法机关，也没有发展出一个受训过的传统，因而无法作为基础来发展20世纪社会中可用的法律体系。此种法律复兴的企图只是毫无意义的民族主义行为。

另一方面，19世纪英国分析法学认为，法律是被创造的，而不是被发现的。19世纪的英国立法改革运动中出现了种种紧急状况，该理论也应运而生。该学说认为，法学是法律的集合，法律是由政治组织社会中的立法机关所制定的行为准则。法律的权威来源于最高统治者，即这个社会中人们习惯性服从的君主或统治集团。没有了统治者权威的印章授权，法律便不再是法律；反之，凡有此权威者印章授权的即为法律。法律的典型形式是制定法。持该观点的学者们采用的是功利主义哲学，这是一种立法学的哲学观，而非伦理学的哲学观。

从这种观点来看，理性可能意味着效用的要求。但当一个没有现代法律体系的国家需要大规模立法时，却不能仅靠理性来凭空制定出一个适当的法律规范体系。然而根据分析法学理论，国家此时可以诉诸比较法，对其他国家的法典和法典条文进行比较研究。这样一来，理性就可以给立法者提供一个效用标准：如何选择比较法内容，用理性作出可能的发展完善，并最终纳入民法典，打上国家立法机关的印章授权。尽管这种理论的产生是对 17、18 世纪的自然法学理论的反对，但它也和自然法学一样预先假定了一个立法者。这种理论假定：存在理想的普世有效性和适用性概念，立法者借助理性发现它们并将其表达在法律中。分析法学理论假定存在可通过理性发现的功利原则和效用规则，立法者将其查明并制定于法律中。

历史法学家考虑的是历史连续性，而分析法学家考虑的则是当下的效用。但是当下效用不总是容易查明的。然而对于分析法学家而言，法官和法学家们不考虑这些困难。当立法者制定出法律后，法官和法学家只需要解释并适用法律即可，所有的"应然"问题只需交给立法者。解释必须是纯粹解释，即明确立法者的表意内容。如果立法者不遵从效用至上的原则，制定的法律就要被修改或废除。法院也只能适用符合立法者要求的法律文本的纯粹解释。

19 世纪，英国分析法学家认为英国议会无所不能：议会制定的法令不能被任何人质疑，只能被解释和适用。他们同样也赞成中世纪罗马法学者的理论。对当时的学者而言，《国法大全》是由与基督教国家并存的帝国所制定的权威法典，同样也只能被解释和适用。然而，中世纪英国关于议会立法的法律理论却并非如此。在宗教改革以前，议会不能就宗教事务进行立法，诸如宗教团体印章的保管、神职人员的产生等问题，这些事务由教会专属管辖。同样，在 1688 年光荣革命以前，法院认为与普遍正义和理性相违背的议会法案一律无效，比如让一个人成为自己案件中的法官。在英国，光荣革命的最终影响是用议会专制取代了斯图亚特王朝试图确立的王权专制。尽管法院一开始并没有想到。

在美国，英国政府的无限权力对当时的移民是一个噩梦，而柯克（Coke）在《大宪章》评注中的"正当法律程序"一词被写入宪法，用以限制美国的立法。根据其历史含义，这也被

285

解释为限制任意且不合理的立法或行政行为。20世纪的美国，对合理标准的错误适用以及将其看作财产权规则一般对"合理"过度僵化的定义，引发了对宪法限制立法权这一举措的诸多质疑。但专断立法也不太可能再次复苏——它只是随武力崇拜而暂时产生。1943年，英国意识到议会无所不能的主张是不现实的，议会作出的对超过一定年龄的人立即执行死刑的规定，也显然与理性和正义感相矛盾。同样在法国，虽然立法机关能够决定其所拥有的权力，然而狄骥（Duguit）却指出，社会连带的自然法则——每个人都有义务通过分工合作促进社会团结——为立法权施加了限制。除此之外，也应当设立一个委员会来判断立法是否违背了这项自然法则。在如今的政治组织社会中，立法机关颁布的法律绝对不可更改这一观点，再也不会被普世接受了。

总而言之，与18世纪自然法学说不同，英国的分析法学家认为立法不再是一种理性的发现，也不是对伦理哲学中理想命题的阐述。实际上，立法是对特殊政治组织社会中的效用需求进行规划的创造性活动。立法可以说是为了适应时代和地域的需求。然而，历史法学家却认为立法至多是对经验的表达。比如随着个人自由逐步实现，每个人的自由也受到其他人自由的限制。诸如此类，法律是被发现的，而不是被创造的。

19世纪的这两个理论（历史和分析）延续着同一个错误：把法律制度看作法律规范（legal precepts）的简单集合；同时把法律规范也仅仅当作法律规则（rules）——在特定的事实状态或情境下得出特定结果的规则。但是他们忽视了法律原则（legal principles），即法律推理的权威起点，除了当这些原则以规则的形式出现以外。他们也忽视了法律概念（legal conceptions）。法律概念作为由法律所确立的权威分类，便于将每个特殊案件进行归类，以适用特定的规则、原则和标准。他们还忽视了法律标准（legal standards）。更严重的是，他们忽视了某种技术（a technique），一种与法律规范本身相比同等重要且权威的技术：这种技术能够完善、适用法律规范；能够通过类比其他案件来扩展其内涵；能够在具有相同权威性的法律规范之间，选取已被发现的原则作为类推适用的基础；能够通过对比来限制其他法律规范的适用；以及能够使法律解释和适用体系成为始终如一、易于讲授、实践中可操作的系统。

从一定程度上讲，这种技术是具有创造性的。一方面，它是一种立法的过程，可用于由法官或法学家按照立法原则进行的"造法"活动。但这项活动并非没有法律前提，或由法官、法学家随意选择前提而展开。此处的法律前提应当从法律制度的一系列规范中去寻得，它们通过参考社会效用——但更可能参考已成为法律体系一部分的权威观点——加以甄选和完善。另一方面，这种技术也可用于"发现"活动：不仅法律推理的起点可被寻得，特定的历史连续性也可被约束，因为必须在历史给定的材料中来发现推理起点。

19世纪的历史法学派和分析法学派之间的激烈争论已然不复存在。法学家们的兴趣也由"法律是什么"转向"法律做什么"。然而在中国这样一个既亟须从短时间内开始新时期立法工作，同时又不得不重复法史研究的国家，存在一个十分现实的问题：法典的编纂是一项无须考虑中国背景的立法工作，还是一项依托于中国背景进行解释和适用以呈现中国历史制度、传统道德风俗及学说的工作？正像19世纪所讨论的那样，法律要么是被创造的，要么是被发现的。这两个观点在逻辑上相互对立，彼此否定。

但实际上法律既是被创造的也是被发现的。法律中既有被创造的部分——因新兴利益的需要应运而生的部分；也有被发现的部分——利用经验获知的部分。后者或借助立法得以公示，或保留至传统的教学和教义写作中。19世纪的历史法学家意识到，法国大革命和拿破仑法典之后，成文宪法的制定和法典的编纂工作过于草率且极不成熟。因此，他们更倾向于依赖法律体系中的"发现"部分而非"创造"部分。但实际上发现和创造都不同程度地渗入每一个成熟的法律体系中，且当下，更多的人在转向偏爱立法（创造）。

虽然中国传统的道德风俗与法律制度古老陈旧，在西方比较法中也无法找到相似内容，但是法官或法学家不能仅因此而无视或排斥它们。然而同样地，传统道德风俗与法律制度也不能仅因它们发现自中国的历史研究，就得以全部保留、升华，成为法典解释和应用的基础。立法者不应当利用它们向法典中引入不和谐因素，以致法典产生不连贯或异常现象。相反，立法者应当合理运用这些传统内容，以使法典能够贴近中国民众的生活。

因此我建议，与其完全模仿或照搬其他国家的法律，不如由法院和法学家们制定具有中国特色的部门法典，继而由法学家依托中国背景对其发展完善，由法官依据中国背景对其解释和适用。我并非说中国要脱离法典体系架构之时的比较法立场，完全在其历史制度之上重新开始；而是说法典的解释与适用既不应当盲目地照搬其他现代法典，也不应当轻易地受到它们的影响。应当时刻牢记，这是中国的法律，是要适用于中华民族，规范中国人民的生活。此外，现代的法律体系不仅是由权威的法律规范与权威的技术组成的，还包括权威的、普遍接受的法治理念，即在该法律体系下所构建的社会图景，包括考虑法律推理起点的选择、法律规范的解释、法律标准的适用和司法裁量权的实践。

现代法律与其说是某个特定的民族生活的产物，不如说是源自文明社会的生活经验以及多个民族的理性的共同产物。

中国传统道德哲学的内涵从广为接受的伦理风俗逐渐演变成调整社会关系和规范行为举止的法治理念体系。于中国而言，我们有足够的理由相信这是一种优势。在西欧很长一段时间里，中世纪神学的道德哲学发挥着同样的作用；在美国法律形成阶段中，贯穿 19 世纪的清教徒革命也是如此。此种道德体系给予法律秩序以坚定拥护。相应地，道德体系的衰落也让西方法律界产生迷茫与混乱。只有通过坚守理想信念，中国法典的解释和适用才能展现出真正的中国法律特征。

比较法曾在中国法典体系架构之时发挥过作用，也将在当下法典的完善与适用中发挥其他作用。在起草法典时，比较法能让立法者在西方两大法系、不同的法典模式与不同法典中的特殊条款，甚至是英美法中个别完善制度中的特殊条款之间作出更为明智的选择。法典体系架构完成后，比较法就已结束这一部分工作，而去扮演另外一种角色。当下的任务不再是让中国的法律体系去借鉴、吸收其他国家法律的制度、规则和学说，而是完善对现存法律的解释与适用技术。应当指明的是，研究中国法典与其所借鉴法典里的条款如何被解释与适用，是现阶段的次要工作。这样并不能赋予中国法典的解释和适用以完整的架构。对中国生活状况的研究、对社会秩序理念的研究和对法律秩序目的的研究，至少同等重要。因此，如果放弃在历史框架中重构中国法典体系，那么传播中国法治理念之历史进程、法典之解释与适用、司法领域特殊条款之适用的重担，就将落在教授中国法制史的学者身上了。比较法能够根据每个条款在原法典中的解释和适用情况来阐明该条款。中国成熟的法律史与法哲学不仅能让我们在比较法视野下，于互相冲突的解释和适用中作出更明智的选择，而且能够提出更适合中国国情的新的解释和适用方式。在教义写作中，无论历史法学还是比较法都可以作为法典的统一解释和适用的基础。

◆ 绿竹猗猗

  以中国法典为基础，单纯的比较法或是历史法学都不能胜任基于法典完善中国法律的全部工作。现代法律学说的发展，必须考虑中国现阶段的生活状况，而这根本无法由比较法或历史法学单独实现。

  这在中国民法典第一条①中得到了很好的体现。人们在很早以前就意识到对每一个法律事实提前给出一个明确的法律后果是不可能的。长此以往司法审判也会变成纯粹的机械操作过程，即将预先指定的规则适用于由证据表明的和法院发现的案件事实中。尽管这根本不可能实现，但在很长一段时间内，人们却相信有很多可以通过理性获知或由罗马人发现并传承下来的普世的法律原则和法律概念，它们通过逻辑推演可以为任何一个案件提供法律依据。然而经验表明，法律原则和法律概念无法对每一个案件进行裁判。无论法典起草得多么详尽，都会出现争议点，要么没有任何法律规则甚至法律原则（即法律推理的起点）作为裁判依据，要么给出两个或多个具有相同效力的法律推理的起点，却在文本中没有说明该如何选择。针对这些法律漏洞，《法国民法典》讲义中指出我们尚有"法源"，如法典之前的习惯法、自然法以及法院判例。后续的很多法典均沿用了上述一系列"法源"。为中国民法典借鉴多处的《瑞士民法典》规定了法院在必要之时的法律创制权限，这为弥补法律漏洞作出了很大贡献。《德国民法典》并未就"法源"作出规定，《中国民法典》也仅就习惯和法理作出规定。那我们应当如何理解后者（《德国民法典》与《中国民法典》）的规定？我认为这需要：（1）分析、对比其他民法典文本，使其成为一个逻辑自洽、内部互相关联的体系。其原因在于，法律文本会因不一致的推理起点而变得虚弱无力，行为的法律后果也会变得不可预

---

  ① 即民事，法律所未规定者，依习惯，无习惯者，依法理。

期。（2）考量法律文本的历史渊源及其制定的主导动机。（3）最重要的是，借助于立法时的社会效用原则来确定法律调整对象，如瑞士民法典中所说，若被要求立法时一个人所会同意的选择。英文中的"法律原则"一词，不能轻易地如此解读。但是汉语中的"法律"一词，却比英文中的"law"有着更为丰富的含义，就如瑞士法典中对应的词汇那样（以及德国的"*Recht*"，法国的"*droit*"）。这个欧洲大陆所使用的术语"law"自有其伦理内涵：国家保障的正义，或是正义加上法律。从词源学上讲，汉语中"法律"（不似古典法学家所写的拉丁语"ius"）的内涵是公平与正义。因此，我们应当谨慎考虑以下问题：国家所保障实施的应当是什么？既有的解释和适用距离实现法律或法典条文的目的还有多远？另外，《德国民法典施行法》第二条对该问题也有体现，该条款的本质就是前文所讲的"法源"。

霍姆斯大法官曾提醒我们，司法机关"立法"并非常态，只能"见缝插针"——仅在法典空白、模糊、冲突之处发挥作用。尽管这种填补式的"立法"有其必要性，但如果希望司法裁判具有可预期性、法典具有稳定性，那么就不能轻易诉诸司法机关去造法。中国民法典第一条并非允许法官将法律束之高阁而任意裁判的许可证。

这为我们提供了一种解释和适用现代民法典的新方法。这种新兴且广为采用的方法，就是社会学方法或称功能论。在解释、适用某个条款，或是从地位平等且均适用于某个案件的不同条款中作出选择时，为了给审判活动以合理的依据，传统方法多借助于立法机构修改法律或者制定新的法律和司法程序中的理想法律创制。除此之外，中华民族的传统意识形态和道德风俗也可发挥作用。但是将法律当作社会控制工具的社会法学家则强调，法律规则的完善及解释和适用应当符合其所服务的社会目标。

◆ 绿竹猗猗

　　法典体系下，分析—历史方法于审理过程中的多数案件而言十分必要。这种方法在适用法典条文时，不仅利用权威的法律技术，同时也借助于共同的理念。其中，法律技术必须通过讲授习得，共同理念必须为品德高尚之人所一贯秉持，如此方可排除法官的个人理念，保证其权威性。但在新生的法律理念蓬勃发展、旧有的共同理念日渐衰落之时，明确共同理念要素，尤其是它的细节方面并不容易。因此有学者转而求助于直觉。但是直觉和法律理念并没有什么关系。直觉是经验的产物。经验丰富的法官对法律规范的适用有着敏锐的直觉，如此，他们就不必在每个案件中都循规蹈矩地完成法律推理的所有细节。这种直觉来源于法官对法律技术的反复应用，长此以往，法律适用工作几乎成为法官的本能。但当法官遇到疑难案件，或是当其经验不足时，这种直觉就失去了相应的基础。保证法律适用的确定性、统一性和可预期性的关键，在于一丝不苟地遵照法律推理的权威性步骤进行裁判。只有在普通案件中，并且该案件由经验丰富的法官审理时，直觉方为一种稳妥的裁判基础。如前所述，法官这种近乎本能的直觉是通过长期反复的法律推理训练形成的。面对超出经验范围的其他案件，法官需要具有批判性思维，且仍需运用由法律学说和司法判决所不断发展出来的成熟法律技艺。

（本文原载《财经法学》2019 年第 1 期）

融合与包容——从"医疗模式"到"社会模式"的残障视角转变

赵小砚（哈佛大学法学院 2017 届硕士毕业生，
现就职于君合律师事务所）

一、引言

第一次与郭锐老师谈起为安守廉教授准备祝贺文集时，我讶异于安守廉教授竟年至古稀。在我的印象中，安守廉教授是一位思维敏捷、活力无限的老师，他不仅对所专注的学术研究怀抱热忱，也积极活跃在中美法学教育交流的舞台上。对于不同文化、不同思想、不同人群，他怀有极大的包容，并不断吸纳新的观点和体会。我对安守廉教授怀有深切的感念，不仅因为他在我求学于哈佛大学时给予无私的鼓励与帮助，还因为他是引导我了解、参与哈佛大学法学院残障权利项目

(Harvard Law Project on Disability，HPOD)，并启迪我关注和投身于推动残障权利发展的引路人之一。回想起来，我对残障事业的热忱、对少数群体和女性权利的关注、在哈佛大学求学的缘分以及我一直怀有的人权与公益梦，实际上串联成我从本科到硕士再到一名法律职业人一路走来的道路，这或许也是一种奇妙的命运安排。

二、求索

在中国人民大学法学院读本科的第三年，我有幸了解并开始参与 HPOD 的学习与活动，并对残障权利的认识产生了深刻而彻底的观念转变。HPOD 是哈佛大学法学院建立的旨在推动残障群体人权发展、研究与促进国际法律政策进步、倡导融合性教育、就业与环境构建、为残障群体与残障组织提供法律与技术支持的研究与实践项目，也是安守廉教授作为项目主任多年致力于推动的重要人权领域，他也为中国项目的发展作出了巨大贡献。大三时，HPOD 中国项目主任崔凤鸣博士来到中国人民大学法学院，与郭锐教授共同开设了残障权利法律诊所课程。在课程上，我第一次系统学习了联合国《残疾人权利公约》和北京"一加一"残障人公益集团的影子报告，了解到"合理便利""融合教育""无障碍环境"的内涵，认识到我国目前在残障权利法律保障中的成就与不足，最重要的，是深刻体会了推动残障观念从"医学模式"向"社会模式"转变，对于促进残障人士享受平等权利、创造包容和融合社会的重要意义。

在课上，崔凤鸣博士向大家播放了这样一段动画片，其中假拟了一个所有正常人都坐轮椅的国度，公共设施都刚好适合坐轮椅的人们使用。有一天,从国外来了一个直立行走的人,他不坐轮椅,因此他在这个国度中的生活处处不便。国民们为了帮助他,自发组织捐款活动或是让他学习使用轮椅,却从未想过设计普遍适用的公共设施。这段视频生动地诠释了这样一个道理:"残障"是一个流动的概念,并非一成不变。在不同的社会环境下,残障的群体可能发生变化,而真正导致"障碍"出现的原因在于不包容、不平等、不便利的社会观念与环境,而非人们自身。在学习了 World Report on Disability 后,我进一步认识到,"残障"是一个多视角的概念,残障绝不仅仅着眼于"残"这一医学视角,更关注"障"这一社会视角。在"医学模式"视角下,法律的制定、政府的举措、社会的救济均建立在残障人士所具有的缺陷或残疾的基础上,强调残障人士自身的不幸和能力缺失,将残障人士矮化为接受施舍与帮助的客体。在这种观念引导下,对残障权利保护的重点往往放在补偿与修复上,诸如各类福利政策及慈善救助,或是集中性的就业和教育,这也许在一定程度上可以解决残障人士的基本生活问题,但实际上在无形中将残障群体隔离与排除在社会主流群体之外,与《残疾人权利公约》所倡导的融合观念背道而驰。而"社会模式"视角则关注社会外部环境中存在的歧视性的观念、法律上的缺陷和设施上的不健全,强调的是外在社会环境给残障人士的工作、学习、生活所带来的客观障碍,将残障人士视为权利的客体,因此,在"社会模式"下,残障权利的倡导更关注无障碍环境的建设、合理便利的可获得性、融合教育的推广等方面,从而改善环境来主动适应残障人士,而非相反。我们需要承认"残"是个体的病理性特点,但绝不意味着非正常、有缺陷,更不意味着个人悲剧,而只是世界多元化的一个构成因素。实际上,残障人士之所以生活不便,更大程度上是社会所造成的。社会无障碍环境建设的不健全和人们对残障概念认识的缺失，导致残障人士无法像健全人士一样获得平等的机会，去接受教育、去工作、去发展自己的兴趣和特长。如果这种观念不转变，那么任何帮助都会变成施舍，任何特殊的照顾都会变成变相的隔离。

在大三上半学期，法学院举办了一场残障权利国际研讨会，我有幸为安守廉教授和 HPOD 的执行董事迈克尔·斯坦教授做同传翻译。会议上，各中美高等学府、各残障人自助组织（DPO）、残障儿童家长及其他专家学者和残障权利倡导者的发言，让我对残障人士应当享有的各项基本权利又有了更为深入的了解，尤其是性权利这一容易被忽视的基本权利和需要。一直以来，残障人士被社会认为是"无性"（asexual）的、没有性需求的，活着似乎是他们能从上天那里得到的最大眷顾了。而事实上，残障人士与每个普通人一样，当然有权追求同等的生理需要与情感世界的满足，这也是在世界范围内逐渐兴起的"手天使"公益团队的主要原因。这让我联想起我非常喜欢的一部电影《无法触碰》（Untouchable），该影片讲述的是一个年轻黑人和一个白人残障贵族之间从互不理解到最后彼此成为亲人的故事。里面有一个细节让我感触很深，年轻黑人善意地调侃这位高位截瘫的白人贵族如何进行性生活，白人贵族表示可以通过耳朵达到高潮。所以，残障人士本来就可以拥有与其他人不一样的表达方式、满足方式和其他一切的生活方式，来达到自己最好的状态。我们必须理解这一点，尊重这一点，慢慢摒弃以主流思想和标准去臆测和评判残障人士的思想观念。

大四上半学期，在郭锐教授的推动下，中国人民大学法学院与哈佛大学法学院首次共同开设了"哈佛—人大网络视频课程"，两校的学生可以通过远程视频同步上课，共同参与对课程话题的讨论。这门课程的一个重要组成部分就是对残障权利的反思，通过与美国学生的交流，我深深感到美国在残障群体的人权保障方面观念整体上先进于中国，更为接近《残疾人权利公约》所倡导的"社会模式"视角。实际上，观念的倡导是最重要且在生活中又最容易做到的环节，因此，我常常尽我所能向周围人宣传"社会模式"的残障观念，希望以小小的努力逐步换来社会观念大大的转变。最后一节课，安守廉教授来到中国人民大学与同学们一同上课。课后，我与安守廉教授散步送他回住处，并聊起我对公益与平等权利倡导的理想。我有些苦恼地说，感到通往梦想的路似乎很窄。安守廉教授却笑着说，实现理想的方式有很多种，不要被定式思维所局限。这句话让我豁然开朗，感到未来又出现了很多可能性。

在众多师长的鼓励和帮助下，我在本科毕业后，幸运地被哈佛大学法学院录取，攻读硕士学位。哈佛大学法学院这样一所注重社会责任与人权发展的神圣学府，让我离理想又近了一步。在春季学期，我修读了迈克尔·斯坦教授的"残障与人权"课程，虽是同样的主题，却在每节课上都有满满的新的收获和感悟。教授请到了多位美国参与残障事业的社会组织领导者、政府部门负责人、公益志愿者、律师、学者、教育家、医疗人员来到课堂上，与我们就残障人士的生命权、健康权、教育权、就业权、政治权利、婚姻自主权、性权利、安全、养老等多个问题进行面对面的交流讨论，这让我对美国关于残障权利保障的法律制度和项目设计有了更多的了解，也不禁时常思考是否有我国可以借鉴的经验。

我们还时常在课堂上观看纪录片和电影，其中我被《In the Shadow of the Sun》这部纪录片深深触动。在21世纪的坦桑尼亚的部分地区，白化病人依然是巫医和位高权重者猎杀的对象。他们相信白化病人的身体可以带来财富，于是贫穷的村民被雇用为杀手，谋杀、肢解和贩卖白化病人。白化病人们白天无法外出工作、上学，天黑不敢出门，夜不能寐，担心着是否可以平安见到明天的太阳。为了活命,他们被圈在脏乱破旧的集中营,高高的围墙让这里成为这个荒谬社会的孤岛。我们可能无法想象,在所谓的现代文明社会的边缘,还有多少人群因为宗教、迷信、污名、偏见、刻板印象而苟延残喘地受着煎熬。我们任何一个人,都不可以心安理得地享受一切或许我们并不自知的特权(这种特权可能很普通,在目前的社会现实下,它可能包括男性、白种人、异性恋、肢体健全、非移民、年轻人、主流宗教等等),而不反省是否自己在不经意间也成为了悲剧的帮凶。

三、躬行

在不断学习的同时,我开始尽我所能参与残障权利相关的研究工作和倡导活动。在本科时的国际残障权利研讨会上,我结识了北京"融爱融乐心智障碍家庭支持中心"的理事长韩万川女士,她是最早发起这个为心智障碍者及家属发声的公益组织的联合创始人之一。在融爱融乐支持中心的组织下,无数心智障碍者的家长得以寻求社群力量的帮助,并通过"戈壁行"这样有意义的公益活动向社会公众传达先进的残障理念、倡导心智障碍者的平等权利。我感动于韩女士的坚持与信念,与她一起撰写、翻译了《与孩子走过的路:康复与治疗》(后发表于《中国法学前沿》2016 年第 11 期),通过这种方式让更多人了解心智障碍、走近心智障碍群体、尊重他们的平等权利,并以实例为他们的平等教育与就业权发声。

同时,在郭锐老师与 HPOD 前辈们的指导下,我和几个小伙伴投入《残障人劳动就业权手册——现有法律及其改进方法》

的编纂工作中，并将成果连载于"一加一"出版的《有人杂志》上。拥有一份工作并获得适当的工作条件和劳动报酬，是一个人生存和发展的基本权利。对残障群体而言，保护其劳动就业权的意义更为重大，因为这是让残障人士能够获得平等对待、消除歧视的基本条件。我国通过的《残疾人保障法》《劳动法》《就业促进法》《残疾人就业条例》《无障碍环境建设条例》等一系列法律法规虽然具体规定了残障人士的就业权，但连续几年的劳动力市场发展报告及调研数据显示，我国的残障群体就业率仍然远远低于平均水平，就业歧视十分严重。通过在法学院的法律援助中心工作，我也实实在在地接触了一些残障人士的劳动争议案件，深感我国法律制度的缺陷与根深蒂固的残障歧视给他们带来的伤害与痛苦。因此，对我国残障群体的就业情况和立法现状进行回顾、梳理，并收集真实就业歧视和融合就业的案例，对于我国进一步修改相关法律法规、推动政府及社会公众残障观念的转变很有意义。

在编纂融合就业的案例时，我注意到在接纳残障人士融合就业方面做得好的雇主，都有这样的一种观念：不是强硬地让残障人士来适应现有的岗位，而是思考我们能为他们提供哪些可以最大程度地发挥他们的自身优势与天赋的工作。例如在南京一家印刷公司，一位瘦弱的智障人士在接受了就业指导员的跟踪服务后，已经如鱼得水地在公司工作两年多了。他的主要工作就是折叠图书封面和其他文件，这是一项看似简单但非常需要专注度和连续重复动作的体力劳动，却十分适合他，比起健全员工，他做得更细致、更耐心，甚至更高效，具备其他人所不具备的优势。因此，在接纳残障人士就业的过程中，雇主秉持的观念十分重要，会直接影响到残障人士的工作质量和他们的工作信心。所谓融合就业，也是强调雇主应当以"残障人士能干什么，而不是不能干什么；能以自己的方式干什么，而不是以主流的方式干什么"这样一种认识，去对待残障人士的就业问题。而我们每一个普通人，也都应该意识到，世界是多元化的，也正是有了这些具有不同特质的人，社会才变得多姿多彩。

　　通过编写手册，我对我国目前的残障人士就业情况、我国立法和执法状况、真实案例和先进做法等有了更加深入、系统的了解，并透过政府、企业、残障群体、公益组织等多个视角，更加全面地思考如何兼顾效率与公平，保障残障人士的平等就业权。在手册的最后，我们也结合调研、研究的结果和现实状况，提出了对残障人士就业权法律保障的几点建议，其中我认为最重要的就是转变立法思路，以《残疾人权利公约》所提倡的"社会模式"视角，进行法律制度的设计与具体措施的制定。长期以来，我国在立法、执法、司法或者社会公益中一直采取"医疗模式"的残障权利观念，把重点放在补偿与修复上，诸如各类福利政策及慈善救助，抑或是集中性的就业和教育，这些或许在一定程度上可以解决残障人士的基本生活问题，但实际上在无形中将残障群体隔离与排除在社会主流群体之外，与《残疾人权利公约》所倡导的融合观念背道而驰。我们的法律制度应当确认残障人士充分和平等地享有一切人权和基本自由，进行多学科的研究和实践对待残障问题，注重残障人士对社会事务的平等参与，允许和鼓励他们以不同的方式作出自己的贡献，从而消除歧视和障碍。这种观念的转变虽然是个长期的过程，却可以从诸多微小之处做起，如将立法和官方用语由"残疾"改为"残障"（过去我国使用"残废"），从而确认"残障"的概念不应仅着眼于"残缺、疾病"，而是伤残者和阻碍他们与其他人在平等的基础上充分和切实地参加社会的各种观念、法律、制度与环境等外部障碍相互作用所产生的结果。

　　在哈佛法学院修读的"残障与人权"结课时，恰逢我国的

《残疾人教育条例》迎来第一次全面修订，于是我结合所学所思写了《基于〈残疾人权利公约〉对新修订〈残疾人教育条例〉的思考》作为结课论文，从进步性和保守性两方面对新修订的《残疾人教育条例》展开辩证思考。新《残疾人教育条例》是我国政府积极落实对《残疾人权利公约》承诺的表现，标志着中国在促进残障人士教育事业发展方面取得实质性进步，例如，它积极吸纳了《残疾人权利公约》所倡导的融合教育的理念和原则，首次在其条文中明确将推进"融合教育"作为改革的方向；扩大了残障人士教育覆盖范围，尽量安排适龄残障儿童在能适应普通学校学习生活的基础上就近入学，并要求学校配备相应资源和条件帮助残障学生适应普通教育；重视特殊教育师资的培养和培训，对特殊教育教师资质提出更高要求，并在普通教师培训中增加特殊教育的内容和知识；加大对残障人士教育的政府资金投入，为特殊教育学校配备必要的残障人士教育教学、康复评估和训练等仪器设备，并对经济困难的残障学生减免学费和其他费用、优先给予补助等。

但同时，新修订的《残疾人教育条例》仍在残障理念和具体制度设计上存在一定保守性。例如，《残疾人教育条例》仍缺乏对充足合理便利的保障，而拒绝提供合理便利本身即构成基于残障的歧视。《残疾人教育条例》未对政府或教育机构应当提供的合理便利的具体形式或种类以及残障学生及其家庭在申请获得合理便利被拒绝后所享有的权利救济途径作出详细规定，这使得"合理便利"因缺乏具体权利内容和救济机制而在实践中容易落空。以"随班就读"代替融合教育，对策重点仍然放在"如何让残障人士适应现有环境"，而非"如何改进现有环境满足残障人士的教育需求"。在缺乏合理便利和个性化配套支持的情况下，残障学生并不能有效地在这种模式下获取高质量的教育资源，最终仍然因"无法适应普通教育"而被退学，"随班就读"最终沦为"陪读"。过度依赖特殊教育,如允许一些半官方性质的专家委员会对残障人士的身体状况和接受与适用主流教育体系的能力进行评估,以决定是否接纳其进入普通学校就读。然而,该评估机制缺乏配套的具体评估标准、参考因素、监督机制和权利救济机制等方面的细化规定,在具体实施中容易被教育机构或政府作为拒绝残障学生入学普通学校的理由。有限的残障人士职业教育,如《残疾人教育条例》虽要求学校根据"社会需要"和"残疾人的身心特性"创设适合残障学生学习的专业,但这种模糊的规定却赋予学校和政府以极大的自主裁量权,来决定为残障人士提供哪些科目的学习资源。在实践中,往往仍是以基于对残障人士的传统刻板印象而创设的十分有限的如音乐、按摩、美术等学习科目为最终选择。

在哈佛大学的学习接近尾声时,迈克尔·斯坦教授告诉我他认识的一位南非学者正在编纂一本关于发展中国家残障性少数群体现状与实例的书,问我是否有兴趣参与中国章节的编写。性少数与残障的交叉领域问题,是我在春季学期时常课后与教授讨论的话题,我自然是十分高兴,珍惜这个机会。于是我联络了国内结识的残障性少数人士,通过访谈了解了这种双重少数群体身份在当下国内环境中所面临的更为复杂的歧视与自我身份认同的艰难,并在毕业后的一年中几易其稿,为这本书提供了一个小小的中国视角。在这个过程中,我也结识了一大群来自非洲、东南亚和其他地区的伙伴,大家通过邮件分享着各自国家的状况与经历,想要为发展中国家的残障性少数群体建立一个发声平台的信念,让我们凝聚成并肩战斗的队伍。在前不久,这本书终于出版了,名为 Diverse Voices of Disabled Sexualities in the Global South。我很喜欢这个题目,因为要创造一个平等包容的世界,最需要的,就是尊重与倡导多元化的想法和声音。

四、知新

从对残障权利不甚了解到现在积极投身于促进残障权利发展的研究和活动中,我在这短短三年的时间内收获了太多珍贵的知识、体会、帮助、朋友和鼓励,更重要的,对残障权利的认识和对残障权利运动的反思,让我加深了对女性权利、儿童权利、LGBTQ权利等其他弱势群体或少数群体权利倡导的理解,坚定了我想要追逐平权公益理想的信念。回顾这三年的研究与实践,我深深地体会到,一切的社会现象、项目设计、法律制度、政策制定,都根植于某种观念与视角。我认为,推动残障人士融合与平等权利实现必须以观念、理念的转变为先导,促进社会观念由传统"医疗模式"向《残疾人权利公约》倡导的"社会模式"转型,同时以不断完善和细化的法律规定为强有力的制度保障。实际上,争取一切被社会边缘化或被传统刻板印象或不平等权力结构压迫的群体的平等权利,都需要从源头上逐渐实现观念的转变,以"尊重"取代"评判",以"融合"取代"隔离",以"多元"取代"单一",以"平常心"取代"偏见",以"谦卑"取代"傲慢",以"平等"取代"歧视"。唯有如此,才能创造一个无障碍、无歧视的融合性社会环境。残障人士或者其他弱势、少数群体才能真正地融合进社会,我们理想中的尊重、包容、平等与多元,才会有实现的可能。

图书在版编目（CIP）数据

绿竹猗猗：安守廉教授与中国法学界交流纪念文集/郭锐，缪因知主编．—北京：中国人民大学出版社，2019.6
ISBN 978-7-300-27019-7

Ⅰ.①绿… Ⅱ.①郭… ②缪… Ⅲ.①法学-中国-文集 Ⅳ.①D920.0-53

中国版本图书馆 CIP 数据核字（2019）第 099585 号

绿竹猗猗
——安守廉教授与中国法学界交流纪念文集
郭 锐 缪因知 主编
Lüzhuyiyi

出版发行	中国人民大学出版社		
社　　址	北京中关村大街 31 号	邮政编码	100080
电　　话	010-62511242（总编室）	010-62511770（质管部）	
	010-82501766（邮购部）	010-62514148（门市部）	
	010-62515195（发行公司）	010-62515275（盗版举报）	
网　　址	http://www.crup.com.cn		
经　　销	新华书店		
印　　刷	北京联兴盛业印刷股份有限公司		
规　　格	148mm×210mm　32 开本	版　次	2019 年 6 月第 1 版
印　　张	9.875 插页 3	印　次	2019 年 6 月第 1 次印刷
字　　数	230 000	定　价	66.00 元

版权所有　侵权必究　印装差错　负责调换